Joachim Scholtyseck

Reinhard Mohn

Reinhard Mohn
Ein Jahrhundertunternehmer

Joachim Scholtyseck

C. Bertelsmann

Sollte diese Publikation Links auf Webseiten Dritter enthalten, so
übernehmen wir für deren Inhalte keine Haftung, da wir uns diese nicht
zu eigen machen, sondern lediglich auf deren Stand zum Zeitpunkt der
Erstveröffentlichung verweisen.

Klimaneutral
Druckprodukt
ClimatePartner.com/14044-1912-1001

MIX
Papier aus verantwor-
tungsvollen Quellen
FSC® C011124

Penguin Random House Verlagsgruppe FSC® N001967

1. Auflage
© 2021 C. Bertelsmann Verlag, München,
in der Penguin Random House Verlagsgruppe GmbH,
Neumarkter Straße 28, 81673 München
Umschlaggestaltung: Büro Jorge Schmidt, München
Satz: Sofarobotnik, Augsburg & München
Repro, Druck und Bindung: Mohn Media Mohndruck GmbH, Gütersloh
Printed in Germany
ISBN 978-3-570-10441-5

www.cbertelsmann.de

 Dieses Buch ist auch als E-Book erhältlich.

Inhalt

Wer war
Reinhard Mohn?

Wer war Reinhard Mohn?

Ohne den Unternehmer Reinhard Mohn, eine der Gründergestalten der Bundesrepublik, würde es heute vielleicht noch einen mittelständischen Verlag namens C. Bertelsmann geben, nicht aber den weltweit agierenden Bertelsmann-Medienkonzern. Der 100. Geburtstag Reinhard Mohns soll den Anlass bieten, in einer biographischen Skizze zugleich den Wertehorizont des Unternehmers, Stifters und Bürgers zu analysieren. Die Entwicklungen von Unternehmen, so hat Werner Plumpe einmal überzeugend festgestellt, »lassen sich nur über das Handeln von Individuen unter konkreten Bedingungen fassen«. Dieses Handeln ist »stets Teil eines komplexen Gesamtzusammenhangs (…), der sich kausalen Urteilen, auf jeden Fall aber monofaktoriellen Erklärungen entzieht«.[1] Eine Biographie Reinhard Mohns ist kein ganz einfaches Unterfangen, denn es gibt erstaunlicherweise kaum Vorarbeiten. Das Unternehmen Bertelsmann ist in Festschriften und kritisch-wissenschaftlichen Arbeiten umfassend gewürdigt bzw. begutachtet worden, und auch Reinhard Mohns Anteil wurde dabei gebührend berücksichtigt. Aber ein eigenständiges Lebensbild fehlt. Mohn selbst hatte zwar schon in den 1950er Jahren einmal überlegt, bedeutungsvolle Vorgänge aufzuschreiben, in der Hektik der Aufbaujahre kam es jedoch nicht dazu.[2] Er hat keine Memoiren geschrieben und wollte von sich auch kein »Charakterbildnis« gezeichnet wissen. Eine offizielle oder autorisierte Biographie lehnte er ab,[3] und in Interviews sprach er davon, er wolle sich »kein Denkmal« setzen.[4] Als mit seiner Billigung im überschwänglich gefeierten Jubiläumsjahr 1985 eine 150-Jahre-Bertelsmann-Geschichte erschien, die zugleich einer nachhaltigen »Image-Aufbesserung« des Unternehmens dienen sollte,[5] mag er das der Sache nach für berechtigt gehalten haben. Für ihn selbst war es aber kein Herzensanliegen, denn er wollte sich nicht ins Rampenlicht stellen. Das

Reinhard Mohn 1967 vor den Bildnissen seines Großvaters Johannes Mohn (1856–1930, links) und seines Vaters Heinrich Mohn (1885–1955). 1947 übernahm Reinhard Mohn den **C. Bertelsmann Verlag** in fünfter Generation.

Unternehmen war zwar »durch die Handschrift Reinhard Mohns geprägt«,[6] aber er selbst legte, hierin ganz Protestant, eher auf sein Wirken als auf die Darstellung seines Lebens Wert. Das Erscheinen von »175 Jahre Bertelsmann. Eine Zukunftsgeschichte« (2010), in dem sein unternehmerisches Werk gewürdigt wurde, erlebte er nicht mehr.

Wer war also dieser auf bescheidenes Auftreten Wert legende Unternehmer, der doch ehrfurchtgebietende Autorität ausstrahlte und, aus dem Hintergrund steuernd, einen Weltkonzern schuf? Warum kann er, wie es in der »Zeit« zu lesen war, als ein »Unternehmer des Jahrhunderts« bezeichnet werden?[7] Den Menschen hinter einer Wirtschaftspersönlichkeit sichtbar werden zu lassen gehört zu den schwierigsten Aufgaben einer biographischen Studie. W. Somerset Maugham fasste das Problem der Autorschaft einmal schön in den Aphorismus »Es gibt drei Regeln beim Schreiben. Unglücklicherweise sind sie niemandem bekannt.«[8] Wer weiß, vielleicht auch deswegen kommt es bisweilen in Unternehmensgeschichten dazu, Persönlichkeiten weitgehend auszublenden und eher die Strukturen zu untersuchen. Doch hat sich vielfach erwiesen, dass theoretische Fragen z. B. nach Bourdieu'schen Kategorien wie »Kapitalsorten« zwar von Relevanz sind, aber wenig hilfreich, wenn es darum geht, Individuen, ihre Lebenswege und ihre Entscheidungen angemessen zu verstehen. Häufig bleibt es dann bei »zumeist nur metaphorischen Reden«, mit denen den »empirischen Befunden eine Art höhere Weihe verliehen werden soll«.[9] Mit anderen Worten: Lebensgeschichten bilden, da die Zeiten vorbei sind, in denen sie als überholte Form der Geschichtsschreibung angesehen werden konnten,[10] wieder einen Eckpfeiler der Unternehmensgeschichte, zumindest wenn sie den Anforderungen einer modernen Biographik Rechnung tragen.

Kindheit, Jugend, Soldatenzeit, Kriegsgefangenschaft: Frühe Prägungen

Reinhard Mohn stammte aus einer traditionsreichen mittelständischen Verlegerfamilie. Geprägt waren die im ostwestfälischen Gütersloh verwurzelten Bertelsmanns durch den sprichwörtlichen Geist des Pastorenhaushalts, der stark von der Minden-Ravensbergischen Erweckungsbewegung geprägt war. Der 1835 gegründete Verlag C. Bertelsmann fungierte als publizistische Heimat

Die **Kinder von Agnes und Heinrich Mohn** um 1928: Ursula, Sigbert, Gerd, Hans Heinrich, Reinhard und Annegret (von links). Zwischen den sechs Geschwistern der Familie Mohn bestanden große Altersunterschiede, sie erblickten zwischen 1913 und 1926 das Licht der Welt. Als Erstgeborenem kam Hans Heinrich (»Hanger«) im Familiengefüge und mit Blick auf die spätere Leitung von Bertelsmann eine besondere Rolle zu. Nichts deutete darauf hin, dass Reinhard, dem Zweitjüngsten, zukünftig die Aufgabe zufallen würde, die Geschicke des Unternehmens zu lenken.

dieser pietistischen Laienbewegung, der auch die kommenden Ver-
leger-Generationen bis weit ins 20. Jahrhundert hinein verpflichtet
blieben. Die Enkelin des Firmengründers Carl Bertelsmann, Friederike, heiratete 1881 den ebenfalls aus einer Pastorenfamilie stammenden Johannes Mohn, der den Verlag 1887 nach dem Tod seines
Schwiegervaters übernahm. Reinhard Mohns Vater, der Verleger
Heinrich Mohn, hatte 1912 wiederum eine Pastorentochter gehei-
ratet, Agnes Seippel. Bis auf ein vierjähriges Intermezzo in Braun-
lage, wo die Familie »ein einfaches Bürgerhaus aus einfachen Back-
steinen« bewohnte,[11] blieb die Kleinstadt Gütersloh das eigentliche
Zentrum des elterlichen Lebens. Das von Heinrich Mohn dort 1928
erbaute Wohnhaus in der Kurfürstenstraße verfügte über einen
fünf Hektar großen Garten, war aber ansonsten nicht mit dem
Luxus ausgestattet, den manche Industriellenvilla jener Zeit kenn-
zeichnete. Im Elternhaus, so Reinhard Mohn, sei man »sparsam er-
zogen« worden, »Perserteppiche« habe es keine gegeben.[12]

Reinhard Mohn wurde am 29. Juni 1921 geboren, das fünfte
von sechs Kindern und der drittälteste Sohn. Er ging zunächst in
Güterslohs evangelische Volksschule, bevor er 1931, ganz der Familientradition entsprechend, an das dortige Evangelisch Stiftische
Gymnasium wechselte. Dass er der Zweitjüngste war, hat er rückblickend immer betont: Seine Geschwister hätten in der Schule die
Maßstäbe gesetzt, was für ihn »eher negative Folgen« gehabt habe,
weil er keineswegs so begabt gewesen sei wie diese.[13] Gerade seinen Bruder Hans Heinrich, den acht Jahre älteren Erstgeborenen,
hat er zeitlebens für besonders befähigt gehalten und kritisch be-
wundert. In Interviews erwähnte er gelegentlich dessen heraus-
ragende Begabungen und intellektuellen Esprit. Er hingegen habe
»viel von sich selbst verlangt«.[14] Seine Schulleistungen waren zwar
nicht schlecht, und doch sollte er sich zeitlebens an den dezenten

Verlobungsfoto von Agnes Seippel und Heinrich Mohn, den Eltern Reinhard Mohns, aus dem Jahr 1911. Ein Jahr nach seinem Einstieg in das väterliche Verlagsunternehmen gaben Heinrich Mohn und die vier Jahre jüngere Agnes Seippel – eine Freundin seiner Schwester Sophie – ihre Verlobung bekannt. Agnes war das älteste von sechs Kindern eines Gütersloher Pfarrers und seiner aus einer Kaufmannsfamilie der Stadt stammenden Frau. Im Juni 1912 feierten beide ihre Hochzeit.

Vorschlag seiner Mutter erinnern, eine Tischlerlehre zu machen. Die Schule war für Mohn rückblickend ein »mühsamer Weg«.[15] Reines Kokettieren eines Mannes, der auf ein erfolgreiches Leben zurückblickte, war diese Aussage wohl nicht.

Der »Geist eines evangelischen Pfarrhauses« in einer ländlichen Region bestimmte die Jugend.[16] Die Zeitumstände einer in sich gespaltenen Kirche, deren kaiserliches Oberhaupt 1918 abgedankt hatte, mussten auch das Elternhaus prägen. Wirtschaftlich ging es für den Verlag mit Schwankungen wieder aufwärts, denn die charakteristische Mischung aus theologischer Literatur und – seit den späten 1920er Jahren – volkstümlicher Belletristik war in der Weimarer Republik nachgefragt. Politisch blieb der Vater nach dem Untergang des Kaiserreiches dem typischen Nationalprotestantismus verhaftet, in dem man die DNVP wählte und auch

Religiosität, Sittenstrenge, Ordnung, Pünktlichkeit, Sauberkeit, Korrektheit und Pflichtgefühl charakterisieren sicher meine Mutter ebenso wie Liebe zu ihren Angehörigen und stete Hilfsbereitschaft und Fürsorge. – Diese Pflichterfüllung hat sicher auch ihre Kinder, zwar unterschiedlich, aber doch spürbar beeindruckt. Für meine Mutter ergab sich so sicher das Gefühl eines sehr erfüllten Lebens, – das aber im wesentlichen für andere gelebt wurde.

Der Tod meines ältesten Bruders hat meine Mutter seelisch schwer getroffen. Über Jahre war sie innerlich gelähmt. – Den Lebensweg ihrer Kinder hat sie immer mit größter Anteilnahme verfolgt. Die Schicksale ihrer Söhne im Krieg und in der Gefangenschaft bereiteten ihr manche Sorge. – Sie durfte das Weiterleben ihrer Familie in vielen Enkeln und Urenkeln bewußt mit vollziehen.

Am Ende ihres Lebens konnte sie aus ihrer gewohnten Rolle der Verantwortung für ihre Familie nicht gut herausfinden. Sie machte sich Sorgen um jeden und um alles. Sie konnte den Entwicklungen der Zeit kaum noch folgen. So verdüsterte sich ihr Zukunftsbild durch große Sorgen um die Zukunft der ihr nahestehenden Menschen. – Im Tode vermittelte das Antlitz meines Vaters Gelassenheit und Zufriedenheit. Meine Mutter starb in großer Sorge.

Einzelheiten über den ersten Kontakt zwischen meiner Mutter und meinem Vater sind mir nicht bekannt. Es liegt aber nahe, anzunehmen, daß die persönlichen und geschäftlichen Kontakte meiner Großeltern zu dem Gütersloher Pastor Seippel, dem Vater meiner Mutter, hier eine Rolle gespielt haben. Damals kamen Ehen ja nicht so liberal zustande wie in unserer Zeit. Es gibt Gründe, anzunehmen, daß die Eltern meines Vaters und meiner Mutter der Auffassung waren, diese beiden Kinder würden eine gute Ehe miteinander führen können. – Ein Draufgänger ist mein Vater gewiß nicht gewesen. Ich erinnere mich daran, daß meine Großmutter einem Klassenkameraden meines Vaters fünf Mark angeboten hat, wenn dieser meinen Vater zu einer Dummheit verführen würde. – So weiß ich von den Kontakten zwischen meinem Vater und meiner Mutter nur so viel, daß mein Vater, der im Besitz einer Schildkröte war, die Vorführung dieses Tieres zu gelegentlichen Besuchen benutzte.

Erinnerungen Reinhard Mohns an seine Mutter Agnes aus dem Jahr 1984 (Auszug). Im Zuge der Vorbereitungen zum 150-jährigen Jubiläum von Bertelsmann hielt Reinhard Mohn für den Schriftsteller Walter Kempowski Abschnitte aus der Geschichte seiner Familie fest. Besonders ausführlich charakterisierte er dabei die Persönlichkeit seiner Mutter Agnes. Religiöse Verankerung im Protestantismus, Selbstdisziplin und familiäres Pflichtgefühl waren in ihrem Leben bestimmend.

die »Kreuz-Zeitung« las.[17] Zwar prägte der Vater Heinrich Mohn als Verleger und Familienvorstand das Elternhaus, aber Reinhard Mohn hat sich stets dankbar seiner Mutter erinnert, die früh Verantwortung für die Kinder übernehmen musste: »Das Aufwachsen im Pfarrhaus und später die Ehe mit meinem Vater, der aus einem sehr religiös/kirchlich ausgerichteten Verlag kam« seien ebenso wichtig gewesen wie »der regelmäßige Besuch der Gottesdienste, die Andachten morgens und abends im Hause, das Tischgebet, das Abendgebet am Bett der Kinder«.[18] Der Zeit gemäß blieb die Mutter im Hintergrund und war für die Familie verantwortlich, zumal sie – zumindest in der Erzählung ihrer Kinder – kein besonders geselliger Mensch war. In ihrer Bodenständigkeit waren ihr Luxus, unnötiger Aufwand und Geltungsstreben »völlig fremd«.[19] Nach dem Einfluss seiner Mutter gefragt, lautete die Antwort: »Religiosität, Sittenstrenge, Ordnung, Pünktlichkeit, Sauberkeit, Korrektheit und Pflichtgefühl charakterisierten sicher meine Mutter ebenso wie Liebe zu ihren Angehörigen und stete Hilfsbereitschaft und Fürsorge.«[20] Dies waren Werte, angereichert durch strukturiertes Denken und analytische Begabung, die sein eigenes Leben ebenfalls bestimmen sollten, auch wenn im Spannungsfeld von Geschäft und Moral der Begriff der »protestantischen Ethik«[21] zunehmend verblasste und nur noch als Nachhall zu spüren war. Dennoch erinnerte sich Mohn, der »Westfale mit preußischen Tugenden«,[22] später an eine zugleich liebevolle wie strenge Erziehung: Die Mutter habe bei den Hausaufgaben über die Schulter geschaut und sich gegrämt, wenn die schulischen Leistungen schlecht waren und die Zeugnisse zu wünschen übrig ließen. Dann habe die subtile Frage gelautet, ob er nicht lieber einen »praktischen Beruf« erlernen wolle.[23] Trotzdem musste er, seit er sechzehn Jahre alt war, nicht mehr an den üblichen Gebeten und Andachten teilnehmen, weil er sich

Gruppenbild der **Familie Mohn** 1933 vor dem »Efeuhaus« der Großmutter Friederike Mohn (geb. Bertelsmann) in Gütersloh mit (von links) den Eltern Heinrich und Agnes mit seinem Bruder Gerd, Großmutter Friederike, den Geschwistern Hans Heinrich, Ursula, Sigbert und Annegret sowie ganz außen Reinhard Mohn.

vom kirchlichen Glauben entfernt hatte. Der Säkularisierungsprozess erreichte auch ihn, obwohl er die religiösen Residuen, die Fragen nach Moral und den Werten der Unternehmenspolitik, niemals abschütteln konnte oder wollte. Mohn gehörte dem protestantisch-bildungsbürgerlichen Milieu an, in dem ökonomisches Gewinnstreben sich traditionell mit einem gesellschaftlichen und zivilisatorischen Bewusstsein verbunden zeigte. Die Rolle der Kirche und Religion war weitgehend auf formale Aspekte beschränkt, und die

Bibel, die er seit Kinderzeit natürlich gut kannte, blieb ein Dekorum seiner Lebenswelt, so dass es schwerfällt, aus Mohns religiösen Bezügen einen protestantischen Wirtschaftsgeist zu konstruieren.[24] Und doch war er ein moderner Wirtschaftsmensch, wenn man im Sinne von Max Weber ein Modell eines protestantischen Arbeitsethos und eine bestimmte bürgerliche Struktur zugrunde legt und eine rationale und prozessorientierte Betriebsorganisation sowie die konsequente Trennung von Unternehmen und Privathaushalt als ihre Wesensmerkmale definiert.[25]

An der unveränderten Bedeutung der kirchlichen Botschaft für die Gesellschaft wollte er festhalten, auch wenn er mit dem Alltagsprotestantismus wenig anfangen konnte. 1966 hieß es bei ihm dazu: »Führungsform der Kirche nicht adäquat. Unbefriedigende Wirkung, überlastete Pastoren, zurückgehender Einfluß.«[26] Und auf die viel später gestellte Frage, ob er ein »frommer Mann« sei, wich er im Gespräch mit dem österreichischen Journalisten Peter Schier-Gribowsky mit der Teilantwort aus, dass Religion immer eine Komponente der Bertelsmanns gewesen sei.[27]

Die Lebensführung der Familie war spartanisch. Es sei nicht geraucht worden, und es sei auch kein Wein getrunken worden, so berichtete er später.[28] Das erste Auto der Familie, ein bescheidener Kleinwagen des heute vergessenen Herstellers AGA, wurde erst 1927 angeschafft.[29] Es ging nicht um Luxus, der ausgestellt, sondern um innere Werte, die vermittelt werden sollten. In einem Schulaufsatz aus dem Januar 1938 zum Thema »Meine Gedanken bei der Wahl eines Berufs« schrieb der Sechzehnjährige erstaunlich überlegt von Verantwortung und Pflichtgefühl und sah davon ab, ein konkretes Berufsziel zu benennen: »Denn ich will lieber alle die Zweifel und Fragen, die sich einem im anderen Fall aufdrängen werden, auf mich nehmen und um ihre Lösung ringen, als lebend

Hausaufsatz.

Meine Gedanken bei der Wahl
des Berufes.

Es ist noch nicht lange her, als wir
einmal jemand fragte, wer habe in
Wirklichkeit noch von dem Augenblick
ab, da man vollkommt haben, welche Aufgaben und Pflichten man zu erfüllen haben,
und man anfange zuletzt auch die
Erfüllung dieser Aufgaben hin zu arbeiten.
"Kinder nun von den alten Moralgeschichten,"
dachte ich zuerst und hörte auf die weiteren
Worte schon gar nicht mehr hin. Im allgemeinen fühlte ich mich nämlich nicht sehr
getroffen, wenn man mir meine Aufgaben und Pflichten vorhielt. Zu meinem teil

doch nur ein totes Werkzeug zu sein.«[30] Mohn fügte in seinem Aufsatz, der im Übrigen völlig frei von nationalsozialistischen Versatzstücken war, hinzu: »Ich habe mir vorgenommen, immer bereit zu sein, zu lernen und Besseres anzuerkennen, und wenn ich auch alles, was ich bisher geglaubt habe, aufgeben und als falsch einsehen müsste.«[31]

Im »Dritten Reich«, dessen Ideologie für die Deutschen eine Versuchung bereithielt, der sehr viele erlagen, stand Heinrich Mohn der Bekennenden Kirche nahe und trennte diese innere Haltung von seinem Geschäftssinn, der dem Verlag auch unter Hitler Umsatz und Gewinn ermöglichte. Reinhard Mohn wurde vom Zeitgeist mitgezogen, war als sportbegeisterter Jugendlicher seit Mai 1933 Führer einer Jungenschaft und schließlich Gefolgschaftsführer.[32] Das mochte harmlos sein, aber im Rahmen einer

Hans Heinrich Mohn 1939 kurz vor Beginn des Zweiten Weltkriegs. Das gute Verhältnis, das Reinhard Mohn zu seinem ältesten Bruder hatte, war von der Bewunderung für seinen Ehrgeiz und seine außerordentliche Auffassungsgabe gekennzeichnet. Als Kompanieführer fiel Hans Heinrich Mohn im Alter von 26 Jahren bereits in den ersten Kriegstagen im September 1939 in Polen.

Linke Seite: **Hausaufsatz von Reinhard Mohn** zum Thema »Meine Gedanken bei der Wahl des Berufes«, verfasst zwischen Herbst 1937 und Januar 1938 (Auszug). Schon als 16-jähriger Schüler setzte sich Reinhard Mohn sehr reflektiert mit den Chancen seiner Berufswahl und seinen Zukunftserwartungen auseinander. In einem Aufsatz beschäftigte er sich intensiv mit der Frage der Pflichterfüllung und der Verantwortung gegenüber der Gemeinschaft. Zugleich maß er darin der persönlichen Veranlagung und der individuellen Unabhängigkeit große Bedeutung bei.

Betrachtung der Verwicklung des Familienunternehmens in das NS-Regime verloren diese Jugendsünden ihre Unschuld, die sie in normalen Zeiten vielleicht gehabt hätten. Sein ältester Bruder Hans Heinrich, den Reinhard Mohn ob dessen Zielstrebigkeit und Belesenheit bewunderte, war für die Verlockungen des Regimes empfänglich. Er machte ein »Traum-Abitur mit der Note 1,0«, studierte anschließend Jura und beschloss, Offizier zu werden, um später einmal, vielleicht über den Weg eines Militärattachés, in die Politik zu gehen. Die Tatsache, dass Hans Heinrich bereits in den ersten Tagen des Zweiten Weltkrieges als Kompanieführer beim Einmarsch der Wehrmacht nach Polen gefallen war, erschien Reinhard Mohn im Rückblick durchaus als eine tragische Folge seiner Persönlichkeit. »Sein Einsatz und sein früher Tod entsprachen sicher seinem Wesen.«[33]

Reinhard Mohn, der technisch interessiert war,[34] hatte andere Zukunftspläne. Auf seinem Gesuch zur Abiturprüfung gab er an, Inge-

Schüler vom **Abiturjahrgang des Evangelisch Stiftischen Gymnasiums** in Gütersloh 1939 mit Reinhard Mohn (untere Reihe, 3. von links). Reinhard Mohn hatte die protestantisch-humanistische Schule, deren Gründung wesentlich auf die Initiative seines Ururgroßvaters, des Unternehmensgründers Carl Bertelsmann, zurückging, seit 1931 besucht.

8.) Schüler(in)   Reinhard M o h n .

Mohn ist gut begabt, zeichnet sich aus durch selbstän-
diges Denken auf den meisten Gebieten, besonders auf
naturwissenschaftlichem. Er bringt sowohl praktische
als auch theoretische Eignung zum Ingenieurberuf aus mit.
Er tritt jedem an ihn herangetragenem Stoff vor allem
erst einmal kritisch gegenüber, wobei er zu starkem
Selbstbewußtsein neigen kann. Anderseits kennzeichnet
ihn wiederum ein Schwanken zwischen Schüchternheit un
einer erfreulichen Offenheit. Ehrgeiz und Einsatzbereitschaft sind noch zwei andere Merkmale. Er war
Scharführer in der HJ und bewies stärkste Anteilnahme
am Segelflug. Auf körperlichem Gebiete: guter Einsatz
und Leistungswille.

Undatiertes **Gutachten des Evangelisch Stiftischen Gymnasiums** in Gütersloh. Wie alle seine Brüder gehörte auch Reinhard Mohn ab 1931 zu den Schülern des Evangelisch Stiftischen Gymnasiums. Als Primaner hatte er am 1. Dezember 1938 für die Zulassung zur Reifeprüfung ein Gesuch an den Prüfungsausschuss der Schule gerichtet. Er hob dabei sein Interesse an den naturwissenschaftlichen Fächern und dem Flug-Physikunterricht hervor und tat seinen Entschluss kund, Ingenieur werden zu wollen. Ostern 1939 legte Mohn sein Abitur am ESG ab.

Einsatz Reinhard Mohns beim
Reichsarbeitsdienst 1939. Nach
dem Abitur musste auch Reinhard Mohn den obligatorischen
sechsmonatigen Dienst ableis-
ten, den er im Lager Lippborg
in Westfalen absolvierte.

nieur werden zu wollen. Dies stieß bei seinen Lehrern auf Zuspruch,
aber in einer knappen und doch charakteristischen Nebenbemerkung
fand sich der Zusatz, den Abiturienten kennzeichne ein »Schwanken
zwischen Schüchternheit und einer erfreulichen Offenheit«, wobei er
»zu starkem Selbstbewusstsein neigen« könne.[35]

Nach dem Abitur am 3. März 1939 absolvierte Reinhard Mohn
zunächst vom 1. April 1939 bis zum 10. September 1939 den Reichsarbeitsdienst[36] im Lager Lippborg in Westfalen. Er sei »fest davon
überzeugt« gewesen, dass der Krieg richtig gewesen sei. Die Fähigkeit des Regimes, die Deutschen zu manipulieren, hat er immer
hervorgehoben. Er selbst sei erst sehr viel später »zur Besinnung«

gekommen.[37] Zum 1. Oktober 1939 meldete er sich »aus Pflicht-gefühl«, wie er später sagte, freiwillig zur Wehrmacht. Er wollte, seinen Neigungen folgend, zum fliegenden Personal der Luftwaffe. Als Mitglied des Nationalsozialistischen Fliegerkorps kam er zum Flieger-Ausbildungs-Regiment 62 nach Quedlinburg, um zum Pi-loten ausgebildet zu werden. Nach drei Monaten, im Januar 1940, wurde er, noch in der Zeit des »drôle de guerre«, also derjenigen Kriegsphase, in der die Waffen dort noch schwiegen, zu einer Flak-Artillerie-Einheit an die Westfront versetzt. Im Zuge des »West-feldzuges« war er seit Mai 1940 in Belgien, den Niederlanden und Frankreich im Einsatz. Nach dem Ende des sechswöchigen »Blitz-krieges« besuchte er von November 1940 bis Februar 1941 die Waf-fenschule der Wehrmacht. Beförderungen – vom Gefreiten über den Unteroffizier zum Offizier – gehörten zu dieser bescheidenen Militärkarriere dazu, zumal seine Beurteilungen günstig waren. Die Ausbilder des Offiziersanwärters im niederländischen Amers-foort attestierten ihm im Februar 1941, voll des Lobes, die Befä-higung zum Flieger und zum Batterie-Offizier: »Kann mitreißen und sich durchsetzen. Temperamentvoller Soldat. Frisches, offe-nes Wesen. Aufrechter, ehrlicher Charakter. Ist zuverlässig, pflicht-bewusst und zielstrebig.« Dass Mohn kein geborener Militär war, kam allerdings auch zur Sprache. Sein »Auftreten vor der Front« müsse »noch korrekter und bestimmter werden«.[38]

Im Januar 1942 wurde Mohn zum Leutnant befördert und fun-gierte seit Juni 1942 bei einer Flakbatterie des Regiments Hermann Göring im von der Wehrmacht besetzten Westen Frankreichs als Zugführer. Von November 1942 bis März 1943 diente er im faschis-tischen Italien, mit dem das »Dritte Reich« verbündet war. Als ein Einsatz zum Schutz des Göring-Anwesens Carinhall bevorstand, so lautet seine spätere Angabe, die sich allerdings nicht in den

Reinhard Mohn als **Fahnen-junker der Luftwaffe** während seiner Ausbildung in einer Offiziersanwärterschule in Amersfoort bei Utrecht im De-zember 1940. Im Sommer 1942 zunächst nach Frankreich und Italien verlegt, wurde er im Mai 1943 während seines Einsatzes in Tunesien verwundet und geriet in amerikanische Kriegs-gefangenschaft.

Akten verifizieren lässt, habe er um Frontversetzung gebeten. Anfang April 1943 wurde Mohn im Rahmen der Einsätze des Afrikakorps von Sizilien aus per Lufttransport zu einer Panzer-Aufklärungsabteilung seines Regiments nach Tunesien verlegt.[39] Obwohl er nur wenige Wochen im Einsatz war, erhielt er das Ärmelband Afrika, das Erdkampfabzeichen der Luftwaffe, die »Medaglia commemorativa della campagna italo-tedesca in Africa settentrionale« und das Verwundeten-Abzeichen in Schwarz.

Am 5. Mai 1943 war für ihn rund 70 Kilometer nordwestlich von Tunis der Weltkrieg vorbei, wie er später lakonisch berichtete: »Ich hatte einen Schuß durch den Ärmel, einen Schuß durch's Hemd und einen Schuß durch's Bein und dachte darum: ›Nun fängst Du mal an und wickelst dein Verbandspäckchen aus.‹ Während ich damit noch beschäftigt war, stand vor mir ein Texas-Boy und befahl mir, die Hände hochzuhalten.«[40] In amerikanischer Kriegsgefangenschaft wurde er im Juni 1943 nach Algerien und von dort im September 1943 per Truppentransport über Norfolk im US-Bundesstaat Virginia in das Kriegsgefangenenlager Concordia nach Kansas im Mittleren Westen gebracht, das seit Mitte 1944 als reines Offizierslager fungierte.[41]

Mohns »amerikanische« Zeit hat ihn dauerhaft geprägt. Wie viele seiner Generation zeigte er sich beeindruckt vom freiheitlichen Geist, den er in den USA verspürte: von der Entdeckung des Individualismus in Abgrenzung zur »Volksgemeinschaft« ebenso wie von der Möglichkeit zum »Pursuit of Happiness«. Im Lager lernte er nicht nur Englisch, sondern bereitete sich in der dortigen Lageruniversität auf den Ingenieurberuf vor, den er bekanntlich gerne ausgeübt hätte.[42] Diskussionen mit amerikanischen Offizieren in Kansas und die Erfahrungen, die er in rund 30 Firmen sammelte, hinterließen einen tiefen Eindruck. Die USA hätten ihn, so bekannte er noch Jahrzehnte später, »entscheidend beeinflußt«: »Statt einer überzogenen Gemeinschaftsorientierung überzeugte mich der in der US-Verfassung verbriefte Anspruch auf die Freiheit des einzelnen und sein Recht zur Selbstverwirklichung. Theorie und Funktionsweise der Demokratie lernte ich dort ebenso kennen wie die dynamischen Kräfte einer liberalen Wirtschaftsordnung. – Hätte für mich nach dem Kriegsende die Möglichkeit bestanden, in den USA zu bleiben, gewiß hätte ich es getan.«[43]

Diese Möglichkeit ergab sich für den jungen Mann im Kriegsgefangenenstatus allerdings nicht. Als die Waffen schwiegen, blieb er ab September 1945 noch einige Wochen übergangsweise in Camp Atterbury im Staat Indiana interniert und wurde Mitte November 1945 über New Jersey nach Le Havre zurückverlegt. Im Dezember 1945 folgte ein Intermezzo in einem Zeltlager in der Nähe von Paris. Diese »sehr bittere Zeit« endete erst am 7. Januar 1946 mit der Entlassung aus der Kriegsgefangenschaft. Ende Januar 1946 kehrte Mohn nach Gütersloh zurück.[44]

Von allem, was mit dem Nationalsozialismus zu tun hatte, war Mohn restlos geheilt, sicherlich ein Ergebnis seiner Selbstreflexion und der amerikanischen »reeducation«. In einem Vortrag zum Wandel des Hauses Bertelsmann von einem patriarchalisch geführten kirchlich-theologischen Verlag zum modernen publizistischen Großbetrieb attestierte Mohn rückblickend das »Versagen einer Gesellschaftsordnung«,[45] was er auch auf das eigene Herkommen bezog: Sein Vater war einerseits Mitglied der Bekennenden Kirche gewesen, andererseits ein Verlagschef, der mit millionenfach auf den Markt gebrachter Feldpostliteratur gutes Geld im »Dritten Reich« verdient hatte und förderndes Mitglied der SS gewesen war. Als der Verlag 1944 geschlossen worden war, geschah dies u.a. im Zuge eines Prozesses wegen illegaler Papierbeschaffung[46] und nicht

Der Präsident
der Reichsschrifttumskammer

Leipzig, den 26 AUG. 1944
Postschließfach 661

Reichsschrifttumskammer, Leipzig C 1. Postschließfach 661

Firma   Einschreiben!

C. Bertelsmann

Eingegangen:

28. AUG. 1944

Erledigt:...............

Gütersloh

Eickhoffstr. 14

Schließungsverfügung

Die totale Mobilisierung erfordert den Einsatz aller Kräfte für den Sieg. Auch auf kulturellem Gebiet muß daher jetzt auf Einrichtungen verzichtet werden, die im Vergleich zu anderen Bereichen des Wirtschaftslebens bisher noch geschont werden konnten.

Auf Grund der Ermächtigung des Präsidenten der Reichskulturkammer und Generalbevollmächtigten für den totalen Kriegseinsatz verfüge ich die Schließung Ihres Betriebes, soweit in ihm eine schrifttumskammerpflichtige Tätigkeit ausgeübt wird.

Durchführung und Folgen ergeben sich aus den Amtlichen Bekanntmachungen der Reichsschrifttumskammer Nr. 156 und 157.

Die Buchbestände Ihrer Leihbücherei (Kriegsleihbücherei) haben Sie sofort einer anderen Leihbücherei oder Kriegsleihbücherei zu verpachten oder zu verkaufen.

Beschwerden gegen diese Schließungsverfügung sind nicht zulässig und können daher nicht bearbeitet werden.

F. d. R.:

Im Auftrage:
gez. Gentz

Reichskulturkammer
Reichsschrifttumskammer
7

etwa wegen der religiös-theologischen Ausrichtung oder als Folge regimekritischer Publikationen. Die verbreitete und beruhigende Version, sein Vater sei ein Mann des Widerstands gewesen, trug Reinhard Mohn jahrelang mit; eine gebührende Auseinandersetzung mit der Unternehmensgeschichte in der NS-Zeit fand auch in der Festschrift zum 150-jährigen Bestehen des Unternehmens nicht statt.[47] Als jedoch in den 1990er Jahren in der Öffentlichkeit mit guten wissenschaftlichen Argumenten diese Meistererzählung angezweifelt wurde, schwenkte Reinhard Mohn rechtzeitig um, weil der Ruf des eigenen Unternehmens Schaden zu nehmen drohte. Nüchtern erkannte er, dass die Zeiten, in denen Unternehmer ihr firmengeschichtliches Image mit »Public Relations« und hagiographischen Jubelschriften aufpolieren konnten, vorbei waren.[48] Mit seiner ausdrücklichen Unterstützung wurde 1998 der Auftrag zu einer unabhängigen Studie erteilt, für die er selbst für Zeitzeugengespräche zur Verfügung stand. Das verklärend-apologetische Bild, das der Verlag für die Jahre von 1933 bis 1945 bis dahin von sich gezeichnet hatte, wurde damit entscheidend korrigiert.[49]

Aus seiner Zeit als Offizier in der Wehrmacht hat Mohn nicht viel mitgenommen, es waren für ihn gleichsam verschwendete Jahre, auch wenn man, wie er einmal sagte, im Krieg wenigstens »Menschenkenntnis« erlerne.[50] Ein Weiteres nahm er jedoch als Eindruck aus dieser Zeit mit: die »relative Bedeutung« von Besitz und Lebensstandard.[51] Als Mohn aus der Gefangenschaft zurückkehrte, wusste er, dass er nicht der prädestinierte Nachfolger im Familienunternehmen war. Aber sein Vater war gesundheitlich bereits angeschlagen und galt bei den britischen Besatzungsbehörden als nationalsozialistisch »belastet«.[52] Der ältere Bruder Sigbert war verschollen; ein Brief von ihm aus sowjetischer Kriegsgefangenschaft Anfang 1945 brachte keine Sicherheit, und es sollte

Schließungsverfügung des Präsidenten der Reichsschrifttumskammer für den Verlag C. Bertelsmann vom 26. August 1944. Wenige Monate vor Ende des Zweiten Weltkriegs ließ sich die Schließung des von Heinrich Mohn geleiteten und zu einem umsatzstarken Unternehmen ausgebauten Verlagshauses nicht mehr abwenden. Alle verbliebenen Mittel wurden nun für den Kriegseinsatz des Deutschen Reichs mobilisiert, überdies war Bertelsmann in Ermittlungen wegen illegaler Geschäfte um Papierbeschaffungen verwickelt.

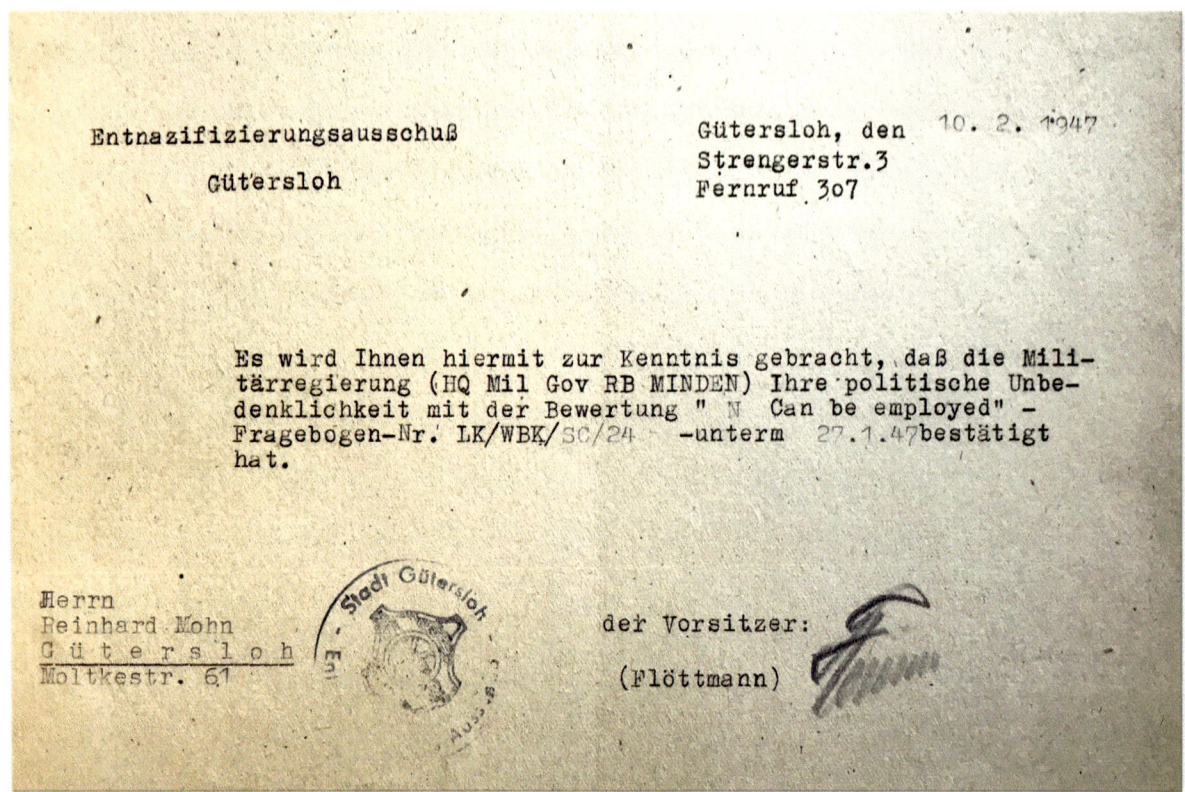

Mitteilung des Entnazifizierungsausschusses der Stadt Gütersloh an Reinhard Mohn vom 10. Februar 1947. Gleich nach seiner Rückkehr nach Gütersloh im Januar 1946 hatte Reinhard Mohn bei den Arbeiten zum Wiederaufbau von Bertelsmann mitgeholfen. Im Rahmen des gleichzeitig laufenden Entnazifizierungsverfahrens bestätigten ihm die Behörden, dass ihn die britische Militärregierung als politisch unbelastet eingestuft hatte. Nach dem Rückzug seines Vaters im April 1947, der seine fördernde Mitgliedschaft in NS-Organisationen zunächst verschwiegen hatte, war damit der Weg für Reinhard Mohn frei, die Leitung der Verlage C. Bertelsmann und Der Rufer zu übernehmen.

schließlich bis April 1949 dauern, bis er nach Gütersloh zurückkehrte. Reinhard Mohn beugte sich daher den Nachfolgeanforde-
rungen und übernahm etappenweise die Verantwortung für den
nur noch eingeschränkten Verlagsbetrieb. Im Gespräch mit Walter
Kempowski hat Reinhard Mohn später die Situation beschrieben,
als er von einem Fahrer des Unternehmens nach Gütersloh zurück-
gebracht und mit den sich auftürmenden Problemen des Verlags
konfrontiert wurde: »Da habe ich gesagt: ›Also gut, dann machen
wir das!‹ Das war keine systematische berufliche Entscheidung,
sondern es ging einfach darum, das Nächstliegende anzupacken.«[53]
Diese Sichtweise wurde Teil der auch später gepflegten Erzählung
im Sinn einer »Stunde Null«. Reinhard Mohn wurde tatsächlich in
die Verantwortung gestoßen. Nicht die beiden älteren Brüder, die
dafür eigentlich bestimmt waren, sondern er, der sich bewusst war,
»innerhalb der Familie Nr. 5« zu sein,[54] musste diese Bürde tragen.
Das Gefühl, dieser Aufgabe unbedingt gerecht werden zu müssen,
war Motivation und Antrieb, die ihn zeitlebens begleitete.

Anfangs waren noch Hürden zu überwinden, vor allem in der
Auseinandersetzung mit den »Personal Questionnaires« und Fra-
gebögen der britischen Besatzungsbehörden.[55] Am 15. August 1946
reichte Reinhard Mohn seine Unterlagen dem Entnazifizierungs-
ausschuss Gütersloh ein und bat darum, als »Buchhändler-Lehr-
ling« arbeiten zu dürfen. Der Ausschuss teilte ihm am 10. Februar
1947 mit, das Headquarter der Militärregierung in Minden habe
seine politische Unbedenklichkeit mit der Bewertung »Can be em-
ployed« bestätigt.[56] Um auch formal die Lizenz zu erhalten, ging
Mohn im Sommer 1947 für einige Monate an die neu gegründete
Buchhändlerschule im Kölner Vorort Marienburg und absolvierte
anschließend einige Praxismonate in der traditionsreichen Akade-
mischen Buchhandlung Calvör in Göttingen.[57]

Neuaufbau in der Trümmergesellschaft – Reinhard Mohn im »Wirtschaftswunderland«

Rede Reinhard Mohns zum Richtfest des neuen Verlagsgebäudes am 25. November 1947. Nach den Kriegsverwüstungen vom März 1945 mussten viele der Bertelsmann-Gebäudekomplexe instandgesetzt oder sogar neu errichtet werden. Das Richtfest für das neue Gebäude in der Gütersloher Eickhoffstraße nutzte der 26-jährige Reinhard Mohn, um sich an die versammelte Belegschaft zu wenden. Das erste bekannte Bild, das Mohn nach Übernahme der Verlagsleitung und noch im **Soldatenmantel** gekleidet zeigt, wirkt bis heute symbolträchtig als Zeichen des Aufbruchs nach dem Ende des 2. Weltkriegs.

Geradezu ikonographischen Charakter für die Anfänge Reinhard Mohns als Unternehmer erhielt eine vielfach wiedergegebene Fotografie aus dem Jahr 1947, die den jungen Chef bei einer Ansprache an die Belegschaft zeigt, gekleidet noch in einen Soldatenmantel. Das Foto, das gerade wegen der kargen Atmosphäre die Aufbruchstimmung der westdeutschen Trümmergesellschaft vermittelte oder vermitteln sollte, hat sich als »der eigentliche Gründungsakt« der Nachkriegszeit in die kollektive Erinnerung bei Bertelsmann eingeschrieben.[58] Das Narrativ des Wiederaufstiegs aus Ruinen passte zur späteren »success story«. Gründungs- oder Wiedergründungsmythen, am besten als Erfolgsgeschichten, bieten für Unternehmen ideale Gelegenheiten. Bestimmte Schlüsselereignisse werden Teil der »Schöpfungsgeschichte« und dienen als »gemeinsamer Nenner« und »Integrationspunkte«, geradezu als »sakrale Mythen« zur Identifikation von Mitarbeitern und Kunden mit Unternehmen und Marke.[59] Reinhard Mohn hat diese Entstehungsgeschichte selbst gepflegt und Jahrzehnte später beispielsweise dem ehemaligen Bundeskanzler Helmut Schmidt geschildert: »Noch als die Trümmer brannten, begann ein kleines Häuflein von Mitarbeitern die Planung für den Wiederaufbau. Die Verpflichtung gegenüber der übernommenen Aufgabe und ein ethisches Fundament, das die materiellen Voraussetzungen nur als Werkzeug betrachtete,

gaben die Kraft, wieder von vorn anzufangen. Das handwerkliche Können und die Einsatzbereitschaft von wenigen zurückgekehrten Mitarbeitern, die bereit waren, einen neuen Anfang zu wagen, ermöglichte das Überwinden einer Existenzkrise des Unternehmens, die leicht vernichtend hätte sein können.«[60] Mohn hat auch an anderer Stelle gerne über seine Bemühungen berichtet, mit den zunächst nur noch 80 verbliebenen Mitarbeitern die »Linie der unpolitischen Literatur der Vorkriegszeit« fortzusetzen: »Bis zur Währungsreform blieben die verlegerischen Wirkungsmöglichkeiten aufgrund der Materialknappheit gering. Der Tauschhandel hatte eine größere Bedeutung als die Verrechnung gegen Geld.«[61]

Nach 1945 war es die »eingespielte und routinierte ökonomische und administrative Kontinuität«, die jene sozialen und wirtschaftlichen Erfolge ermöglichte, ohne die die Bundesrepublik »nie integrationsfähig gewesen wäre«.[62] Der gelegentlich behauptete angebliche »Leistungsfanatismus der Kriegsgeneration«[63] lässt sich quellenmäßig hingegen kaum belegen und findet auch in den Bertelsmann-Quellen jener Zeit keinen Niederschlag. Vielmehr vermitteln die Akten, was ein zupackender, optimistischer und furchtloser Unternehmer in jenen Jahren bewegen konnte, wenn er sich beweisen und zugleich verantwortungsvoll den Wiederaufbau mitgestalten wollte. Die Goldgräberstimmung, die bei Bertelsmann in Gütersloh spürbar war und aus den zeitgenössischen Dokumenten spricht, machte vieles möglich. Mohn erinnerte häufig an eine

Reinhard Mohn 1948 in seinem ersten eigenen Auto. Kurz nach der Währungsreform im Sommer 1948 gelang es ihm, eine auf dem Schwarzmarkt erworbene Leica-Kleinbildkamera gegen einen blauen VW Käfer einzutauschen.

glückliche Zeit, in der er »immer mehr Ideen gehabt« habe, als er finanzieren konnte.[64]

Kriegsbedingt konnte Mohn nur sein Abitur, aber keine gründliche Ausbildung oder gar ein Studium aufweisen. Es blieb daher bei einem konsequenten Autodidaktentum, dem »Learning by doing«,[65] wie er selbst bekannte. Ergänzt wurde dies durch die kluge Strategie, denjenigen erfahrenen Managern Freiraum zu bieten, die sich mit der Verlagsarbeit bereits gut auskannten.

Reinhard Mohn ist attestiert worden, er habe die Herausforderungen »mit dem sachlichen Blick des Ingenieurs« bewertet.[66] Er war »kein Mann schneller, emotionaler, spontaner Entscheidungen«.[67] Ihm war aber zugleich bewusst, dass kühles und rationales Vorgehen allein noch keine Erfolgsgarantie war. Entscheidungen sind bekanntlich »eine heutige Selbstfestlegung auf eine zukünftige Handlungsvariante, deren Erfolgsbedingungen zum Zeitpunkt der Selbstfestlegung bestenfalls angenommen werden können, häufig aber völlig unklar sind«.[68] Für einen solchen Schritt in die Ungewissheit benötigt man allerdings auch Unbefangenheit und Mut, die Reinhard Mohn zu eigen waren.

Mohn war beeindruckt und fasziniert von den amerikanischen Arbeitsprozessen. Weil ihm selbst eine entsprechende Ausbildung zur Führung eines Unternehmens fehlte, blickte er immer wieder in die USA, wo man »von Führungstechnik und Wirtschaft am meisten« verstand.[69] Aber selbst wenn das aufkommende Schlagwort von der »Amerikanisierung« in bestimmten Industriezweigen überschätzt worden sein mag, blieb es wirkungsmächtig:[70] Die USA wirkten als technologisch-wirtschaftliches »Wunderland« und Vorbild, das gerade nach den Jahren der erzwungenen Isolation im »Dritten Reich« eine magische Anziehungskraft ausübte. Die freiwillige Orientierung an amerikanischen Leitbildern[71] fiel umso

Reinhard Mohn im August 1954 vor der **Skyline von Manhattan**.
Seit der Zeit seiner zweijährigen Kriegsgefangenschaft in Kansas
(1943–1945) blickte Reinhard Mohn mit Bewunderung und Faszination auf Gesellschaft und Wirtschaft der USA – eines Landes,
das er sich bei freier Entscheidung als neue Heimat gewählt hätte.
Lange vor der Expansion von Bertelsmann in den US-amerikanischen
Markt war Mohn ein aufmerksamer Beobachter der dortigen Fortschritte im Unternehmens- und Managementbereich. Immer wieder
nutzte er Reisen in die Vereinigten Staaten, um von den Moder-
nisierungsimpulsen dort zu profitieren.

leichter, als die USA ein »empire by invitation«[72] waren, das mit den Mitteln operierte und überzeugte, die man heute wohl »soft power« nenne würde. Reinhard Mohn, geprägt durch seine Erfahrungen in der Kriegsgefangenschaft und das neue Managerdenken, begriff diese Chance – von der frühen Datenverarbeitung bis zu den Möglichkeiten, die zeitgemäße Formen des Abonnenten-Managements boten. Da Mohn Dogmatismus fremd war, sollte aber auch nicht alles Amerikanische nur deshalb imitiert werden, weil es als modern galt.[73]

Nach der Währungsreform 1948 – inzwischen liefen wieder »alle Maschinen auf vollen Touren«[74] – trat an die Stelle des mühsamen Wiederanknüpfens der Aufstieg im umkämpften Buchmarkt. Die gut gefüllten Papierlager des Verlages waren ein perfektes Startkapital, um »dem Buch neue Käuferschichten zu erschließen«.[75] Man sei in Gütersloh, so Mohn rückblickend, geradezu in »euphorischer Stimmung« gewesen und habe die strategische Entscheidung getroffen, auf dem »weitgehend offenen Markt«[76] den Versandbuch-

Links: Reinhard Mohn 1958 zu Besuch bei IBM in Poughkeepsie im Bundesstaat New York. Er nutzte diese USA-Reise, um sich mit Mitarbeitern über die neuesten elektronischen **Datenverarbeitungsanlagen** zu informieren.

Rechts: Besuch des Unternehmens Toshiba in Tokio im Rahmen einer Japan-Reise 1963. Reinhard Mohn informierte sich oft vor Ort über die weltweiten Fortschritte in der elektronischen Datenverarbeitung. Sein Interesse auf dieser Reise galt insbesondere der Entwicklung von **elektronischen Komplettsystemen**.

Reinhard Mohn 1959 im Kreis von Bertelsmann-**Geschäfts- und Be-
reichsleitern** in Würzburg während einer Reise durch Deutschland.
Im Bild von links: Hans-Christoph Borkmann (Geschäftsführer
Vertriebsgemeinschaft Buch und Wissen), Hermann Pannhorst
(Leiter Einkauf Mohn & Co.), Rudolf Wendorff (Geschäftsführer
C. Bertelsmann Verlag), Manfred Köhnlechner (Generalbevollmäch-
tigter und Leiter der Hauptverwaltung), Herbert Multhaupt (kniend,
Geschäftsführer Mohn & Co.), Arnold Schmitt (Leiter Organisation
und Planung), Reinhard Mohn.

handel zu fördern: »Nicht auf Kunden warten: Das Buch zum Leser tragen, den Kunden zum Leser erziehen.«[77]

Mohn wusste, auf wen er sich bei diesem Wagnis verlassen konnte. Er war auch später klug genug, diese Leser-Erfolge, auf die er immer stolz war, nicht als One-Man-Show verkaufen zu wollen, was auch wenig glaubhaft gewesen wäre. Er hatte die Unterstützung des ebenso integren wie erfahrenen Fritz Wixforth, der schon 1911 als Lehrling bei Bertelsmann angefangen hatte[78] und nun als Verlagsdirektor und Geschäftsführer diente, hinzu kam Rudolf Wendorff, der als »junger Mann für alles«[79] schon 1946 die anfänglichen Schwächen des allzu nationalkonservativ-theologisch-biederen Verlagsprogramms erkannt hatte und seit 1959 als Leiter des Verlages C. Bertelsmann fungierte. Kaum zu ersetzen waren auch Herbert Multhaupt als technischer Leiter und Organisator des Druckhauses Mohn & Co. und schließlich der durchsetzungsstarke Manfred Köhnlechner als Generalbevollmächtigter bzw. Finanzexperte für das ganze Mohn-Imperium. Hinzu kam der »Geschäftsleitungskreis«, der aber in den folgenden Jahren schon so ausgedehnt wurde, dass 1969 der Eindruck herrschte, man habe in der Vergangenheit Berufungen zu schnell vorgenommen und müsse dies jetzt »korrigieren«.[80]

Die Kooperation mit dem Buchhandel führte im Sommer 1950 zu einer weiteren wichtigen strategischen Entscheidung. Mit der Gründung der Buchgemeinschaft Bertelsmann Lesering und dem »Buch im Abonnement« wurde ein ganz neuer Abnehmerkreis gefunden und das Feld des klassischen Verlagsgeschäfts revolutioniert. Der Lesehunger in der Zeit des »Wirtschaftswunders« war atemberaubend; der Reise- und Versandbuchhandel und ihr schillernder Vertreter Johannes Thordsen waren mit von der Partie, während sich der traditionelle Sortimentsbuchhandel zunächst

C. BERTELSMANN VERLAG GÜTERSLOH

(21a) GÜTERSLOH · FERNSPRECHER 651 · LANDESZENTRALBANK · GIROKONTO Nr. 353/82
RHEIN.-WESTF. BANK · STAEDT. SPARKASSE GÜTERSLOH · POSTSCHECK HANNOVER 130

Gütersloh, den 31. Mai 1950

Sehr geehrter Herr Kollege!

Bei allen Gesprächen auf Tagungen, im kleineren Kreis, im Börsenblatt, überall, wo ernsthafte Buchhändler zu Wort kommen, immer wieder zeigt es sich, daß für unseren Berufsstand die entscheidende Frage einfach die ist, wieweit es uns gelingt, einen Ersatz für die Käuferschichten zu finden, die durch die soziale Umschichtung der letzten Jahre verlorengegangen sind. Es kommt darauf an, die immer noch vorhandene große Lesefreudigkeit im deutschen Volke zu erhalten und Mittel und Wege zu finden, die es auch den minderbemittelten Schichten ermöglichen, ihre Liebe zum Buch zu pflegen.

Vor einem Jahr begann ich aus diesen Überlegungen mit der Herausgabe meiner Volksausgaben. Der Erfolg — 1 400 000 Bände wurden inzwischen ausgeliefert — brachte den Beweis, daß der eingeschlagene Weg richtig war. Er konnte aber nur erzielt werden, weil das gesamte Sortiment die gebotene Chance erkannte und sich in der Zwischenzeit unentwegt für das preiswerte Buch eingesetzt hat. Trotzdem beobachtet der Buchhandel immer noch mit berechtigter Sorge das Abwandern wesentlicher Buchkäufer. Ich möchte daher heute noch einen Schritt weitergehen und Sie zur Teilnahme an einer Arbeit einladen, die viele von Ihnen schon lange gern getan hätten, wenn dazu die Möglichkeit geboten worden wäre.

Zum 1. Juni dieses Jahres gründe ich den

LESERING DAS BERTELSMANN - BUCH.

Er wird sich von den andern Einrichtungen dieser Art wesentlich dadurch unterscheiden, daß er nicht nur einer einzelnen Interessentengruppe dient, sondern den gesamten Buchhandel umschließt. Dieser hat damit ein Instrument, der Konkurrenz der Buchgemeinschaften durch eigene, zumindest gleichwertige Leistungen wirksam begegnen zu können. Der Verlag aber erhält die Möglichkeit, durch die zu erwartende breite Basis manchem wertvollen dichterischen Buch den Weg zu bereiten, dessen Veröffentlichung aus allzu bekannten Gründen bisher nicht durchführbar war.

Dreierlei Bestrebungen, dreierlei Probleme literarischen Kulturschaffens sind es, die im LESERING zu einer Lösung geführt werden sollen: auch dem minderbemittelten Leser die Welt der Bücher zu erschließen, dem Buchhändler dabei die Betreuung zu überlassen und dem Dichter wieder eine Basis zu schaffen, die nicht nur vom Besteller bestimmt wird.

Die Bedingungen:

Mitglied des LESERINGS kann jeder werden. Er zahlt in monatlichen Raten von 3.20 DM oder in Vierteljahrsraten von 9.60 DM einen Jahresbeitrag von 38.40 DM und kann dafür aus der gesamten schöngeistigen Produktion des Verlages Bertelsmann (mit Ausnahme des Neuen Wilhelm Busch-Albums) jährlich 8 Bände ohne Rücksicht auf den Ladenpreis auswählen.

b.w.

Bertelsmann Lesering-Bus um 1954. Mit seinen rund 200 auffälligen **Werbewagen** machte der Lesering erfolgreich auf sein Programm aufmerksam. Die Kleinbusse übten in den zum Teil noch kriegszerstörten Innenstädten eine magische Anziehungskraft aus und erzielten eine enorme Werbewirkung für den Buchclub.

Linke Seite: Rundschreiben des C. Bertelsmann Verlags vom 31. Mai 1950 zur **Gründung des Leserings** (Auszug). Mit dem Lesering startete Bertelsmann am 1. Juni 1950 eine neue Ära im Feld der Buchgemeinschaften. Das unternehmerische Wagnis hatte in der Anfangsphase gravierende Hindernisse zu überwinden und stieß beim Buchhandel und in der Öffentlichkeit auf Skepsis. Bald war es jedoch gerade der spektakuläre Erfolg der »Königsidee« Lesering, der Bertelsmann einen rasanten Nachkriegsaufstieg bescherte und für Jahrzehnte zu den geschäftlichen Säulen des Konzerns zählte.

meist ablehnend, mindestens jedoch zögerlich verhielt – sicherlich auch deswegen, weil er auf seine vornehmlich bildungsbürgerlich geprägte Klientel und auf sein Image bedacht war und nicht mit den gerade in der Anfangszeit als »Drückerkolonnen« verschrienen Buchclub-Werbern und ihren Methoden identifiziert werden wollte, denen nachgesagt wurde, genauso gut Versicherungen oder Staubsauger verkaufen zu können. Das Modell der Zweistufigkeit beim Lesering unterschied sich letztlich deshalb von den anrüchigen Provisionsprinzipien, weil es den etablierten Buchhandel aktiv mit einband. Dem Chef einer Vertreterkolonne wurde der geworbene Kundenstamm überlassen, den er auf eigene Rechnung betreute – die »beste Garantie für seriöse, nachhaltige Abschlüsse« und einen pfleglichen Umgang mit den Lesering-Kunden. Zugleich

Fritz Wixforth (Mitte) mit Reinhard Mohn und dem Hamburger Versandbuchhändler Johannes Thordsen 1967 bei der Feier seines 70. Geburtstags. Wie kaum ein Zweiter verkörperte Wixforth jenen Typus eines bewährten und loyalen Mitarbeiters, auf dessen Unterstützung als »unentbehrlicher Lehrmeister« sich Reinhard Mohn verlassen konnte. In Gütersloh geboren und 1911 als Buchhändlerlehrling bei Bertelsmann eingetreten, trug Wixforth schon seit den 1920er Jahren mit seinen Marketing- und Vertriebsideen zum Aufschwung des Verlags bei. In der Nachkriegszeit waren Aufbau und Fortentwicklung des Bertelsmann Leserings im Wesentlichen seiner Initiative zu verdanken.

konnten potenzielle Kunden auch durch den Sortimentsbuchhandel geworben werden.[81]

Aber schadete Bertelsmann dem traditionellen Buchhandel? Mehr als 85 Prozent der Mitglieder wurden überhaupt erstmals für das Lesen von Büchern gewonnen.[82] Reinhard Mohn war sich sicher, dass die meisten Mitglieder noch niemals eine Buchhandlung von innen gesehen hatten. Diesen machte es auch nichts aus, wenn sie nicht sofort mit Neuerscheinungen bedacht wurden, die eine Domäne des klassischen Buchhandels blieben. Die Expansion des Leserings, der 1954 bereits eine Million Mitglieder zählte, schien in den 1950er Jahren kaum Grenzen zu kennen. Auch andere Felder wurden beackert: Weil die etablierten Lexikonverlage keine Lizenzen für Nachschlagewerke vergaben, packte Mohn den Stier bei den Hörnern. Er baute seit 1952 eine eigene Lexikonredaktion auf

Margarete Hauptmann, die Witwe des Schriftstellers Gerhart Hauptmann, bei einem Besuch in Gütersloh 1952. Der **C. Bertelsmann Verlag** erwarb die Rechte am Gesamtwerk des Literaturnobelpreisträgers von 1912 und machte über den Lesering viele neue Leserinnen und Leser mit seinen Werken vertraut.

Reinhard Mohn begrüßt Frau Erna Spangenberg 1954 als **einmillionstes Mitglied des Leserings** und überreicht ihr eine Prämie von 2.000 DM. Das Wachstum des 1950 ins Leben gerufenen Leserings ging über die Anfangshoffnungen bei Bertelsmann schnell weit hinaus. Begünstigt durch den gesellschaftlichen Nachholbedarf an Büchern führten innovative Unternehmensstrategien und kreative Werbemaßnahmen geradezu zu einer Explosion der Mitgliederzahlen. Binnen eines Jahres war die Zahl von 100.000 Mitgliedern erreicht, bis 1960 konnte diese auf 2,5 Millionen gesteigert werden.

Reinhard Mohn 1957 inmitten
seines Kassenschlagers, des
Bertelsmann Volkslexikons.
Dem 1956 veröffentlichten Band,
der auch über den Lesering ver-
breitet wurde, folgte eine breite
Palette weiterer Bertelsmann-
Lexika, Atlanten und Sachbücher.
1968 wurde die enzyklopädische
Verlagsabteilung in »Bertelsmann
Lexikon-Verlag« umbenannt.

Linke Seite: Werbestand für das
Bertelsmann Lexikon 1954 auf
der Frankfurter Buchmesse. Seit
1952 baute der Verlag eine
Lexikonredaktion auf, im Jahr
darauf erschien das vierbändige
Bertelsmann Lexikon. Der Durchbruch gelang 1956 mit dem popu-
lären einbändigen Bertelsmann
Volkslexikon, von dem innerhalb
weniger Monate über eine Million Exemplare verkauft wurden.

und schuf 1956 das Kartographische Institut Bertelsmann. Zahlreiche bekannte Verlage, die zunächst misstrauisch gewesen waren, wie S. Fischer, Rowohlt, Piper und List, vergaben bald Lizenzen für Belletristik und Sachbücher, für die bei Bertelsmann ein eigenes Lesering-Lektorat eingerichtet wurde. Zu Anfang der 1970er Jahre zählten die verschiedenen Clubs im In- und Ausland bereits rund fünf Millionen Mitglieder.

Bald wurde ein Bertelsmann Schallplattenring gegründet, u.a. auch um »Sprechplatten« auf den Markt zu bringen, mit denen bereits die Deutsche Grammophon-Gesellschaft und Telefunken experimentierten. Mohn und seine Leute waren der Ansicht, dass sich »unsere mit optischen Reizen übersättigten Mitmenschen (…) allmählich wieder dem Zauber nicht nur des geschriebenen, sondern auch des gesprochenen Wortes« hingeben können sollten.[83] Die Gründung der hauseigenen Schallplattenfirma Ariola im Jahr 1958 bildete die Grundlage für die spätere Bertelsmann Music Group (BMG).

Expansion und die strategische Diversifizierung innerhalb des Mediengeschäftes, wie etwa der Kauf der nach der Reprivatisierung insolventen Ufa mit ihren rund 40 Filmtheatern zum 1. Januar 1964, wurden in den folgenden Jahren vorangetrieben. Wegweisend war der erfolgreiche und schon seit 1960 betriebene Einstieg ins zukunftsträchtige Fernsehproduktionsgeschäft, wobei

Plattencover des 1959 veröffentlichten Titels »Am Tag als der Regen kam« der französischen Sängerin Dalida. Das im Jahr zuvor von Reinhard Mohn gegründete hauseigene Musiklabel **Ariola** hatte damit seinen ersten Nummer-eins-Hit in Deutschland. Ende der 1960er Jahre wurde Ariola zum bundesweiten Marktführer und expandierte in den folgenden Jahren in die ganze Welt.

Reinhard Mohn mit Mitarbeitern der Bertelsmann-Finanzverwaltung 1959 an einem Modell der im Bau befindlichen **technischen Betriebe**. Angesichts der stürmischen Ausweitung der Produktion wurden ab 1954 an der Friedrichsdorfer Straße (heute: Carl-Bertelsmann-Straße) in Gütersloh neue Gebäudekomplexe errichtet.

auch hier für Mohn die Synergieeffekte im Vordergrund standen: Das Credo, dass »Medien wie Buch, Film, Fernsehen und Schallplatte nicht konkurrieren, sondern sich als Kette kreativer Inhalte gegenseitig sinnvoll ergänzen sollten«, führte ihn in den folgenden Jahren konsequent in Richtung Film.[84] Mit der Ufa erwarb Bertelsmann Kinoketten, Musikverlage und die Mehrheitsbeteiligung am Constantin-Filmverleih – mit einem Anteil von rund 20 Prozent am deutschen Filmmarkt ein Schmuckstück. Im März 1966 notierte ein Blatt der Filmbranche: »Der geheime Generalstab deutscher Filmexpansion sitzt zur Zeit in Gütersloh.«[85] Die »Minikrise« des Jahres 1967, die kaum als Rezession bezeichnet werden konnte, hemmte indes das Wachstum nicht. Der umsichtige Unternehmer Mohn appellierte lediglich, in Zeiten der Konjunkturabschwächung »beweglich und anpassungsfähig« zu bleiben.[86]

Hierzu gehörte auch die Mitarbeitermotivation, die von Beginn an für Mohn eine zentrale Rolle spielte, weil er der Ansicht war, man könne die Lust an der Arbeit mit profanen pekuniären Angelegenheiten des Lebensunterhalts und des Geldverdienens sinnvoll kombinieren. Mohn erklärte sich daher mit Blick auf einen für alle Mitarbeiter leistungsgerechten Lohn öffentlich bereit, »seine Privatentnahmen aus dem Gewinn der Firma auf eine angemessene Leistungsentschädigung für seine Tätigkeit zu beschränken«.[87] Die seit 1951 in einem stetigen Prozess auf den Weg gebrachte Darlehens- und Gewinnbeteiligung bei Bertelsmann ist aus gutem Grund immer wieder als ein »Königsweg« beschrieben worden, als ein ideales Mittel der Mitarbeiterbindung, das sich sogar noch im Sinn des »Tue Gutes und sprich darüber« vermarkten ließ.

Besuch des SPD-Kanzlerkandidaten und Regierenden Bürgermeisters von Berlin **Willy Brandt** bei Bertelsmann im August 1961. Wenige Wochen vor der Bundestagswahl machte Brandt während seiner Wahlkampfreise auch in Gütersloh Station. Bei einem Betriebsrundgang führte ihn Reinhard Mohn durch die fertiggestellten technischen Betriebe.

Schema des organisatorischen Aufbaus des Gesamtunternehmens Bertelsmann 1960. Aus dem Verlag, den Reinhard Mohn 1947 übernommen hatte, entwickelte sich binnen weniger Jahre ein weitverzweigtes Unternehmen mit zahlreichen selbstständig arbeitenden Firmen. 1959 wurde die C. Bertelsmann KG gebildet, und es kam zu einer Neugliederung des Konzerns.

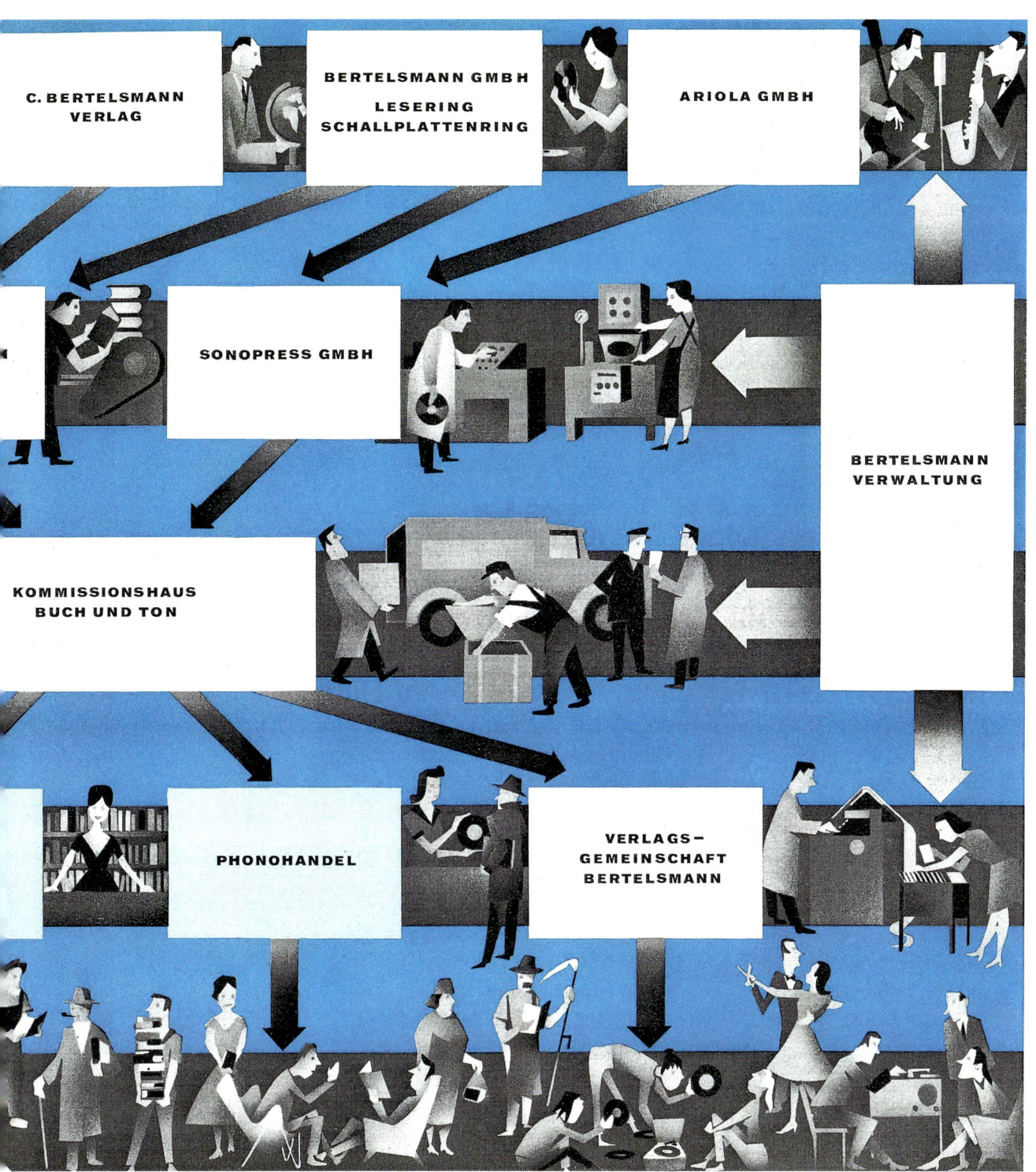

Der heutige Status der Firma muß als gut bezeichnet werden. Die Erfolge der Vergangenheit gewähren dem Unternehmen eine große Stabilität. Trotz der Ausweitung der Aufgabengebiete und der Zunahme der Mitarbeiter auf ca. 6 400 hat sich die Firma auf Grund ihrer Führungsmethode und Organisationsstruktur eine große Dynamik erhalten. Die diesen Arbeitsprinzipien innewohnende Kraft, Anpassungs- und Entwicklungsfähigkeit geben uns die Zuversicht, auch die Aufgaben der Marktausweitung in dem vor uns liegenden Abschnitt der Firmengeschichte zu bewältigen. In diesem Zusammenhang sei erwähnt, daß die Umsatzzunahme des Gesamtkonzerns im vergangenen Jahr ca. 13% betrug. Aus den einzelnen Arbeitsbereichen des Konzerns sei erwähnt:

1. Buch

Der Trend einer Verschiebung vom Unterhaltungsroman zum Sachbuch sowie in der Vertreterarbeit zum Großobjekt verstärkt sich. Die Entwicklung neuer Sachbücher unter Ausnutzung der durch den Lesering gegebenen außergewöhnlich guten Kalkulationsvoraussetzungen bewährt sich und wird verstärkt fortgesetzt. – Das Taschenbuch dürfte auf dem deutschen Markt eine geringere Bedeutung gewinnen als im Ausland. – Die Arbeitsmethoden und das wirtschaftliche Ergebnis der konzerneigenen Verlage wurde spürbar verbessert. – Neben der Weiterentwicklung unserer Auslandsarbeit in Spanien wird zur Zeit eine Beteiligung in Indien vorbereitet.

2. Schallplatte

Die Entwicklung unseres Repertoires sowie unseres Vertriebes über den Schallplattenhandel machten bemerkenswerte Fortschritte. – Die Einführung des kombinierten Buch- und Schallplattenabonnements unseres Europaringes hat sich sehr bewährt. Für die Ausweitung des Schallplattenverkaufs dürfte damit eine richtungsweisende Möglichkeit aufgezeigt sein. – Die technische Qualität unserer Schallplatten darf als sehr gut charakterisiert werden.

3. Auftragsproduktion und Dienstleistungen

Der grafische Betrieb erzielte bemerkenswerte Erfolge auf seinem neuen Arbeitsgebiet, der Produktion für fremde Auftraggeber aus Industrie und Verlag. Dieser Sektor dürfte für die kommenden Jahre noch große Ausdehnungsmöglichkeiten beinhalten. – In zunehmendem Maße benutzen fremde Verlage die Einrichtung unseres Hauses zur Lagerhaltung und Auslieferung.

4. Fernsehen

Die Situation auf diesem Gebiet ist gekennzeichnet durch die vollständige Abhängigkeit von staatlichen Institutionen einerseits und deren schwieriger Lage andererseits. Die Bereitschaft der Rundfunkanstalten des ersten Programms zur Zusammenarbeit ist sehr begrenzt. Die Auftragserteilung durch die Anstalt des Zweiten Programms ist infolge eines finanziellen Engpasses fast völlig zum Erliegen gekommen. Wir haben aber Pläne in Vorbereitung, die auch auf diesem Gebiet zu einer wesentlichen Besserung der Lage führen werden. – Die Nutzung des Mediums Fernsehen ist für die Konzernarbeit langfristig von größter Bedeutung. Entsprechend werden wir unsere Bemühungen auf diesem Sektor fortsetzen.

Der vorgelegte Bericht mag Ihnen die Voraussage glaubhaft erscheinen lassen, daß die Zukunftsaussichten des Unternehmens sehr zuversichtlich beurteilt werden dürfen. Die anhaltend günstige Konjunktur und der ständig wachsende Markt innerhalb unseres Arbeitsbereiches versprechen eine stetige Entwicklung.
Zum Abschluß möchte ich noch einmal erinnern an einige Gedanken unserer Grundsatzordnung:
»Die Initiative des einzelnen ist die stärkste Kraft des Unternehmens.«
»Dem Betrieb gegenüber trägt jeder die gleiche Verantwortung wie in seinen persönlichen Angelegenheiten.«
Seien wir uns bewußt, daß das Geschick der Firma und ihrer Mitarbeiter von unserer Befähigung und unserem Einsatzwillen abhängig ist. Die Möglichkeiten des Erfolges sind in der Zukunft groß. Verkennen wir aber auch nicht die Gefahren des Versagens. Lassen Sie uns in der guten Gemeinschaft, die eine wesentliche Voraussetzung des Erfolges in der Vergangenheit gewesen ist, auch in der Zukunft zum Wohle aller unsere Arbeit verrichten. – Mein Bericht schließt mit dem Dank an alle Mitarbeiter unseres Hauses für ihren Einsatz im vergangenen Jahr. Für die Zukunft wünsche ich allen Mitarbeitern alles Gute, Glück und Erfolg!

R. Mohn

Wendorff berichtete über diese frühen Überlegungen einer Gewinnbeteiligung. Es werde »nicht für den Gewinn einer Familie, sondern für den Erfolg eines Unternehmens gearbeitet«.[88] Diese etwas rosige Sichtweise verschwieg jedoch, dass es Mohn in den 1950er Jahren auch um die Überbrückung von Finanzierungsengpässen ging, die durch die rasante Expansion der Firma und des Lesering-Geschäfts entstanden. Reinhard Mohn war in dieser Situation sogar bereit, das Lesering-Abenteuer einzustellen; nur durch eine drastische Reduzierung des Werbeetats ließ sich die Krise einigermaßen überwinden.[89] Was er angesichts der mangelnden Liquidität mit Wechseln veranstaltet habe, sei »grausam« gewesen, das »dürfte heute keiner mehr tun«, bekannte er 1992 in einem Interview.[90] Die Banken habe er, so erinnerte er sich später, gar nicht erst um Kredite gefragt: »Da unsere Bilanz und unsere Steuerungsinstrumente für die Kreditgeber keine überzeugenden Erkenntnisse lieferten, bestand (…) nur die Möglichkeit, Finanzmittel auf der Basis eines Personalkredits zu bekommen.«[91] Während manche Unternehmer den Untergang des Hauses Bertelsmann prophezeiten, machte Mohn aus der Zwangslage des fehlenden Eigenkapitals eine »Win-win-Situation« für Unternehmen und Mitarbeiter: Seit 1958 hatten die Mitarbeiter bereits die Möglichkeit, dem Unternehmen Darlehensbeträge mit einer attraktiven Verzinsung zur Verfügung zu stellen. In Anwendung des Gesetzes zur Vermögensbildung der Arbeitnehmer konnte ein paar Jahre später die Weihnachtsgratifikation direkt in ein Darlehen umgewandelt werden. Ein richtig austariertes Modell der Gewinnbeteiligung und Vermögensbildung war das allerdings noch nicht, aber an der Idee wurde kontinuierlich weitergearbeitet. Anfang 1970 stellte Mohn auf einer Pressekonferenz sein Modell der Gewinnbeteiligung vor, auf das ein lebhaftes Echo in der Presse folgte.

Bericht Reinhard Mohns in der Mitarbeiterzeitschrift »Bertelsmann Illustrierte« Anfang 1964 über die Unternehmensentwicklung von Bertelsmann (Auszug). In der Zeit von Hochkonjunktur und zweistelligen Umsatzsteigerungen sah Reinhard Mohn die Zukunft von Bertelsmann optimistisch. Nach Wiederaufbau, Markteroberung und Konsolidierung erklärte er die Ausweitung des **Film- und Fernsehgeschäfts** zu einem der Ziele.

Reinhard Mohn informiert die Öffentlichkeit auf einer Pressekonferenz im Januar 1970 über das neue Modell der **Gewinnbeteiligung** bei Bertelsmann. Schon in den 1950er Jahren hatte es bei Bertelsmann vor allem zur Akquisition von Kapital frühe Formen der Gewinnbeteiligung gegeben. Im Januar 1970 wurde – rückwirkend zum April 1969 – auf

Betreiben Reinhard Mohns ein unternehmensspezifisches Gewinnbeteiligungsmodell verankert, das dauerhaft zu einem zentralen Element der Unternehmenskultur von Bertelsmann wurde. Die Mitarbeiterinnen und Mitarbeiter sollten auf diese Weise am Unternehmenserfolg beteiligt und in ihrer Identifikation mit Bertelsmann gestärkt werden.

Die maßgeschneiderte Beteiligung der Mitarbeiter, die am wirtschaftlichen Erfolg des Unternehmens mittels einer Vermögensverwaltungsgesellschaft stille Gesellschafter werden konnten, war eine kluge unternehmerische Idee. Mohn investierte in die Motivation und Leistungsbereitschaft.[92] Die zu einem Vorzeigemodell werdende Gewinnbeteiligung wurde in den nächsten Jahren noch stärker verankert, der nach einem bestimmten Schlüssel geregelte

Mechanismus zwischen Chefetage und Beschäftigten immer wieder den aktuellen Erfordernissen angepasst. Wer länger als drei Jahre bei Bertelsmann beschäftigt war, wurde 1986 durch börsennotierte Genussscheine am Gewinn beteiligt. Das Prinzip blieb jedoch unverändert: Wer sich mit Bertelsmann identifizierte und Leistung zeigte, sollte nach Mohns Ansicht auch belohnt werden. Er hielt nichts von »Nivellierungen«, er war im Sinne des Leistungsdenkens für »gleiche Chancen«, aber für »ganz starke Differenzierungen in Bezug auf Einkommen«.[93] Dass die Grenzen zwischen einem wohlmeinenden Humanisten und einem kalkulierenden Geschäftsmann verschwammen, war in Mohns Menschen- und Weltbild kein Widerspruch. Der Schlüssel war das Einkommen, was als »leistungsbezogen und gerecht« eingeschätzt wurde.[94] Die Gewinnbeteiligung, die er gelegentlich mit anderen Modellen wie bei IBM und dem Weinvertriebsunternehmen Pieroth verglich, galt auch in späteren Zeiten der Internationalisierung nur für die in der Bundesrepublik ansässigen Betriebe im eigenen Besitz, nicht jedoch unbedingt für Tochtergesellschaften. Hier behielt Mohn einen strengen Blick auf die Kosten, wie eine Instruktion aus den 1980er Jahren verdeutlichte: »Ich möchte vorschlagen, daß wir schon allein aus pädagogischen Gründen die Gewinnbeteiligung bei chronischen Verlustformen erst dann einführen, wenn mindestens ein dauerhaft ausgeglichenes Betriebsergebnis erzielt wird.«[95]

Der Firmenaufbau war um diese Zeit bereits komplex, geradezu undurchsichtig, was mit Gefahren verbunden war, die Reinhard Mohn weitsichtig schon in den 1950er Jahren gesehen hatte. Ende der 1960er Jahre war Bertelsmann mit seinen Clubs, den technischen Betrieben, dem Bereich Musik und Film sowie der sich entwickelnden Dienstleistungssparte nicht mehr das, was man mit Fug und Recht ein »mittelständisches« Unternehmen nennen

RECHTLICHER AUFBAU

Konzernschaubild 1.7.1971

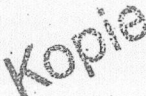

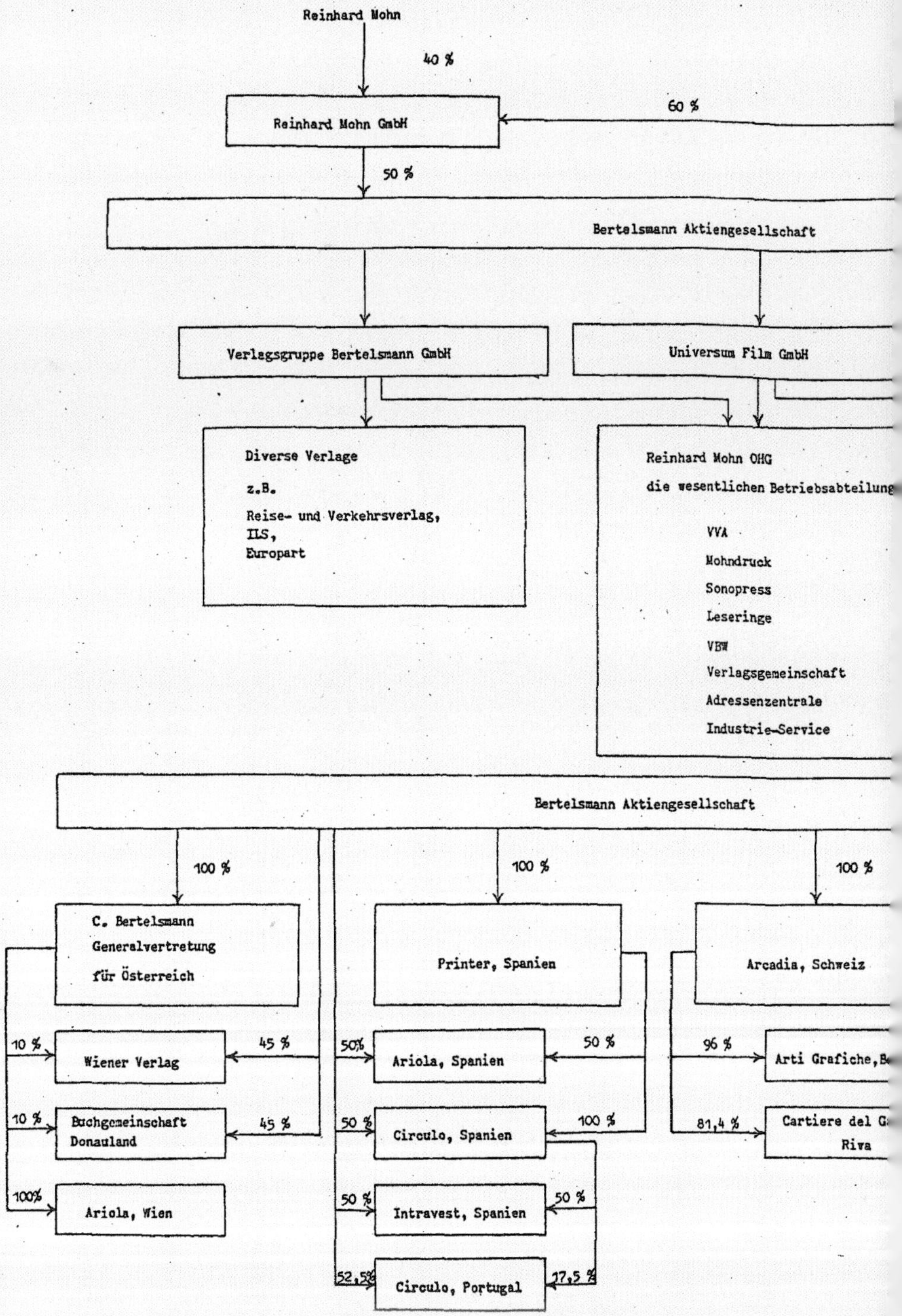
Reinhard Mohn
40 %
Reinhard Mohn GmbH
60 %
50 %
Bertelsmann Aktiengesellschaft
Verlagsgruppe Bertelsmann GmbH
Universum Film GmbH
Diverse Verlage
z.B.
Reise- und Verkehrsverlag,
ILS,
Europart
Reinhard Mohn OHG
die wesentlichen Betriebsabteilung
VVA
Mohndruck
Sonopress
Leseringe
VBW
Verlagsgemeinschaft
Adressenzentrale
Industrie-Service
Bertelsmann Aktiengesellschaft
100 %
100 %
100 %
C. Bertelsmann
Generalvertretung
für Österreich
Printer, Spanien
Arcadia, Schweiz
10 %
Wiener Verlag
45 %
50%
Ariola, Spanien
50 %
96 %
Arti Grafiche,B
10 %
Buchgemeinschaft
Donauland
45 %
50 %
Circulo, Spanien
100 %
81,4 %
Cartiere del G
Riva
100%
Ariola, Wien
50 %
Intravest, Spanien
50 %
52,5%
Circulo, Portugal
17,5 %

55

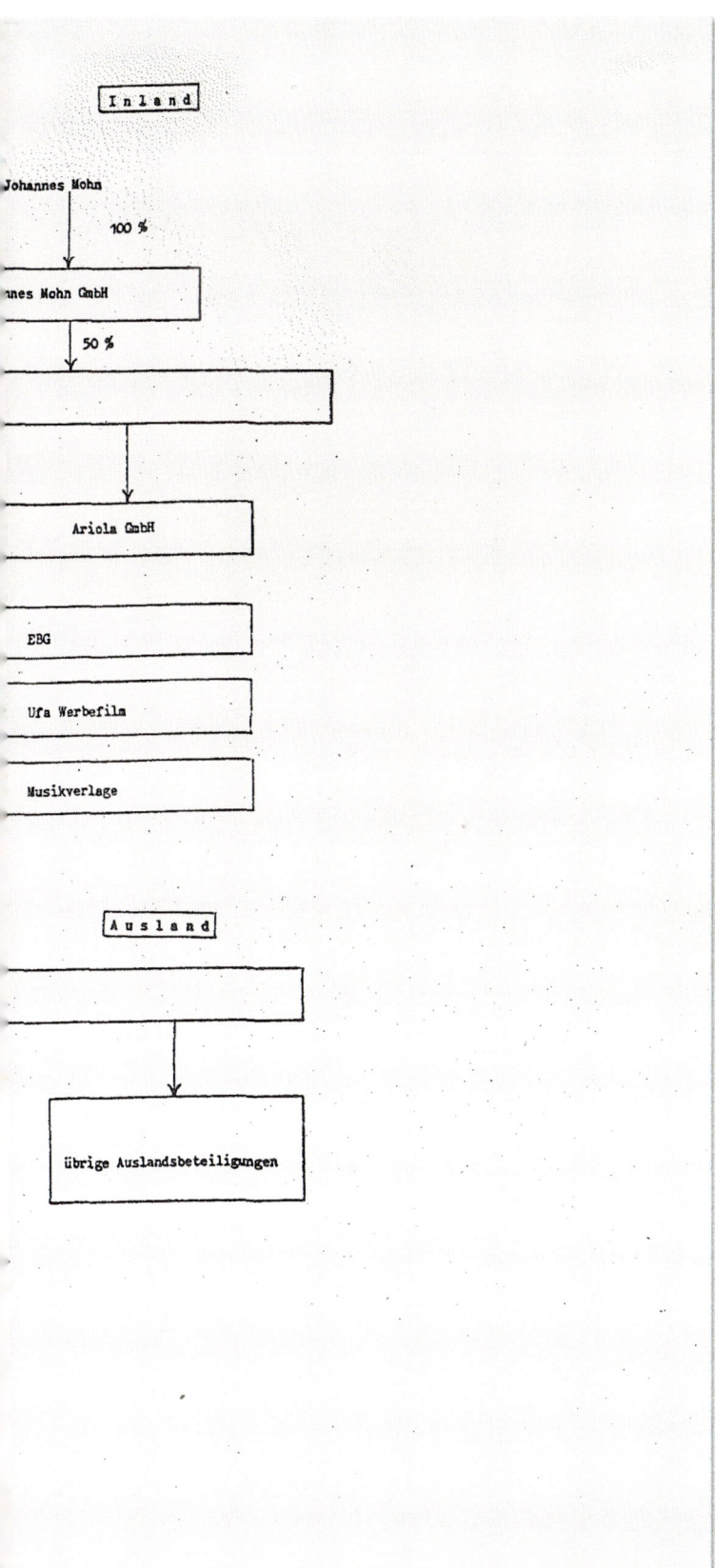

Internes Schaubild zum Aufbau der neu gegründeten Bertelsmann Aktiengesellschaft vom 1. Juli 1971. Die Expansion des einstigen mittelständischen Verlagshauses C. Bertelsmann zu einem Medienkonzern mit Dutzenden Einzelgesellschaften machte eine umfassende **Reform der Organisationsstrukturen** notwendig. Unter dem Dach einer Aktiengesellschaft wurden die Unternehmensaktivitäten zunächst in die vier Geschäftsbereiche Buch- und Schallplattengemeinschaften, Verlage, Musik/Film/Fernsehen und Technik aufgegliedert. 1973 kamen mit Gruner + Jahr als weiterem Bereich die Zeitschriften hinzu.

Erste Zusammenkunft des zukünftigen **Vorstands und Aufsichtsrats** der neu gegründeten Bertelsmann AG am 21. Juli 1971. Mit der Umwandlung von Bertelsmann in eine Aktiengesellschaft konstituierten sich 1971 der vierköpfige Vorstand und der sechs Personen umfassende Aufsichtsrat als zentrale Gremien. Reinhard Mohn blieb als Vorstandsvorsitzender an der Unternehmensspitze, die Leitung des Aufsichtsrats lag für zehn Jahre in den Händen des Hamburger Verlegers Gerd Bucerius. Im Bild von links: Eckehard Butz, Martin Wolf, Gerd Bucerius, Reinhard Mohn, Manfred Fischer, Herbert Multhaupt, Wilhelm H. Köhler, Rudolf Wendorff, Tito Legrenzi, Sigbert Mohn und Ernst Leonhard.

konnte, sondern ein breit aufgestellter Konzern mit inzwischen rund 10.000 Mitarbeitern. 1971 wurde, um den familien- und erbrechtlichen Bereich vom Unternehmensbereich zu trennen, aus der bestehenden Kommanditgesellschaft C. Bertelsmann Verlag die Bertelsmann AG. Reinhard Mohn wurde Vorstandsvorsitzender. Als Fast-Alleininhaber blieb er im Besitz der unternehmerischen Verfügungsrechte, eine Machtstellung, die er nicht mehr aus der Hand gab.

Bertelsmann verfügte traditionell über Druck- und Industriebetriebe, hatte aber mit Buchclub und Schallplattengeschäft bereits eine Diversifizierungsstrategie eingeleitet. Zunehmend wurde in weiteren Branchen Neuland betreten. 1969 beteiligte sich Mohn mit 25 Prozent am Verlagshaus Gruner + Jahr (G+J) und begab sich damit auf das bislang weitgehend unbekannte Terrain des Zeitschriftenmarkts. Mit auflagestarken Titeln wie »Stern«,

Reinhard Mohn am 21. Juli 1971 während der **ersten gemeinsamen Sitzung** von Vorstand und Aufsichtsrat der neu gegründeten Bertelsmann AG.

Pressebrief

Berichte und Nachrichten

des Hauses Bertelsmann

für Presse,

Rundfunk und Fernsehen

Nr. 3/1971
1. Juli 1971

Bertelsmann Aktiengesellschaft

Die Muttergesellschaft der Unternehmensgruppe Bertelsmann, die Firma C. Bertelsmann Verlag, wird, wie bereits mitgeteilt, in eine Aktiengesellschaft umgewandelt.

Dem Aufsichtsrat der "Bertelsmann AG" gehören an: Dr. Gerd Bucerius, Hamburg, Inhaber des Zeit-Verlages und Mitgesellschafter des Druck- und Verlagshauses Gruner + Jahr, als Vorsitzender; Ernst Leonhard, Darmstadt, Mitgesellschafter der Deutschen Buch-Gemeinschaft, als Stellvertreter; Comm. Tito Legrenzi, Bergamo, Istituto Italiano d'Arti Grafiche; Sigbert Mohn, Gütersloh, sowie als Vertreter der Arbeitnehmer der Vorsitzende des Betriebsrates Martin Wolf und sein Stellvertreter Willi Witte.

Den Vorsitz des Vorstandes übernimmt Reinhard Mohn. Vorstandsmitglieder sind: Herbert Multhaupt, Leiter des Gesamtbereichs Technik, als Stellvertreter des Vors'tzenden; Dr. Manfred Fischer, verantwortlich für die Arbeitsgebiete Hauptverwaltung, Musik, Film, Fernsehen, und Rudolf Wendorff, Leiter der Verlagsgruppe Bertelsmann.

Aktionäre der Bertelsmann AG sind die Reinhard Mohn GmbH mit 20 % und die Johannes Mohn GmbH mit 80 %.

An der betriebsinternen Gliederung der Arbeitsgebiete wird sich nichts ändern.

Die Anmeldung der Aktiengesellschaft erfolgt nach den Vorschriften des handels- und steuerrechtlichen Umwandlungsgesetzes. Stichtag der Umwandlungsbilanz ist der 30. Juni 1971. Das Geschäftsjahr läuft vom 1. Juli bis 30. Juni des Folgejahres.

Für den Entschluß zur Umwandlung waren insbesondere zwei Gründe ausschlaggebend: die Möglichkeit, in einem gegebenen Fall den Kapitalmarkt in Anspruch nehmen zu können, woran zur Zeit allerdings nicht gedacht wird, und eine bessere Sicherung der Kontinuität in der Unternehmensführung.

Nachdruck honorarfrei. Belegstück erbeten an: Alfred Klausmeier, C. Bertelsmann Verlag, Hauptverwaltung, Presseabteilung
4830 Gütersloh, Eickhoffstraße 14–16 · Telefon: (0 52 41) 2 58 11 · Hausapparat: 21 18 · Fernschreiber: 09 33 868

»Capital«, »Eltern«, »Brigitte«, »Schöner Wohnen« und »Constanze« galt G+J als ein Star in der Presselandschaft und war dank seiner sehr guten Liquidität eine Goldgrube. Dass Mohn seine unternehmerischen Fähigkeiten mit dem verlegerischen Talent von G+J verband, löste in der Verlagslandschaft heftige Debatten aus: Wollte hier ein Geschäftsmann, dem die politische Moral gleichgültig war, Kasse machen und selbstbewusst die Presse als »Vierte Macht« instrumentalisieren? Es dauerte einige Jahre, bis dieses Misstrauen nachließ; ganz überwunden wurde es nie.

Die überhitzte und ideologisch aufgeladene Atmosphäre der Hamburger Verlagshäuser war Mohn wesensfremd, und der von Axel Springer überlieferte Ausspruch »Ich hasse meinen Beruf!«[96] wäre für den überlegt und bedacht handelnden Unternehmer aus Gütersloh kaum vorstellbar gewesen. Die Diadochenkämpfe der Medienleute ließ er geschehen und profitierte von seiner besonnenen Verlagspolitik. Die Beteiligung an G+J wurde bis 1976 zu einer Mehrheitsbeteiligung von 74,9 Prozent aufgestockt.

Dagegen scheiterte der seit 1969 eingeleitete vollständige bzw. teilweise Kauf des Springer-Verlages, was die westdeutsche Medienlandschaft fundamental verändert hätte. Springer und Mohn hatten zwar ihre »politischen Standpunkte« mit Blick auf Kernpunkte wie Mitbestimmung, Israel-Politik, Wiedervereinigung und soziale Marktwirtschaft abgeglichen und eine »totale Übereinstimmung« festgestellt. Aber die komplexen Verkaufsdetails, Springers Wunsch, weiter bei der Tagespolitik mitzureden, und der konstante Medienrummel im Frühjahr 1970, als erste Gerüchte kursierten, ließen das delikate Geschäft platzen. Festzuhalten bleibt, dass Reinhard Mohn keine politischen Vorbehalte gegen Springer hatte.[97] Aber erst allmählich war ihm wahrscheinlich klar geworden, wie verhasst die »Springer-Presse« war und wie sehr ihn die Ver-

Pressemitteilung vom 1. Juli 1971 zur **Umwandlung von Bertelsmann in eine Aktiengesellschaft**. An die Stelle der Kommanditgesellschaft C. Bertelsmann trat die Bertelsmann AG, die ausschließlich die Aufgaben einer geschäftsführenden Holding erfüllte. Ihre Gründung stellte einen entscheidenden organisatorischen Modernisierungsschritt dar und markierte den Beginn einer neuen Unternehmensära. In den Augen Reinhard Mohns sicherte die Umwandlung die langfristige Kontinuität in der Führung des Konzerns und verbesserte die Möglichkeiten der Kapitalbeschaffung und für weitere Expansionsschritte.

Cäsar II.

Die Zeit

bindung mit diesem geradlinigen Konservativen kompromittierte. Dass sich die Geschäftsausweitung wie bislang geräuschlos vollziehen konnte, hatte Vorrang.[98] Springer hingegen war über Mohn enttäuscht und vermutete, dieser sei von seinen eigenen Führungskräften hinters Licht geführt worden. Aber auch die Expansionsstrategie Mohns missfiel ihm, wie er diesem in einem 15 Seiten umfassenden Brief am 3. Juni 1970 vorwarf: »Was sich mir vorher als Familienunternehmen darstellte, entpuppt sich als rastloser Aufkaufsbetrieb für Verlagsanteile, der alles greift, was ihm in die Hände kommt.«[99] Der Konflikt zog schließlich bei Bertelsmann tiefgreifende personelle Konsequenzen nach sich: Der Generalbevollmächtigte Manfred Köhnlechner, lange Zeit Mohns wichtigster strategischer Berater, hatte in der Springer-Affäre aus Mohns Sicht zu eigenmächtig agiert und verließ das Unternehmen nur wenige Wochen später.[100] Der Streit zwischen Mohn und Springer wurde hingegen zehn Jahre später ohne wesentliche Nachwehen begraben.[101]

Im November 1972 erhielt Gerd Bucerius, der kurz zuvor seine eigene Zeit-Stiftung gegründet hatte, durch einen Aktientausch für seine Kapitalanteile von rund einem Drittel an G+J einen Aktienanteil von 11,5 Prozent an der Bertelsmann AG – zu wenig mithin, um Mohns Geschäftspolitik nachhaltig beeinflussen zu können.[102] Auch hier hielt Reinhard Mohn in bewährter Manier die guten Karten ganz in seiner Hand.

Karikatur von Hanns Erich Köhler in der Wochenzeitung »Die Zeit« aus dem März 1970. Im Februar wurde die in längeren Verhandlungen angebahnte Beteiligung von Bertelsmann am Hamburger **Axel Springer Verlag** bekanntgegeben. Die damit beabsichtigte Ausweitung der Aktivitäten von Bertelsmann auf den deutschen Zeitungs- und Zeitschriftenmarkt machte Schlagzeilen und rief viele Kritiker auf den Plan, die eine Monopolstellung des Konzerns im Mediensektor befürchteten. Im Sommer 1970 einigten sich Reinhard Mohn und Axel Springer auf eine Rückabwicklung des bereits geschlossenen Vertrags.

Unternehmerische Führung als Lebensaufgabe

Mohn erkannte ausdrücklich die segensreichen sozialstaatlichen Traditionen des Deutschen Kaiserreichs an. Die sattsam bekannte Mischung aus Sozialpartnerschaft, Risikovorsorge und Konsensgesellschaft ergänzte das traditionelle Subsidiaritätsprinzip. In der westdeutschen Wirtschaftsordnung wurden, wie Mohn zweifellos erkannte, »Pfadabhängigkeiten« erkennbar, die auf gewisse ordnungspolitische Kontinuitäten seit dem Kaiserreich hinwiesen.[103] Führung bedeutete daher für ihn auch, die sozialen Systeme intelligent zu steuern und »dort zu helfen, wo der einzelne sich nicht helfen kann. Es ist nicht sozial, mit einer großen Gießkanne über alle Menschen Wohltaten auszustreuen.«[104] Als Unternehmer war Mohn Autodidakt, der sich aus den Vereinigten Staaten anregen ließ. Modelle, wie sie bei General Motors praktiziert wurden,[105] dienten dazu, Ideen für die Lösung der Führungsprobleme im eigenen Unternehmen zu finden. Mohns Führungssystem und das, was er »Führungstechnik« nannte, beruhten nicht auf einem abstrakt-theoretisch fundierten Gerüst, was ihm ermöglichte, pragmatisch Akzente zu setzen. Trotz aller Sympathien erschienen ihm amerikanische Modelle als zu starr und gegenüber den Menschen als geradezu unbarmherzig. Seine Ansätze nahmen daher auf die deutschen Bedingungen stärker Rücksicht. Mohn schnürte seit den 1950er Jahren ein ganzes Bündel von Fürsorgemaßnahmen: neben Arbeitsordnungen auch »Gewinnbeteiligungen, Betriebskrankenkasse, Pensionsregelungen, Prämien für ein Vorschlagswesen, Aus-

und Weiterbildung«.[106] Das stand im Einklang mit den Tendenzen der Zeit: Sozialpolitik »galt unter den extrem restriktiven Bedingungen der Nachkriegsproblematik mehr denn je zuvor als nachhaltiger Legitimationsspender, der sich mit seiner Geltungskraft sogar neben das ›Wirtschaftswunder‹ schob«.[107] Die »bürgerliche Revolution«, so formulierte es Thomas Mann im Jahr 1950, müsse sich »ins Ökonomische fortentwickeln, die liberale Demokratie zur sozialen werden«.[108]

An den ethischen Prinzipien des Verständnisses von Führung und Verantwortung hielt Mohn zeitlebens fest. Entscheidender Faktor für den Erfolg einer Großorganisation, so lautete sein Credo, sei »ihre Führung«.[109] Das war notwendig, weil Bertelsmann sich unter seiner Ägide vom Mittelständler zum Großkonzern entwickelte. In diesem Prozess entwickelte Mohn ein Prinzip, das durch die Schlüsselbegriffe Dezentralisierung, Dialog, Delegation von Verantwortung und kooperativer Führungsstil gekennzeichnet war und als Bertelsmann-Modell oder Gütersloher Modell einen Eigencharakter erhielt.

Was jedoch machte unternehmerischen Erfolg aus? Dies sei, so konstatierte Mohn 1962, kein »Glückszufall«. Es gebe nicht nur Höhepunkte, sondern tatsächlich »Kleinarbeit, Mühe, Sorgen«, verbunden mit Freude am Erfolg und Bescheidenheit: »Solch ein Lebensweg verlangt ein Übermaß an Bereitschaft, Ausdauer, Kraft und Härte, aber auch Begeisterung und Liebe zur Aufgabe.« Man müsse bereit sein, energiegeladen ein Risiko einzugehen: Nur »Riesenkräfte« könnten ein Riesenwerk bewältigen. Mohn verwies auf die »Dynamik der Unternehmerpersönlichkeit« und die »schöpferische Unruhe«, die diese auszeichne.[110]

Mohn orientierte sich somit wohl unbewusst in mancher Hinsicht an Joseph A. Schumpeters Modell eines dynamisch-schöp-

Wenn ich Chef wäre...

Grosses Preisausschreiben

Bertelsmann Illustrierte

OKTOBER 1955

ferischen Unternehmers, der das Vorhandene weiterentwickelt
und geradezu rastlos innovativ anwendet.[111] Wie Schumpeter sah
Mohn im Unternehmer nicht nur den profitorientierten Homo oeconomicus. Auch »Idealismus« sei notwendig, so Mohn, die »Liebe
zum Menschen«, die Freundlichkeit des Wesens sowie Kontaktfä-
higkeit. In Stichworten kam seine ethische Einstellung zum Tragen: »Grundeinstellung zum Menschen: läßt seine Angestellten
zu Mitarbeitern werden. Teamwork. Vertrauen in den Mitarbeiter.
Abgabe von Verantwortung. Viel Geduld und Mühe bei der Ausbildung und Beratung. Fähigkeit, das Positive zu sehen und zu entwickeln. Achtung vor der Meinung anderer.«[112] Arbeit sei nicht
nur etwas Lästiges, es gebe sogar einen Anspruch auf Arbeit und
das Recht, mit Freude zu arbeiten. Gewisse Aporien, Widersprüche
und Eigenlogiken[113] gehören zu diesen Selbstbeschreibungen und
-stilisierungen zweifellos dazu. Zudem ist es fraglich, ob es den erwähnten Homo oeconomicus überhaupt gibt bzw. ob die »inner-
wirtschaftliche Umwelt« von Großunternehmen für »Möglichkeiten des Lernens und Bewährens« hinreichend stabil ist.[114]

In der Praxis griff Mohn gerade nicht wie der Schumpeter'-
sche Unternehmer »schöpferisch« ein. Vielmehr förderte er eine
Unternehmensstruktur, die durch Zurückhaltung zusätzliche

Entscheidungssicherheit schuf – in dieser Hinsicht übrigens vergleichbar mit dem schweizerischen Medienunternehmer Hans Ringier.[115]

Die Zentralisierung von Entscheidungen sah Mohn als eines der Hauptprobleme expandierender Unternehmen an: Er verstand sich, anders als noch sein Vater, nicht länger als Mittelständler, der noch über alles im Betrieb informiert gewesen war. Nach 1945 war alles anders: zu viele Entscheidungen, zu viele Koordinationsnotwendigkeiten, zu viel Bürokratie und die daraus entstehende Unbeweglichkeit.[116] Diese Haltung zog sich wie ein roter Faden durch sein ganzes Leben. Noch in einem Radiointerview anlässlich seines 75. Geburtstags forderte er: »Gebt mir Freiraum, dass ich beweisen kann, dass es anders besser geht. Lasst mich Modelle machen!«[117]

Den patriarchalischen Vorstellungen, die das eigene Haus noch unter seinem Vater geprägt hatten, weinte er keine Träne nach und warb stattdessen für »Entlastung der Spitze« durch Delegation von Verantwortung an die Mitarbeiter.[118] Führungsautorität sollte gerade in einem Großbetrieb durch menschliche Haltung und fachliche Kompetenz legitimiert sein, eine Sichtweise, die zu dieser Zeit noch untypisch war und einen neuen Stil der Unternehmenskultur ankündigte. Selbstständig zu führen, so merkte er im Betrieb Gütersloh, war manchen Meistern und Abteilungsleitern sogar bisweilen unangenehm. Das wollte Mohn ändern. Delegation, so seine Devise, rufe Kreativität hervor und verhindere gerade die Schwerfälligkeit, die Großunternehmen häufig kennzeichneten. Sogar ein Preisausschreiben diente als Anregung. Unter dem Motto »Wenn ich Chef wäre …« wurden die Mitarbeiter im Jahr 1955 animiert, die Arbeitsbereiche besser zu organisieren und die betriebliche Zusammenarbeit zu stärken. Den Urhebern der 15 besten Vorschläge, ausgewählt von einem »Preisgericht« unter Mohns Leitung, gratulierte er persönlich, und sie wurden mit einer Wochenendfahrt in die Niederlande belohnt.[119] Seine Ideen propagierte Mohn zudem durch Aufsätze in den Mitarbeiterzeitschriften, zum Teil im monatlichen Abstand: »In der Zukunft wird nur noch der Betrieb erfolgreich sein, in dem eine größere Anzahl von Mitarbeitern in der Lage und bereit ist, größere Verantwortung zu übernehmen und Entscheidungen zu fällen.«[120]

Mit dem Delegationsprinzip fand er den richtigen Übergang zum Konzern: »Man musste sich was einfallen lassen.«[121] Andere hingegen scheiterten im »Wirtschaftswunder« genau an diesem Defizit. Der Autobauer Carl Borgward, um nur ein besonders prägnantes Beispiel zu nennen, war zwar ein technischer Visionär, aber kein kühl kalkulierender Kaufmann, bekam seine Konzernstruktur nicht in den Griff und vermochte es auch nicht, sich versierte Manager an die Seite zu stellen.[122]

Seit den 1950er Jahren förderte Mohn dezentral geführte Betriebseinheiten. 1955 formulierte er »Gedanken zum Aufbau unserer Betriebsverfassung«, die sich von patriarchalischen Auffassungen abhoben und eine verantwortungsbewusste »Sozialpartnerschaft« skizzierten.[123] Diese frühen Überlegungen mündeten im Wunsch, die »Betriebsverfassung« zu institutionalisieren und dadurch Mitarbeiter wie Unternehmen an einen gemeinsamen Wertehorizont zu binden. Der Begriff einer »Verfassung« wurde zwar aufgrund mancher Bedenken von Arbeitsrechtlern zunächst fallengelassen,[124] aber die damit verbundenen Grundgedanken wurden umgesetzt. Die 1960 erstmals niedergelegte »Bertelsmann Grundsatzordnung« spiegelte dieses Denken. Die ersten beiden Sätze dieser Grundsatzordnung lauteten: »Im Mittelpunkt all unserer Überlegungen steht der Mensch. Ihm zu dienen ist die erste Aufgabe unseres Unternehmens.«[125] Sein Konzept der

Im Mittelpunkt all unserer betrieblichen Überlegungen steht der Mensch. Ihm zu dienen ist die erste Aufgabe unseres Unternehmens. Wir beurteilen unsere Arbeit daher nach dem Wert, den sie für unsere Mitmenschen hat. In diesem Bewußtsein wollen wir die Arbeit und das Zusammenleben in unserem Betrieb auf der Grundlage von Gerechtigkeit und gegenseitiger Achtung nach folgenden Grundsätzen ausrichten:

Verantwortung gegenüber dem Betrieb
Dem Betrieb gegenüber trägt jeder die gleiche Verantwortung wie in seinen persönlichen Angelegenheiten. Diese Verantwortung verpflichtet, mitzudenken, mitzuhandeln, Mißstände zu beseitigen und durch geeignete Vorschläge den Betriebsablauf zu verbessern.

Führung
Für den Erfolg des Unternehmens ist die Führung von entscheidender Bedeutung. Die in den »Leitsätzen für die Führung im Hause Bertelsmann« festgelegten Grundsätze regeln Aufgabe, Aufbau und Verhaltensweise der Führung.

Persönliche Initiative
Die Initiative des einzelnen ist die stärkste Kraft des Unternehmens. Selbständigkeit und Entscheidungsfreiheit sind hierfür die unerläßlichen Voraussetzungen. Alle Bestrebungen sind jedoch den gemeinsamen Zielen unterzuordnen. Die notwendige Koordinierung soll sich auf ein Mindestmaß beschränken und bürokratische Formen vermeiden.

Planung für die Zukunft
Weiterentwicklung und Sicherung des Unternehmens erfordern vorausschauende Planung. Dazu gehört die Weiterbildung der Mitarbeiter, die gleichermaßen eine Pflicht des einzelnen wie des Betriebes ist.

Aufstiegschancen
Jeder hat nach seinen Fähigkeiten und nach den betrieblichen Gegebenheiten die Möglichkeit zum Aufstieg. Vor Besetzung einer Stelle durch Bewerber von außen ist zu prüfen, ob ein Mitarbeiter des Hauses aufrücken kann.

Die Arbeit und ihre Entlohnung
Mit unserer Arbeit verdienen wir unseren Lebensunterhalt. Zugleich sehen wir in ihr einen sinnvollen Teil unseres Lebens. – Das Arbeitsentgelt ist nach der Leistung zu bemessen; es muß aber auch sozialen Erfordernissen Rechnung tragen. Das allgemeine betriebliche Lohn- und Gehaltsniveau und die Kostenlage der Konkurrenzbetriebe sollen nach Möglichkeit berücksichtigt werden.

DER MITARBEITER UND DAS UNTERNEHMEN

Die am 1. September 1960 verabschiedete **Grundsatzordnung** für die Firmen des Hauses Bertelsmann. Nachdem 1952 zunächst eine »Betriebsordnung« in Kraft getreten war, verkündete Reinhard Mohn am 7. September 1960 auf dem Festakt zum 125-jährigen Bestehen von Bertelsmann eine neue Grundsatzordnung. Sie hob unter anderem die individuelle Verantwortung und Initiative des Einzelnen hervor und wurde durch die »Leitsätze für die Führung« ergänzt. Ab 1973 als »Unternehmensverfassung« und ab 1998 als »Essentials« wurden die Unternehmensgrundsätze immer wieder fortgeschrieben.

Gewinn und seine Grenzen
Nur ein ausreichender Gewinn ermöglicht eine angemessene Kapitalbildung und damit die Weiterentwicklung des Unternehmens sowie die Sicherung des Arbeitsplatzes. – Leistungsgrundsatz und Verantwortung gegenüber der Allgemeinheit verbieten einen überhöhten Gewinn.

Einkommen des Unternehmers
Entsprechend dem Leistungsprinzip soll der Unternehmer den Gewinn der Firma nur im Rahmen einer angemessenen Leistungsentschädigung für den privaten Gebrauch in Anspruch nehmen.

Eigentum verpflichtet
Das Privateigentum am Kapital ist in unserer Wirtschaftsordnung das beste uns bekannte Ordnungselement. Der Eigentümer des Kapitals muß sich seiner sozialen Verpflichtung bewußt sein und im Sinne des Unternehmens handeln.

Die Grundsatzordnung darf niemals den Anspruch einer endgültigen Fassung erheben. Im gemeinsamen Gespräch ist sie stets zu prüfen und der Zeit und besseren Erkenntnissen anzupassen. – Möge das Bewußtmachen und Befolgen dieser Grundsätze allen zum Vorteil gereichen.

Gütersloh,
den 1. September 1960

Für den Gesamtbetriebsrat

Für das Haus Bertelsmann

GEWINN, KAPITAL UND EIGENTUM

Reinhard Mohn am 7. September 1960 bei der **Feier zum 125-jährigen Jubiläum** des Hauses Bertelsmann. Mohn nutzte den feierlichen Anlass, um vor der Öffentlichkeit die kurz zuvor in Kraft getretene Grundsatzordnung bekannt zu geben.

konsequenten Delegation hieß zunächst noch schlicht »Übertragung von Verantwortung«. Der neue Terminus fand jedoch bald Eingang in eine eigene Unternehmensverfassung: Durch Delegation von Aufgaben, Kompetenz und Verantwortung sollte den Mitarbeitern ein möglichst großer Freiraum zur persönlichen und fachlichen Entfaltung gesichert werden.

Beispielsweise fungierten weitgehend selbstständig arbeitende »Profit-Center« als Entscheidungszentren. Anlässlich der Einweihung eines neuen Bürogebäudes des Europäischen Buch- und Phonoklubs in Stuttgart im Jahr 1966 betonte er dessen Stärkung gegenüber der Gütersloher Zentrale als ein »positives Beispiel für dezentrale Führung«.[126] Die Ausweitung der Entscheidungskompetenzen auf kleinere Einheiten wurde in dem sich dynamisch wandelnden und expandierenden Unternehmen immer wieder neu austariert.[127] Dies erforderte mehr Koordination und Kommunikation, was allerdings auch seine Schattenseiten haben konnte. Falsch verstandenes »Teamwork« und Gruppenentscheidungen in »Komiteesitzungen« führten, so Mohn, zu »Konformismus«, weil niemand mehr durch »eigenwillige Ideen das Gleichgewicht der Gruppe« stören wolle.[128]

Mohn war an der kontinuierlichen Weiterentwicklung der Unternehmensverfassung maßgeblich beteiligt – mehr noch: Er hat, wie zahlreiche handschriftliche Bemerkungen zeigen, diese Leitsätze weitgehend selbst entworfen und das Konzept immer wieder den Erfordernissen angepasst.[129]

Fragen von Unternehmensführung wie Leitungsorganisation, die Delegation von Verantwortung, die Dezentralisierung und die daraus folgende Notwendigkeit der Koordination, die Probleme von Autorität und Disziplin, die »Auslese« und die Förderung von Mitarbeitern und Führungskräften, die Beziehungen zu Gewerkschaften und Betriebsrat, Gewinnbeteiligung, Mitbestimmung und betriebliche Qualifizierung – all das waren Angelegenheiten, die jetzt in der Bundesrepublik diskutiert und erörtert wurden.[130] Von dem in deutschen Unternehmen noch lange spürbaren Konzept einer »Einbahnstraße von oben nach unten«[131] wollte Mohn, der ein Vorreiter des neuen Denkens war, nichts mehr wissen. Selbst die 1968 vorliegende novellierte Fassung der eigenen Leitsätze hielt er noch für »vornehmlich aus der Sicht der Konzernspitze« geschrieben. Sie biete nachgeordneten Führungsebenen wenig Einordnungsmöglichkeiten.[132]

Unterlagen zur ersten Bertelsmann-**Mitarbeiter-befragung** im »Bertelsmann Report« 1977.
Als wichtiger Baustein der Unternehmenskultur wurde bei Bertelsmann 1977 erstmals das Instrument einer groß angelegten Befragung Tausender Mitarbeiterinnen und Mitarbeiter eingesetzt. Sie gab Aufschlüsse etwa über die Beurteilung betrieblicher Sozialleistungen und des Führungsstils sowie den Grad der Identifikation der Beschäftigten mit dem Unternehmen. Die Mitarbeiterbefragung wurde auch in der Folgezeit fortgeführt und fand 2002 erstmals weltweit statt, 2019 nahmen über 55.000 Beschäftigte teil.

Reinhard Mohn 1959 vor den **neuen technischen Anlagen** der Druckerei von Bertelsmann. Von einem Vorarbeiter ließ er sich persönlich über die neue Vier-Farben-Offsetmaschine und eine Smyth-Buchfertigungsstraße informieren. Die Produktion konnte dadurch auf über 70.000 gedruckte Bücher pro Tag gesteigert werden.

Was daran anknüpfend dargelegt wurde, erinnerte an die Systemtheorie von Niklas Luhmann und an Anregungen, die der Soziologe Karl Martin Bolte mit seiner Idee des Unternehmers als »Teil einer Wert- und Charakter-Elite« entwickelt hatte. Der Wunsch, aber auch die Notwendigkeit, sich vom patronalen und herrschaftlichen Führungsstil der älteren Generation abzusetzen, war unverkennbar. Über den Begriff der »Elite« wurde in der bundesrepublikanischen Konsensgesellschaft ebenso öffentlich debattiert[133] wie über den historisch kontaminierten Begriff »Führung«. Reinhard Mohn beteiligte sich mit Feuereifer an diesen Debatten. Vor »Führung« schreckte er ebenso wenig zurück wie

Großbrand bei Mohndruck in Gütersloh am 25. November 1979. Bereits am frühen Morgen machte sich Reinhard Mohn selbst ein Bild der Situation am Brandort. Das in der Nacht ausgebrochene Feuer konnte erst nach 17 Stunden von den Einsatzkräften unter Kontrolle gebracht werden.

Fernsehinterview mit Reinhard Mohn zum Brand bei Mohndruck im November 1979. Er informierte dabei die Öffentlichkeit über die Situation vor Ort, wo die Produktion dank dem **Einsatz der Mitarbeiter** nach wenigen Tagen wieder anlaufen konnte. »Möglichst viele sollten sich verantwortlich fühlen und an den Entscheidungen beteiligt werden«, so Reinhard Mohn beim Dank an seine Mitarbeiter. »Der Einsatz aller bei der Brandkatastrophe hat mir gezeigt, dass wir auf dem richtigen Weg sind.«

vor »Elite«, aber diese durfte seiner Meinung nach nicht zu einer abgehobenen Kaste verkommen. In einem Referat über »Managerprofile« auf einer Tagung der eigenen Führungsnachwuchsschulung sprach Mohn anschaulich über die verschiedenen Typen von Vorgesetzten und widmete sich dem »Herrscher«, der mit seiner »Einmannschau« nicht mehr in die Zeit passe: Diese Art von Führungskraft sei viel zu »egozentrisch, rechthaberisch und unbelehrbar« und »aufgrund ihres Erfolges überheblich und eitel« geworden: »Seine Mitarbeiter sind für ihn Hilfsmittel, die Gemeinschaft interessiert ihn nur als Markt. Sozialpolitik und soziale Maßnahmen betrachtet er als lästige Pflichtübung, eigene konstruktive sozialpolitische Ideen wird er selten haben, er schaut auf solche Entwicklungen als lästig und unnötig herab.« Ein Typus von Vorgesetzten, dem Mohn das Ende voraussagte: »Diese Typen werden aussterben, untergehen oder nicht nachwachsen. Ihre Zeit ist vorbei.« Dem »Herrscher« stellte Mohn, didaktisch zweifellos überspitzend, das Idealbild des leistungsbereiten und sozialbewussten »Managers« gegenüber. Übertroffen wurde dieser nur noch vom »Vorbild«, dessen Mitdenken andere Mitarbeiter beflügle. Mohn war klug genug zu betonen, dass ihm bewusst sei, dass jede Typisierung die Gefahr der Schematisierung und Verzeichnung beinhalte, aber er hoffte dennoch auf die Schlagkraft seiner Argumente bei den jüngeren Führungskräften.[134] Intern und in der Öffentlichkeit machte er Vorschläge zu Kontrolle und Therapie der Eitelkeit mancher Manager, die bisweilen als »Schaumschläger im Vorstandssessel« bezeichnet wurden[135] – eine Art Vorgriff auf die später aufkommende Kritik an manchen hochdotierten Führungskräften, die als »Nieten in Nadelstreifen«[136] daherkamen.

»Personalarbeit« hatte für Mohn die höchste Priorität. Man hänge, so beklagte er Ende der 1960er Jahre, »im derzeit prakti-

Ich möchte abschließend zur Verdeutlichung noch einmal den Unterschied zwischen dem jetzt gängigen Leitbild des erfolgreichen Managers und den Vorgesetztentyp, wie ich ihn ideal sehe, herausstellen:

Der ideale Vorgesetzte muß fachlich die gleichen Kenntnisse und Fähigkeiten haben wie der Manager. Seine Motivation muß aber mehr auf den Menschen und die Gesellschaft bezogen sein.

Seine eigene Haltung und Zielsetzung orientiert sich weniger am Erfolg für die eigene Person als an dem Vorteil der Gesellschaft.

Der ideale Vorgesetzte respektiert notwendige und echte Spielregeln der Gesellschaft. Er ist aber eigenständig genug, gegen falsche Festlegungen Front zu machen. Er ist schöpferisch und mutig genug, eigene Lösungen dagegenzustellen.

Die Arbeit des idealen Vorgesetzten wird langfristig für ein Unternehmen erfolgreicher sein, weil sie gesellschaftskonform ausgerichtet ist.

Die Autorität des idealen Vorgesetzten beruht nicht nur auf Leistung und Macht. Bei ihm respektiert man vielmehr und darüber hinaus die Persönlichkeit.

Referat Reinhard Mohns zum Thema **Managerprofile** auf einer
Tagung der Bertelsmann-Führungsnachwuchsschulung am 9. Januar
1970 (Auszug). Der Begriff der zeitgemäßen Führung stand im Mittelpunkt vieler Überlegungen Reinhard Mohns zur internen Struktur
moderner Großunternehmen. Er nutzte einen Vortrag, um eine
schematische Managertypologie zu entwickeln und den Idealtyp
einer Führungskraft herauszuarbeiten. Zu den Maßstäben, die Mohn
dabei anlegte, gehörten sowohl die Persönlichkeitsmerkmale und
moralisch-ethischen Einstellungen als auch die Haltung gegenüber
den Beschäftigten.

zierten Führungsstil 30 bis 40 Jahre hinter vergleichbaren amerikanischen Unternehmen« zurück.[137] 15 bis 20 Prozent seiner Arbeitszeit seien Personalarbeit, denn ein gutes Management sei für ein
Unternehmen die beste Investition.[138] Unter 200 Bewerbern finde
er nur einen geeigneten Kandidaten,[139] und deshalb sei Personalarbeit, jedenfalls für höherqualifizierte Stellen, »eine Sache des
Vorstandes«.[140]

Ungefähr zur selben Zeit, aus der diese Äußerungen stammen,
wurde »Die Kunst zu führen«[141] von Marvin Bower, dem langjährigen Managing Director der amerikanischen Unternehmensbera-
tung McKinsey, ein Bestseller in der Bundesrepublik. Es ist nicht
bekannt, ob Mohn, der über Managementliteratur recht gut informiert war, das Buch gelesen hat, aber seine eigenen Überlegungen
entsprechen vielfach den Überlegungen Bowers. Dieser schlug vor,
von narzisstischen und charismatischen Unternehmensleitungen
Abstand zu nehmen. Die Chefs sollten sich eher als Exekutoren
technokratischer Verfahrensweisen sehen, gleichsam als Rädchen
im Getriebe des Unternehmens: »Für die nachrückende Generation von Managern«, so hat der Wirtschaftshistoriker Werner

Plumpe diesen Sachverhalt ausgedrückt, »war das eine gute Botschaft, erleichterte sie doch den Bruch mit der Vorgängergeneration und gab klare Anweisungen für erfolgreiches Handeln«.[142] Mit Recht wurde spöttisch bemerkt, es sei ungewiss, wie weit es dieser bunte Strauß der Manager-Ratgeberliteratur überhaupt in die unternehmerische Realität geschafft hat, aber diese unterschiedlichen Publikationen waren zumindest ein Hinweis auf eine weitverbreitete Ratlosigkeit, ob und wie Führungskräfte überhaupt noch führen sollten.[143] Zahlreiche deutsche Unternehmen laborierten mit Hilfe meist amerikanischer Berater – und durchaus zweifelhaftem Erfolg – an der Reorganisation ihrer Führungsstrukturen. Die gemischte Bilanz lag weniger daran, dass deutsche Unternehmen gar nicht reformbedürftig gewesen wären. Amerikanische Problemlösungsmodelle ließen sich aber nicht immer erfolgreich auf deutsche Firmen anwenden. Die neuen Beratungsansätze waren immerhin ein Indiz dafür, dass die erfolgsverwöhnte Gründergeneration der Nachkriegszeit, die auf praktische Erfahrungen gesetzt hatte und mit »wissenschaftlichen« Methoden wenig anfangen konnte, nun für eine neue Riege von Unternehmern Platz machte, die krisenbewusster und daher auch weniger »beratungsresistent« war.[144] Bücher wie das von Antony Jay über »Management und Machiavelli« las Mohn mit Gewinn[145] und verfeinerte fortwährend sein Modell. Er verglich es gelegentlich mit dem von Hewlett-Packard[146] – es sollte eine ausreichende Gewinnmarge zur Finanzierung des Wachstums erwirtschaften, aber auch die Teilhabe der Mitarbeiter am Unternehmenserfolg ermöglichen. Die Periode der Konsolidierung bei Bertelsmann von den späten 1970er Jahren bis etwa 1983/84[147] wurde, ganz den Tendenzen der Zeit entsprechend, durch das Beratungsunternehmen McKinsey begleitet, obwohl Mohn ja auf dem Markt der Leitungsprinzipien als Pionier

bereits über ein attraktives wertebezogenes Modell der Führung verfügte, wie er selbstbewusst anmerkte: »Das von mir vorangetragene Konzept eines Unternehmens hat eine außerordentlich breit fundierte Führungspyramide geschaffen. Sehr viele Führungskräfte in unserem Haus haben gelernt, eigenständig zu urteilen und zu entscheiden. Ihre Identifikation mit dem Unternehmen ist sicher höher als in anderen Großunternehmen.«[148] Zunehmend wurden japanische Firmen und ihre auf Leistung und Loyalität ausgerichtete Mitarbeitermotivation eine Inspirationsquelle, aber immer wieder wies er – in dieser Hinsicht ganz altmodisch – auf sein eige-

Seminar für Führungsnachwuchskräfte von Bertelsmann 1977. Ziel spezieller Veranstaltungen war es, den Teilnehmern die **Unternehmensphilosophie** von Bertelsmann nahezubringen, wie sie in der Unternehmensverfassung und den Leitsätzen der Führung verankert war.

nes Modell hin, das sich aus dem »abendländischen Menschenbild« ergebe.[149] Beharrlich warb er für einen »partnerschaftlichen Führungsstil«,[150] und wie zur Selbstbestätigung betonte er immer wieder, dass »die zentralistische Führung (…) dem Selbstverständnis der Menschen« nicht mehr entspreche.[151]

Die ethische Verantwortung der Unternehmer betonte Mohn auch in den folgenden Jahren, in denen Fehlentwicklungen der Nachkriegszeit als ungezügelter und geradezu entfesselt erscheinender Kapitalismus erkennbar wurden. Im Einklang mit der Tendenz, sich wieder auf traditionelle Erfahrungswerte zu besinnen, rückten die technokratischen Modelle, die eine Zeit lang Mode gewesen waren, in den 1990er Jahren in den Hintergrund: Unternehmen, so lautete das neue Verständnis, seien keine seelenlosen Maschinen, die sich über formalistische mathematische Parameter steuern ließen. Sie seien vielmehr, so verkündete die neue Unternehmensphilosophie, »vitale soziale Organismen mit einer spezifisch gewachsenen Kommunikations- und Aushandlungskultur«.[152] »Führung« war zu einem »internationalen Wettbewerbsfaktor« geworden,[153] wie ein Wirtschaftswissenschaftler schon im Titel eines Buches betonte. Sogar »ein neuer Geist« des Kapitalismus, der selbstkritischer, authentischer und ehrlicher sei, wurde in einem Werk französischer Autoren vorhergesagt.[154] Geradezu bescheiden nahm sich der Tenor einer Studie der Drucker Foundation aus der Mitte der 1990er Jahre über die zukünftigen Aufgaben der Manager aus. Diese müssten »über so expansible und flexible Wertesysteme verfügen, daß sie sich der sozioökonomischen Dynamik und der Vielzahl der zukünftigen Veränderungen besser anpassen können als unsere derzeitigen. Ganz heldenuntypisch muß die echte Führungspersönlichkeit in der Lage sein, Veränderungen zu befürworten und in ihnen den gesellschaftlichen Nutzen zu erkennen.

Auf den Punkt gebracht: Der Manager kam, um den Helden zu ersetzen, und das Management ersetzte das Heldentum.«[155] Schwie-
rig zu beantwortende und im unternehmerischen Alltag kaum be-
handelte Fragen nach den Motiven für den »Profit« und seiner
Berechtigung, nach dem Stellenwert unternehmerischer Sozial-
verantwortung und nach ethisch fundiertem Handeln, also dem,
was früher den »ehrbaren Kaufmann« ausmachte und heute gerne
»Best Practice«-Empfehlungen genannt wird, waren Überlegungen, die zum »kalten Herz« des Kapitalismus angestellt wurden.[156]
Mit anderen Worten: Wirtschaftliches Handeln erforderte sozusagen eine außerökonomische Rechtfertigung.

Auf diesem Feld war Mohn in seinem Element, denn gegen
Manchesterkapitalismus war er schon immer zu Feld gezogen.
Auch Krämerhaftes war ihm fremd, und er erinnerte daran, dass
schon sein Vater kein »Geschäftemacher« gewesen sei.[157] Offenheit, Transparenz und »Corporate Responsibility« als schillernde
Facetten der Unternehmensethik[158] waren Teil der Mohn-Philo-
sophie avant la lettre. »Führung als Mandat« blieb hingegen eine
Bewährungsprobe für Führungskräfte, die immer auch am wirtschaftlichen Erfolg gemessen wurden, der sich nach Mohns Überzeugung am besten in einem aufgeklärt handelnden Unternehmen
einstellen werde. Führungstechnik war aber nicht strukturloses
Herumpalavern, sondern ein Verfahren, das unbürokratische und
effektive Entscheidungsprozesse ermöglichen sollte. Mohn passte
die Unternehmenskonzeptionen immer wieder an, bis zu den 1998
verabschiedeten und noch heute immer wieder modifizierten
»Bertelsmann Essentials« und dem »Code of Conduct«, der 2009
erstmals formuliert und ebenfalls immer wieder novelliert wurde.

Allerdings bleiben gewisse Unklarheiten bestehen, die sich auch
durch die Quellenanalyse nicht ganz auflösen lassen: Leitete sich

Mohns Hinweis auf angemessenes Verhalten und historische Erfahrungen in den zunehmend »moralisierten Märkten«[159] aus al-
truistischen Motiven her, oder diente er nicht auch als Mittel zum
Zweck, um im harten Wettbewerb gute – und wohlklingende – Argumente an der Hand zu haben? Und ganz grundsätzlich stellte
sich die Frage, wie Mohns Führungsmodell in einem Riesenkon-
zern mit mehreren Zehntausend Mitarbeitern auf Dauer praktisch
umsetzbar war, und das auch noch mit einem Chef, der zwar vom
theoretischen Nutzen seines eigenen Modells vollkommen überzeugt war, aber doch immer den kontrollierenden Blick aufs Ganze
behielt – und der sich gelegentlich selbst noch um Kleinigkeiten
kümmerte. Ralf Dahrendorf hat die Problematik gut erkannt, als
er Mohn zum 60. Geburtstag zu »Mut und Beharrlichkeit« gratulierte, weil er ahnte, wie groß bisweilen die damit verbundene
Versuchung gewesen sein muss, den »bequemeren Weg« zu gehen,
keine Zeit durch Diskussionen und Überzeugungsarbeit zu verlie-
ren und »selbst alle Fäden in der Hand zu halten«.[160]

Ein Beweis für die Offenheit bei Bertelsmann war, dass Mohn
nachgab, wenn die Widerstände zu groß wurden. Er war natürlich überzeugt von dem, was er wollte, aber er war kein Mitglied
im »Always Right«-Club. Beispielsweise war er darüber ungehal-
ten, als der Bertelsmann-Vorstand eine gemeinsame Jubiläums-
veranstaltung mit der Bundesbahn im Dezember 1985 absagte, zu
einer Zeit, in der der Konzern gerade erst eine wirtschaftliche Krise
überwunden hatte. Mohns Vorwurf, Bertelsmann habe damit ein
Eigentor geschossen, konterte sein Manager Rolf Schmidt-Holtz
mit dem Hinweis, in einigen Bertelsmann-Firmen herrsche »eine
ausgesprochen schlechte Stimmung« und Sorge um den Arbeitsplatz, so dass ein »aufwendiges Volksfest« unangebracht gewesen
sei.[161] Mohn gab daraufhin nach, und die Jubelveranstaltung fand

nicht statt. Der gelegentlich erhobene Vorwurf, die Bertelsmann-Unternehmenskultur sei durch ein »Diktat der Harmonie«[162] gekennzeichnet, findet in Vorgängen dieser Art also keine Bestätigung. Immer wieder wurde nach Schwachstellen gesucht. Als 1983 die Ergebnisse einer Mitarbeiterbefragung veröffentlicht wurden, stellte sich heraus, dass aus Sicht der Mitarbeiter die »erlebte Führungspraxis (…) nicht immer im Einklang mit den Prinzipien« stand. Der Vorstand hielt es deshalb für »außerordentlich wichtig und notwendig, daß sich alle Führungskräfte intensiv« mit dem Thema beschäftigten.[163] Anspruch und Wirklichkeit konnten also merklich auseinanderklaffen. Das konnte in einem komplexen Konzern, zu dem Bertelsmann inzwischen geworden war, wohl auch kaum anders sein. Als unfehlbar wollte daher auch Reinhard Mohn nicht gelten. In einem Interview im Jahr 2003 sprach er davon, auch er habe »beim Delegieren Fehler gemacht«.[164]

»What makes Reinhard run?«

Der Versuch, Unternehmer und Persönlichkeit zu trennen

»What makes Reinhard run?« – Der Versuch, Unternehmer und Persönlichkeit zu trennen

Von Rudolf Wendorff, 1946 einer der ersten von Mohn persönlich eingestellten Führungskräfte bei Bertelsmann, stammt eine Tagebuchaufzeichnung aus dem April 1945, in der er seinen späteren Chef bereits im Kriegsgefangenenlager charakterisierte: »Viel Schweigen, Maß, Festigkeit, keine Allüren, keine Hast, keine Trägheit, keine Formlosigkeit, kein Zeichen der Unechtheit, keine Angabe, kein Zeichen für Unaufrichtigkeit, keine Plumpheit, keine Unsicherheit, keine Oberflächlichkeit.«[165] Dieses Bild wollte Reinhard Mohn auch an der Spitze des Verlags den Mitarbeitern vermitteln. Es fällt leicht, die Herkunft aus einem ostwestfälischen Elternhaus mit den Merkmalen eines protestantischen Pfarrerhaushalts als reines Klischee abzuqualifizieren. Aber es gibt viel zu viele Beispiele ähnlicher Milieuschilderungen, die Mohn als Repräsentanten dieser verlegerischen Habitusgemeinschaft zeigen, um diese Erklärungen ins Reich der Fabeln zu verbannen.

Mohn war ein selbstdisziplinierter Chef, ein Ordnungs- und Pünktlichkeitsfanatiker, der in seinem Büro »Ordnung und Stille« brauchte, um »nachdenken und arbeiten zu können«, wie er bekannte. Er ärgerte sich, wenn, anders als bei seinem Vater, am Abend noch unbearbeitete Post auf dem Schreibtisch lag. Gespräche und Einladungen, andere Veranstaltungen und selbst Besuche von Mitarbeitern und Geschäftspartnern im Mohn'schen Haus bei Alcudia auf Mallorca waren perfekt organisiert und durchgetaktet. Das Büro in Gütersloh war immer aufgeräumt – in der Regel lag nur eine einzige Akte auf dem Schreibtisch des auf logisches Den-

Reinhard Mohn bei **Fernsehaufnahmen** anlässlich des 125-jährigen Jubiläums des Verlags im September 1960. Im Rahmen eines Festakts mit zahlreichen Gästen erinnerte Bertelsmann am 7. September an die Gründung des expandierenden Unternehmens durch Carl Bertelsmann im Jahr 1835.

Reinhard Mohn 1962 **am Schreibtisch** seines Büros. Nicht nur während seiner Zeit als Alleingesellschafter von C. Bertelsmann legte Reinhard Mohn im Arbeitsalltag Wert auf gut organisierte Arbeitsabläufe, Disziplin und Pünktlichkeit. Den Mittelpunkt bildete dabei sein eher schlicht eingerichtetes und stets aufgeräumtes Büro in der Gütersloher Eickhoffstraße. Eine technische Errungenschaft, die 1962 Einzug hielt, war ein Diktiergerät, das Mohn bei der Bewältigung der Korrespondenz als wesentlichen Fortschritt empfand.

ken fixierten Unternehmers: Für Improvisation blieb wenig Platz. Unter dem Stichwort »Spesenüberwachung« forderte er gelegentlich zur Sparsamkeit auf: »Immer wieder habe ich den Eindruck, daß Mitarbeiter, dabei auch leitende Mitarbeiter, bei schönem Wetter in der Gegend herumfahren, ohne daß wirklich geschäftliche Gründe vorliegen.«[166]

An sich selbst legte er ebenfalls spartanische Maßstäbe an. Das führte dazu, dass Mohn auf dem überregionalen gesellschaftlichen Parkett kaum anzutreffen war. Netzwerke, erst recht Seilschaften, waren ihm ebenso fremd wie Unternehmenspolitik in Hinterzimmern. Auf Prominenz und Glamour legte er keinen Wert. Champagner-Partys auf Sylt, die für die Schickeria der »Hamburger Kumpanei« (Hans-Peter Schwarz) innerhalb der Medienwelt Usus waren, gehörten nicht zu seinem Lebensstil. Jegliche primitive Vergemeinschaftung war ihm fremd; nur selten ließ er sich vereinnahmen. Diese Haltung mag dazu beigetragen haben, dass Bundeskanzler Helmut Schmidt, ein ehemaliger Oberleutnant, sich bei einer Begegnung mit Mohn an einen »preußische(n) Generalstabsoffizier« erinnert fühlte.[167] Auch für Golf und Segelyachten hatte dieser nichts übrig. Singen, aber besonders das Wandern, wo er »ungestört einmal nachdenken« konnte,[168] und später das Radfahren lagen ihm sehr viel näher. Nur auf Nachfrage gab er an, er habe sich manchmal gewünscht, etwas »lockerer« zu sein. Die Verpflichtungen, die er von seinen Eltern geerbt habe, seien »auch eine Last«.[169] Es wäre aber falsch, Reinhard Mohn als Asketen zu verstehen. Geradezu legendär waren bei Bertelsmann der sogenannte Klamottenball und manche Betriebsfeier, auf denen es hoch herging und denen sich Mohn keineswegs entzog – der Unternehmer Mohn konnte bei betrieblichen Feiern und bei privaten Anlässen also durchaus Spaß haben. Es verstand sich jedoch von selbst, dass exzessive Karnevalsfeiern, wie sie im nicht allzu weit entfernten Rheinland üblich waren, für einen Gütersloher ein unverständliches Ritual blieben. Für Schaffensphasen zog er sich in die Heimat zurück. Dem Naturerlebnis diente der eigene Hof in Steinhagen – den Begriff »Landgut« hielt er für übertrieben.[170] »Frische Luft« entspanne ihn und mache »den Kopf frei für die Aufgaben des nächsten Tages«,[171] so Mohn über seinen genügsamen Lebenswandel, den er gegenüber dem Medienrummel, wie er etwa aus Hamburger Kreisen überliefert ist, deutlich bevorzugte.

Reinhard Mohn auf einem **Be-triebsfest** der Verwaltung im November 1962. Seit den 1950er Jahren galten die alljährlichen Betriebsfeste bei Bertelsmann – in der Regel in Verbindung mit einem Betriebsausflug – vielen Mitarbeiterinnen und Mitarbeitern als Höhepunkte ungezwungener Geselligkeit.

»Mackie-Messer-Ball« mit Reinhard und Liz Mohn 1974. Auch zur Faschingszeit wurde ausgelassen und in Verkleidung gefeiert. Am späteren »Klamottenball« nahm immer auch die Geschäftsleitung teil.

Pensionärsfeier von Bertelsmann 1979. Das traditionelle Treffen der früheren Beschäftigten wurde im Herbst jeden Jahres ausgetragen. Reinhard Mohn nahm stets persönlich teil und führte mit den Ehemaligen angeregte Gespräche.

Den Fernsehapparat schaltete er nur selten an. Seitdem es den »Videotext« gab, benutzte er lieber dessen Möglichkeiten, weil er so entscheiden konnte, welche Nachrichten ihm wichtig waren. Die »Suggestion des Fernsehens« wollte er sich hingegen »abends nicht mehr antun«.[172]

Als sich Mohn an G+J beteiligte, lautete eine bange Frage, wie sich Henri Nannen später erinnerte: »What makes Reinhard run?«[173] In das Haifischbecken der damaligen Medienstars – von Richard Gruner über John Jahr, Axel Springer, Gerd Bucerius bis zu Rudolf Augstein – passte Mohn weder von seinem Temperament noch von seiner Anschauung. Gerd Bucerius, der um 15 Jahre Ältere, bekannte später, den Namen Reinhard Mohn zuvor »noch nie gehört« zu haben. Mohn war für ihn der »so bescheiden aussehende, konventionell angezogene Mann« aus Gütersloh.[174] Die Hamburger Redakteure befürchteten den Einzug der Provinz in ihr Verlagsgeschäft; Henri Nannen machte sich über die »schneidigen Jungs von der Gütersloher Weide« lustig.[175] Mit solchen arroganten Sottisen hatte

Links: **Spaziergang** Reinhard
Mohns durch die ostwestfälischen Felder und Wiesen 1986.
»Frische Luft« entspanne ihn, so
sein Credo, und mache »den
Kopf frei für die Aufgaben des
nächsten Tages«.

Rechts: Reinhard Mohn 1986
auf seinem Hof in Steinhagen.
Dieser blieb ihm stets der liebste
Rückzugsort zur Regeneration
und für neue Schaffensphasen.
Mit seiner ostwestfälischen
Heimat war Mohn zeit seines
Lebens tief verwurzelt.

Mohn nichts zu schaffen. Der Standort Gütersloh sei geradezu »mit
der Landschaft verwachsen«, abseits der hektischen Großstädte –
und er fürchtete erst recht keine »provinziellen Gedanken«.[176]

Diese souveräne Reaktion sagt einiges über Mohns Verhältnis
zu Mit- und Gegenspielern aus. Bucerius, vom Naturell her »un-
berechenbar und immer unter Dampf«,[177] war von Mohns geziel-
ten kaufmännischen Fragen sofort beeindruckt[178] und wurde nach
dessen 60. Geburtstag sogar der »liebe Buc«.[179] Eine Zeit lang war
er enger Vertrauter, denn beide verband »auf merkwürdige Weise
große Herzlichkeit mit tiefen Meinungsverschiedenheiten«,[180] eine
typische »Männerfreundschaft«, die auch ihre strategische Seite
hatte. Mohn konnte ungeduldig und besserwisserisch sein, bisweilen lehrmeisterlich und sogar arrogant. Ja-Sager und Duckmäuser
waren ihm zuwider, während er sich gut begründete Kritik anhören
und gelegentlich sogar annehmen konnte. Selbst Duzfreunden wie
dem weltmännischen Gerd (»Bela«) Schulte-Hillen und dem um-
sichtigen Mark Wössner gegenüber konnte er distanziert bleiben.
Er machte keinen Hehl daraus, welche Personen der Wirtschaft,

Handschriftlicher **Brief von Gerd Bucerius** an Reinhard Mohn vom 1. Juli 1981, erstmals mit der vertraulichen Anrede »Du«. Die Beteiligung von Bertelsmann am Druck- und Verlagshaus Gruner + Jahr setzte 1969 den Anfangspunkt für eine enge unternehmerische Partnerschaft zwischen Reinhard Mohn und dem Hamburger Verleger Gerd Bucerius. Diese wurde durch die Übernahme des Aufsichtsratsvorsitzes der Bertelsmann AG durch Bucerius 1971 und einem Aktientausch mit dessen Zeit-Verlag 1973 weiter gefestigt. Im Laufe der Jahre entwickelte sich zwischen beiden auch eine persönliche Freundschaft, die von gegenseitigem Respekt und Vertrauen geprägt war.

der Politik und des öffentlichen Lebens er nicht ausstehen konnte. Ambivalenzen in dieser Hinsicht waren nicht seine Sache. Es war bezeichnend, dass er mit Persönlichkeiten wie dem Autor Walter Kempowski, den Journalisten bzw. Publizisten Johannes Gross, Joachim Fest, Peter Scholl-Latour und dem Historiker Michael Stürmer etwas anfangen konnte, weil diese sich nicht vom linksliberalen Milieu und Zeitgeist vereinnahmen ließen. Andererseits gehörten aus dem Feld der Kultur die Autoren Hellmuth Karasek, Stefan Heym und und die Autorin Karin Struck zu denjenigen, die er gelegentlich einlud. Auch Starintellektuelle wie Hans Magnus Enzensberger und Fritz J. Raddatz mit ihren Eigenheiten fanden sein Gefallen. Von Mainstream-Meinungen ließ er sich nicht beirren. Wenn er mit einem bestimmten Autor nicht vertraut war, ließ er sich dessen Schriften bringen, um sich ein eigenes Urteil zu

Reinhard Mohn im Gespräch mit dem Publizisten **Johannes Gross** (links) und dem Rundfunk- und Fernsehjournalisten Thilo Koch auf der Frankfurter Buchmesse 1982. Regelmäßig war Mohn Besucher des traditionell im Oktober stattfindenden wichtigsten Großereignisses für Autoren und Verleger.

bilden. Mohns Charakterisierungen konnten dabei durchaus auch scharf ausfallen. Nachdem er etwa die Schriften des kritischen Theologen Hans Küng gelesen hatte, war er nicht überzeugt. Die Werke schienen ihm zu abgehoben, um von einem breiten Publikum verstanden zu werden: »Der Reformator Luther sagte einmal, man ›solle dem Volk aufs Maul schauen‹, um verständlich predigen zu können. Schade, daß Prof. Küng diesbezüglich nicht die notwendige Sensibilität besitzt.«[181] Und bei dem damals noch unbekannten Schriftsteller Rolf Hochhuth, der unter prekären finanziellen Bedingungen sein Drama »Der Stellvertreter« verfasst hatte, leistete er durch die Gewährung eines Sonderurlaubs großzügige Unterstützung. Allerdings erschien dessen papstkritisches Schauspiel im Jahr 1963 nicht bei einem Bertelsmann-Verlag, sondern bei Rowohlt. Hochhuth blieb auch deshalb Mohn immer gewogen.

Rolf Hochhuth in seinem Büro 1960. Noch während seiner Tätigkeit als Lektor für den Bertelsmann-Lesering schaffte Rolf Hochhuth mit seinem Debüt »Der Stellvertreter« den literarischen Durchbruch. Sein im Februar 1963 uraufgeführtes Theaterstück entwickelte sich zu einem sensationellen Erfolg und wurde auf zahlreichen Bühnen gespielt, löste zugleich aber weitreichende politische Debatten aus. Hochhuth schlug fortan eine Laufbahn als freier Autor ein.

Dieser beharrte aber darauf, dass er den »Stellvertreter« nicht nur mit Rücksicht auf die Leserschaft abgelehnt hatte. Er habe zwar angenommen, dass »eine tendenzielle Darstellung im Gewande einer Dokumentation von den Mitgliedern unseres Leserings mit harten Maßnahmen quittiert« worden wäre, darüber hinaus hielt er Hochhuths Darstellung des Sachverhalts jedoch »nicht für objektiv«, auch wenn er dem Schriftsteller zugestand, »daß die Tendenz beste Absichten verfolgte«.[182]

Ich habe auch in dem Fernseh-Gespräch mit Luft und zweimal im SPIEGEL erzählt, dass Sie mir drei Monate Urlaub geschenkt haben, um in Rom den Stellvertreter zu schreiben – als nämlich sechs Wochen nach Erscheinen eine Million Bände Wilhelm Busch ausgeliefert waren. Ich weiss nicht, wie ich ohne diesen Rom-Aufenthalt, den ich selber nicht hätte bezahlen können und für den mir natürlich kein einziger Verleger in der Welt irgendeinen Vorschuss angeboten hätte, das Stück hätte fertigbringen sollen.

Abschliessend erneuere ich mein Versprechen, obwohl Sie mich nie darum ersucht haben, dass der "Arbeitgeber" nicht in Gütersloh spielt oder überhaupt mit dem Buchgewerbe eine Beziehung hat – denn ich nehme an, hämische Idioten, an denen es ja nirgends fehlt, werden Ihnen dergleichen einzureden versuchen.

Ich wäre erleichtert von Ihnen, dem ich mich wirklich verpflichtet fühle, zu hören dass der Aerger ausgeräumt ist.

Herzliche Grüsse Ihr

Rolf Hochhuth

Schreiben von Rolf Hochhuth an Reinhard Mohn vom 21. März 1968 zur Veröffentlichung des Theaterstücks »Der Stellvertreter« 1963 (Auszug). Rolf Hochhuth war seit 1955 als Lektor beim Lesering beschäftigt und konnte dank eines durch Reinhard Mohn gewährten dreimonatigen Sonderurlaubs in eine erfolgreiche Schriftstellerkarriere einsteigen. »Der Stellvertreter« sollte 1961 zunächst im zu Bertelsmann gehörenden Hamburger Verlag Rütten & Loening veröffentlicht werden, wurde dort aber schließlich als zu provokant abgelehnt.

Die Internationalisierung

Mohn sah früh die Grenze des westdeutschen Potenzials und strebte die Internationalisierung des Buchclubs an – die sei ein »Abenteuer« gewesen, das ihn fasziniert habe.[183] Zwar gab es schon eine Generalvertretung für Österreich und Verlagsbeteiligungen in der Schweiz,[184] aber der Weg ins fremdsprachige Ausland begann 1961 auf der Frankfurter Buchmesse mit ersten Gesprächen und führte 1962 zur Gründung des Círculo de Lectores in Spanien, was mit dazu beigetragen haben mag, dass Reinhard Mohn gerade diesem Club noch Jahrzehnte später geistig eng verbunden blieb.[185] Spanien, das noch der Meinungs- und Pressekontrolle des Franco-Regimes unterstand, begann sich zu diesem Zeitpunkt wirtschaftlich zu öffnen. Mohn sah als Buchmensch dadurch eine Chance, das Land kulturell an die EWG heranzuführen; als Stratege sah er aber auch die einmalige Chance, durch die Kooperation mit spanischen Verlagspartnern auf dem spanischsprachigen Markt Fuß zu fassen.[186] Trotz aller anfänglichen Schwierigkeiten hatte der Círculo bereits sechs Jahre später eine halbe Million Mitglieder.[187] Die Expansion ins Ausland setzte sich wenig später mit weiteren Clubgründungen in Portugal, Italien, Frankreich und Lateinamerika fort. Gäste aus diesen Ländern gaben sich in Gütersloh die Klinke in die Hand und verschafften der ostwestfälischen Kleinstadt ein weltmännisches Flair.

Die 1970er waren ein »Pionierjahrzehnt« des Unternehmens Bertelsmann, während es sich bald zu einer managementgeführten »Global Media Company« wandelte. In dieser Hinsicht verbanden sich Mohns Sendungsbewusstsein, seine Faszination für die

Herrn
Dr. Arnold Schmitt
Circulo de Lectores S. A.

Lepanto 350

Barcelona 13
SPANIEN

Sehr geehrter Herr Dr. Schmitt!

Von der Blitzreise nach Madrid zurückgekehrt nach Gütersloh, drängt es
mich doch, Ihnen noch einige Zeilen zu schreiben.

Wenn man den Anlaß unserer Begegnung in Madrid rein äußerlich betrachtet,
so könnte man sagen, wir haben eine Jubiläumszahl von 500.000 Mitgliedern benutzt, um Public Relations-Arbeit zu machen. Sicher war
das notwendig und richtig, und ich bin da überzeugt, daß die Veranstaltung
in diesem Sinne ein absoluter Volltreffer gewesen ist.

Ich glaube, es war für unsere Arbeit in Spanien, für Ihre Mitarbeiter
und für Sie selbst, nicht zuletzt aber auch für meine Person, doch noch
mehr als Public Relations-Arbeit; es war schon ein echtes Jubiläum und
ein Anlaß, die Arbeit der vergangenen Jahre zu würdigen.

Wenn ich die Arbeit in Spanien auch nur aus der Ferne und sicher nicht
in allen ihren Problemen habe kennenlernen können, so weiß ich doch,
wie mühsam und belastend der Weg bis zum heutigen Erfolg, insbesondere
für Sie persönlich, gewesen ist. Was heute als ein Erfolg dasteht, was
selbstverständlich aussieht und reibungslos funktioniert, war doch ein
furchtbar schwieriger Anpassungsprozeß in einem fremden Land, in einer
fremden Sprache und unter gänzlich anderen Verhältnissen. Es ist mir
wohl bewußt, wieviel schöpferische unternehmerische Leistung Sie in
diesen Aufbau gesteckt haben. Ich weiß wohl zu würdigen, daß die Zahl
von einer halben Million Abonnenten und die schnelle positive Weiterentwicklung der Firma im überwiegenden Maße ein Verdienst Ihres persönlichen Einsatzes gewesen ist.

Unser Zusammentreffen in Madrid war mehr auf die Öffentlichkeit, den
Herrn Minister und unsere Public Relations-Arbeit ausgerichtet. Auch

Schreiben von Reinhard Mohn an den Geschäftsführer des Círculo de Lectores Arnold Schmitt vom 19. Dezember 1968 (Auszug). Mit Gründung des spanischen Círculo de Lectores 1962 setzte Bertelsmann zur Internationalisierung seiner Geschäfte an. Die Aufbauarbeit stieß vor dem Hintergrund politischer Reglementierungen zunächst auf ungeahnte Hürden bei der Vertriebsorganisation, den Werbestrategien und der Kooperation vor Ort. Die Mitgliederzahlen stiegen jedoch rasant, und Spanien wurde zum Sprungbrett für den lateinamerikanischen Markt.

US-amerikanische Kultur und Technologie wie auch das dortige Denken in den Dimensionen des »Large Scale«. Die wissenschaftliche Gedankenwelt der Verbundeffekte der »Economies of Scale« und der »Economies of Scope« zog auch in die Chefetage in Gütersloh ein. In der westdeutschen Wirtschaft wurden die technologische Rückständigkeit der deutschen Großunternehmen gegenüber der immer spürbarer werdenden asiatischen Konkurrenz beklagt und die »veralteten« Führungs- und Organisationspraktiken moniert. Angesichts des Strukturwandels, des Zusammenbruchs des Systems von Bretton Woods und der zurückgehenden Wirtschaftsdynamik sahen sich die deutschen Unternehmen gezwungen, zu diversifizieren und zu divisionalisieren.[188] Dieser Vorgang, der mit einer Verbreiterung des Produktportfolios einherging, entpuppte sich als ausgesprochen komplex, was den Konsultationsbedarf wachsen ließ, dem »Beratergewerbe«[189] einen wahren Boom verschaffte und sogar zu »Unternehmensplanspielen« anregte.[190]

Für das Verlagswesen sah Mohn in den 1970er Jahren ziemlich schwarz. Im Vergleich mit anderen Medien wie dem Fernsehen – in dieses Geschäft war er wie erwähnt bereits Jahre zuvor eingestiegen – beklagte er die Schwächen des deutschen Verlags-

Reinhard Mohn in Barcelona im März 1967 auf einem Motorroller, wie er von den Boten des Círculo de Lectores genutzt wurde. Da das spanische Postwesen unzuverlässig arbeitete, baute Bertelsmann kurzerhand sein eigenes Zustellsystem mit Tausenden Boten auf, die sämtliche Mitglieder mit Büchern und Schallplatten belieferten.

buchhandels, die er stichwortartig skizzierte: traditionsbeladen, geringe Flexibilität, fehlende zeitgemäße Verlagsstrukturen, geringe Auslandsaktivitäten (wobei er Buchgemeinschaften ausnahm), eine negative Lizenzbilanz und falsche Propheten im konservativen Sortimentsbuchhandel (zu denen er etwa den Journalisten und Buchhändler Georg Ramseger zählte), das Festklammern am festen Ladenpreis, letztlich der Hang, unter Berufung auf ein vermeintlich kulturelles Mandat den Status quo zu erhalten und die daraus folgende Untätigkeit zu rechtfertigen. Deutschlands Buchverlagsbereich sei im internationalen Vergleich höchstens mittelgroß, und das Land brauche »dringend mehrere Großverlage«.[191] Auf dem deutschen Markt war Wachstum kaum noch möglich, weil das Bundeskartellamt bei Akquisitionen immer wieder ein Veto einlegte. Mit dem etablierten und konservativ agierenden Buchhandel stand Mohn schon seit jeher auf Kriegsfuß, wie er 1985 bekannte: Er habe »immer eine intensive und auch aggressive Werbung für das Buch im Interesse der Sache für richtig gehalten«.[192] Das Schwergewicht von Bertelsmann, so sagte er 1974, liege im Inland. Aber er machte klar, dass er »vermehrt im Ausland tätig« sein wollte.[193] Nach der Übernahme von G+J, die eine enorme Umsatzsteigerung brachte, wuchs Bertelsmann gerade international in atemberaubendem Umfang. Der 1970 gegründete französische Buchclub France Loisirs gewann allein bis 1980/81 rund 3,5 Millionen Mitglieder;[194] als erfolgreich erwies sich daneben etwa der Erwerb spanischsprachiger Verlage wie Plaza y Janes. Bezeichnenderweise war das internationale Parkett aber auch das Geschäftsfeld, in dem Mohn, wie er später konzedierte, in seinem Expansionsdrang Fehler gemacht hatte. Der Weg nach Südamerika sei ein Misserfolg gewesen, weil die dort vorherrschende instabile Gesellschaftsstruktur ein vernünftiges Wirtschaften im Buchhandel und

Arnold Schmitt und Reinhard Mohn im März 1967 vor einem **Werbebus des Círculo de Lectores** in Barcelona. Anlässlich einer Geschäftsreise nach Spanien traf Reinhard Mohn in Barcelona mit Arnold Schmitt zusammen, der zwischen 1962 und 1975 für die Geschäftsführung des Círculo de Lectores verantwortlich war. Der spanische Buchclub erlebte bereits zu dieser Zeit einen imposanten Boom und konnte im Herbst 1967 zur Feier seines fünfjährigen Bestehens das 250.000. Mitglied begrüßen.

Club-System nicht zugelassen habe. Das verkannt zu haben sei allerdings »eine lässliche Sünde« gewesen.[195] Er habe keine »grundlegenden Fehler« gemacht.[196]

In die USA hatte sich Mohn angesichts der »Härte des dortigen Marktes« lange nicht vorgewagt. Und doch sah er schließlich die Chancen. Im Januar 1978 hielt er anlässlich des Bertelsmann-Einstiegs bei Bantam Books, zu dieser Zeit immerhin der größte Paperback-Buchverlag der USA, eine programmatische und geradezu visionäre Rede vor der German American Chamber of Commerce in New York. Ihr Schwerpunkt war die Internationalisierung des Verlagsgeschäfts.[197] Mohn stellte fest, dass ausgerechnet das Verlagswesen hinter der allgemeinen Internationalisierungsdynamik zurückgeblieben sei. Als Ursache machte er nicht nur die

Der langjährige Leiter der Buchgemeinschaften Hans Zopp mit
Reinhard Mohn im Januar 1972
in São Paulo. Seit 1969 war
Bertelsmann in **Lateinamerika**
mit Buchgemeinschaften und
Druckereien vertreten. In Brasi-
lien sollte nun die Gründung
eines »Círculo do Livro« nach
Vorbild des spanischen Buchclubs vorangetrieben werden.

Sprachbarrieren, kulturelle Unterschiede und das Wohlstandsge-
fälle aus: Großverlage hätten die Tendenz, Kreativität zu ersticken,
und seien zudem nicht zu wirklicher grenzüberschreitender Kooperation bereit, die sich stattdessen auf Lizenzvergaben und nur
wenige Joint Ventures beschränke. Bertelsmann hingegen sei dank
seiner jahrzehntelangen Erfahrung und des Know-hows auf den
Sektoren Buchclub und Schallplatten sowie durch seine Unternehmenskultur vital genug, das Wagnis einer Grenzüberschreitung
einzugehen, zumal in der Bundesrepublik die Grenzen des Wachstums erreicht seien. Entscheidend sei jedoch, dass man nach reif-
licher Überlegung in den USA nicht nur als Investor, sondern gerade auf dem Musikmarkt als Unternehmer agiere: »In this case,
international programme utilization is an essential business aim.«

Auswahl an Katalogen der nationalen und internationalen Bertelsmann Clubs 1977. Die Buchclubs spielten bis in die 1980er Jahre hinein eine Vorreiterrolle bei der **Internationalisierung** des Konzerns.

individual activities of our company. Whereas we can speak of
sufficient international experience when it comes to certain sections
of our activities, we are now in the process of taking the first few
steps in other sectors. We shall pursue this further development most
carefully, in the knowledge that we are on extremely difficult terrain
and have still very much to learn. Above all, we are aware that we have
to respect the existing and well justified national customs in the sphere
of communications. The respecting of the political and cultural tradition
of another country is an indispensable prerequisite of international
publishing work.

The Bertelsmann Company took quite a long time to decide upon
venturing into the United States market. There is a simple explanation
for this.- In accordance with the objective of our company, we do not
want to operate merely as an investor but rather as an entrepreneur.
In other words, we do not just want to obtain a good yield on the
capital we invest but we want to be active competitively and creative-
ly. In the process, we regard the capital merely as one of various
tools which are necessary. - It was obvious to us in our awareness
about the circumstances concerning us on the United States market
that the communications system which has been developed there had
reached an extremely high level of performance. With our methods,
our know-how and our management potential, establishing ourselves
there appeared to us to be far more difficult than professional activities
in some other country. This explains why we are only now entering
the American market and after a good deal of hesitation. We are
doing this in the expectation of both being able to and having to
learn a great deal there; but on the other hand, in the conviction
of finding a large market and large opportunities. The inclusion
of such opportunities is by no means simply a quantitative expansion
of our company's activities. We are aware that we shall gain con-
siderable knowledge with regard to product development and the
further development of our know-how through our work in the United
States in a similar fashion to what we have previously experienced in
many countries.

I have already pointed to the fact that we intend to proceed if anything
with care. First of all, we must adapt to the customs of the United
States market. I consider the possibilities of a rapid, internationally
discernible feedback effect as being very slight. - An international
exploitation of rights is something which can only be realized to a
very minor degree within our company. The best-sellers with world-
wide effect, of which we know, will more than anything serve to
conceal the real state of affairs. By far the largest section of national
literature is unsuitable for international distribution. This even
applies to text books which have been processed editorially. Publishers
engaged in co-productions have time and again experienced the problems
involved here - much to their regret.

Zudem zeigte sich Mohn überzeugt, das weltweite Informationsbedürfnis werde zukünftig »lead to the setting up of large, multinationally operating publishing houses in the field of communications as well«. Das Engagement von Bertelsmann in den USA betrachtete er als »great adventure«, das die Welt der Verlage beleben werde.[198] Mohn konnte sich sicher sein, damit den amerikanischen Unternehmergeist getroffen zu haben, der ganz anders funktionierte als die bekannte deutsche Gründlichkeit und Zögerlichkeit. Ein Jahr nach dem Bantam-Kauf antwortete er auf die Frage eines Reporters, ob es mit dem Tempo so weitergehen werde, er könne es sich nicht vorstellen, »daß die Wachstumsgeschwindigkeit unseres Unternehmens in Zukunft wesentlich nachlassen« werde.[199]

Der Pionier-Spirit, den Mohn in Kansas kennengelernt hatte und der nach dem Prinzip »If one method fails try another!« vorging, zeigte seine Wirkung. Die angekündigte Strategie wurde in eine wahre Einkaufstour umgesetzt, die an dieser Stelle nur angedeutet werden kann: Von den Plattenlabels Arista (1979) und RCA 1986 bis zu den Verlagen Doubleday und Dell im gleichen Jahr reichten die Erwerbungen allein in den USA. Wie sehr Mohn die Internationalisierung am Herzen lag, zeigte sich auch an Personalentscheidungen. Sein »Kronprinz« Manfred Fischer, für Finanzen, Musik und Film hauptverantwortlich, seit 1971 im Vorstand der Bertelsmann AG und seit 1981 designierter Mohn-Nachfolger als Vorstandsvorsitzender, wurde schon nach etwas mehr als einem Jahr im Amt wieder entlassen. Dieser wollte in der Konjunkturkrise der frühen 1980er Jahre eher konsolidieren als die weitere Expansion in den USA vo-

Reinhard Mohn und Mark Wössner 1987 in New York. Vorangegangen waren der Erwerb von Doubleday – einem der größten US-Publikumsverlage – und die Übernahme des Musikunternehmens RCA Records. Dies brachte den endgültigen Durchbruch für das Engagement von Bertelsmann im amerikanischen Verlags- und Musikgeschäft. Als Vorstandsvorsitzender von Bertelsmann führte Wössner die von Reinhard Mohn Mitte der 1970er Jahre begonnene **Expansion auf dem US-Markt** fort.

rantreiben. Bertelsmann sei ein »europäisches Unternehmen«, und es sei daher »falsch zu versuchen, den US-Markt zu erobern«.[200] Mit dieser Kritik an einer der Lieblingsideen Mohns hatte er allerdings die Rechnung ohne den Wirt gemacht. Mohn ließ Fischers späteren Nachfolger Mark Wössner wissen, dass die von jenem geforderte Beschränkung auf Europa »keineswegs schlüssig«, seine USA-Überlegungen gar »irreführend« seien. Mohn empfahl, weil er Fischers Rückzugspläne missbilligte, die Auslandsstrategie »noch einmal völlig neu zu bearbeiten«.[201]

Das **Bertelsmann Building** am Times Square in New York. Zur Steuerung der weiteren Expansion im US-amerikanischen Verlags- und Musikgeschäft benötigte der Konzern eine zweite Zentrale vor Ort. Die Einweihung des 42 Stockwerke hohen Gebäudes im Zentrum Manhattans fand 1993 statt.

Verleger oder Unternehmer?

Schon früh verabschiedete sich Reinhard Mohn von der Illusion, in einem rasant wachsenden Unternehmen die traditionelle Verlegerrolle noch ausfüllen zu können: »Ich habe anfangs meine Aufgabe so gehandhabt wie mein Vater und mich getreu der Tradition bemüht, von allem zu wissen; alle Bücher zu lesen, alle Autoren persönlich zu empfangen und alle Gespräche selbst zu führen, die darauf folgen mussten. Für die Tätigkeit mancher Verlage mochte das die optimale Methode sein. Ich bin aber daran gescheitert.«[202] Der Abschied vom Selbstbild als Verleger bedeutete aber nicht die Absage an die verlegerischen Interessen. Mohn blieb in dieser Hinsicht immer ein Buchmensch, selbst in der Zeit, als Bertelsmann sich zum Medienkonzern entwickelt hatte. Seinem grundlegenden Interesse am Verlagswesen als kulturellem »essential« tat dies keinen Abbruch. In einer Besprechung war im Februar 1959 die Rede von der Gründung eines »Forschungsinstituts für den Buchhandel«.[203] Die Entstehung des Instituts für Buchmarktforschung im Mai 1961 war möglicherweise auch eine Folge der ungewissen Marktperspektiven von Buchmarkt und Clubgeschäft. Bertelsmanns Verkaufsstrategie war höchst umstritten, nicht zuletzt zwischen Mohn einerseits und Wixforth und den Vertriebsorganisationen andererseits. Mohn bestand auf dem Aufbau einer eigenen Ladenkette, weil er die Gefahren einer möglichen Aufhebung der Buchpreisbindung klar vor Augen hatte: Wenn diese gefallen wäre, hätte dies wohl das Aus für die Bertelsmann-Buchgemeinschaft bedeutet.[204]

Immer wieder ging es Mohn um die Ausbildung und Fortbildung im Buchhandel, der ein entsprechendes »Leistungsniveau«

Besuch Reinhard Mohns in einer Bertelsmann **Bücherstube** in Frankfurt 1968. Innerhalb weniger Jahre hatte sich das anfangs 62 Titel umfassende Programm des Leserings deutlich ausgeweitet und bot neben Unterhaltungsliteratur auch Sachbücher, Lexika und Schallplatten. Als Antwort auf die Konkurrenz durch Buchhandelsketten und Kaufhäuser eröffnete Bertelsmann am 1. April 1964 in Kiel die erste Bücherstube des Leserings. In den später bis zu 280 Club-Centern konnten die Mitglieder direkt einkaufen und sich beraten lassen.

halten müsse.[205] Vom Lesepublikum – 1960 gab es bereits fast drei Millionen Club-Mitglieder – erwartete Mohn keine intellektuellen Höchstleistungen. Als 1968 die Inhalte einer Publicity-Kampagne für den Lesering besprochen wurden, bemerkte er trocken: »Den beliebtesten Autor im Lesering würde ich nicht ermitteln. Aller Wahrscheinlichkeit nach wäre es jemand, den zu ehren und herauszustellen nicht im Sinne unserer Image-Bestrebungen liegen würde.«[206]

Die Mitglieder der verschiedenen Bertelsmann-Clubs waren selbst in den 1980er Jahren noch zu über 80 Prozent Leser, die »nur eine minimale Autoren- und Titelkenntnis« besaßen und den Empfehlungen des Clubs vertrauten.[207] Mohns Korrespondenz über Club und Buchprogramm – alles Dinge, für die er sich bis ins

Detail interessierte – zeigt, wie sehr ihm gerade dieser Geschäftszweig und die Qualität der angebotenen Bücher am Herzen lagen. In einem Austausch mit Mark Wössner ging es beispielsweise um Bände leichter Unterhaltungsliteratur, die denjenigen Lesern zugeschickt wurden, die auf das Angebot eines »Hauptvorschlags« nicht reagierten: »Der Inhalt dieser Bände muss geeignet sein, ungeübten Lesern den Spaß am Lesen beizubringen.«[208] Hochkultur und Trash: Immer wieder nahm er selbst Romane unter die Lupe. Zum Kriegsroman »Heimaturlaub« des Bestseller-Autors Heinz G. Konsalik, der zur Auswahl eines »Hauptvorschlags« stand, hieß es: »Das Schema Konsaliks ist uns allen deutlich: Unecht, kitschig und recht oft geradezu peinlich. Die historischen Bezüge sind unerträglich vereinfacht. Die Rührseligkeit der menschlichen Beziehungen ist kaum erträglich. – Aber: Die Handlung zieht durch und berührt. Für einfache Gemüter ist der Band als HV-Band durchaus geeignet.«[209] Diese Bücher sollten ansprechend ausgestattet und günstig sein. Die Forderungen eines Bertelsmann-Managers, der selbst mit dem normalerweise günstig angebotenen »Hauptvorschlagsband« Umsatz machen wollte, verdammte er in Bausch und Bogen, weil Mohn der Ansicht war, dass diese Titel der Anwerbung neuer Mitglieder dienen sollten. Den »Beurteilungsmöglichkeiten« des Managers stellte er ein denkbar schlechtes Zeugnis aus: »Diese Stellungnahme bestätigt das, was wir ohnehin schon wussten! Die Hilflosigkeit und Unfähigkeit der Lesering-Mannschaft im Programmbereich ist ganz einfach sagenhaft. Man kann hier nicht mehr diskutieren und helfen, hier können nur personelle Entscheidungen den notwendigen Wandel bringen.«[210]

Als im Februar 1968 ein kritischer Beitrag zu Bertelsmann im »Spiegel« erschien, reagierte Mohn dünnhäutig. Das Magazin monierte die Einbeziehung des Sigbert Mohn Verlags und ande-

rer anspruchsvoller literarischer Zweige in den Gesamtkonzern
Bertelsmann, womit Sigbert Mohn »seine Verlegerhoffnungen begraben« könne.[211] Mohn fühlte sich persönlich getroffen, wahrscheinlich sogar besonders deswegen, weil er wusste, dass der erwähnte
Verlag ebenso wenig rentabel war wie der theologische Verlag seines jüngsten Bruders Gerd. Er wollte zwar den »albernen Artikel« nicht überbewerten: »Nach den mancherlei Erfahrungen mit
dem Spiegel bin ich persönlich wenig geneigt, mich mit Journalisten dieses Magazins zu unterhalten.«[212] In diesen delikaten Fragen
der Verlagspolitik blieb Mohn aber auch später empfindlich. Auch
hierfür gibt es ein signifikantes Beispiel: Ulrich Wechsler aus dem
Bertelsmann-Vorstand ließ in der Mitte der 1980er Jahre auf einem
Symposium über die verlegerische Tradition im Haus Bertelsmann
die Bemerkung fallen, der Verlag sei vor dem Zweiten Weltkrieg
in literarisch-kultureller Hinsicht nicht sonderlich hervorgetreten.
Nach 1945 habe die Buchclub-Arbeit eindeutig im Vordergrund gestanden; eine eigenständige verlegerische Konzeption und Tradition im literarischen und kulturellen Bereich sei, so lautete seine
Quintessenz, erst durch Rudolf Wendorff mit der Gründung der
Verlagsgruppe im Jahr 1968 entstanden. Mohn war nicht einver-
standen. Er hielt daran fest, dass es nicht angemessen sei, die Gründung der Verlagsgruppe 1968 als »eine so erhebliche Zäsur« anzu-
sehen.[213] Wahrscheinlich fühlte er sich in solchen Momenten des
reflektierenden Rückblickens doch berufen, die verlegerische Tradition der Unternehmerfamilie als Ganzes zu verteidigen.

Durch das Engagement bei G+J sowie im Bereich Musik und
Filmproduktion verstand er sich erst recht nicht länger als ein Verleger im klassischen Sinn, der Inhalt, Ausrichtung, Tendenz und
Arbeitsweisen des Verlagsprogramms bestimmte. Mohn war Herr
eines modernen Großverlags, für den er die sachgerechte Koor-

dination der Aufgaben für unabdingbar hielt. Er sei, bekannte er 1985, nie in seinem Leben Verleger gewesen: »Ich bin schlicht und einfach nicht dazu gekommen. Ich bin Unternehmer gewesen, und ich habe auch alles Mögliche gemacht, und das ja auch gar nicht mal so schlecht. Aber ein Verleger bin ich nicht gewesen. Darunter verstehe ich eben doch, daß man sich um die Programme kümmert, um die Autoren, daß man alles koordiniert mit den verschiedenen Funktionen des Verlages bis hin zum Verkauf. Dieses ist in meinem beruflichen Leben nicht vorgekommen. Ich habe Unternehmensführung gemacht, ich habe Impulse gegeben. Aber Verleger bin ich nicht gewesen.«[214]

Dass sich Mohn in erster Linie als Unternehmer verstand, lässt sich besonders gut an verschiedenen Stellungnahmen bei G+J zeigen. Der stellvertretende »Stern«-Chefredakteur Manfred Bissinger wurde am 22. Dezember 1977 beurlaubt, sein Vertrag wenige Tage später aufgelöst. Der Vorgang und seine Hintergründe zeigten, in welchem Spannungsfeld Mohn steckte, denn in dieser Affäre geriet er fast unter die Räder. Bissinger hatte einen in der Vorweihnachtszeit erschienenen Artikel eines Wirtschaftsredakteurs unter dem Titel »… und morgen die ganze Welt?«[215] zu verantworten. In dieser Kolportage über Kapitalinvestitionen, Auslandsvermögen und Steuerflucht der Deutschen wurde Bertelsmann zwar nicht thematisch behandelt, aber Mohn wurde im Zusammenhang mit einer Graphik namentlich erwähnt. Bereits zuvor hatte es lang schwelende Kontroversen über die journalistische und inhaltliche Qualität mancher »Stern«-Artikel gegeben, in die auch der G+J-Vorstandsvorsitzende Manfred Fischer und der »Stern«-Chefredakteur Henri Nannen involviert waren. Nannen war zunehmend über Bissingers politischen Kurs irritiert, obwohl er seinen Stellvertreter lange gefördert hatte. John Jahr und Richard Gruner,

Reinhard Mohn und der Chefredakteur des »Stern« **Henri
Nannen** 1974. Im Zuge von Kontroversen über den journalistischen Kurs des »Stern« musste
sich Reinhard Mohn immer
wieder mit Henri Nannen aus-
einandersetzen. Nannen hatte
als Gründer, jahrzehntelanger
Chefredakteur und schließlich
Herausgeber die Ausrichtung
des auflagenstarken Magazins
wesentlich geprägt. Ungeachtet
seiner energischen und streit-
baren Art entwickelten er und
Reinhard Mohn ein gegen-
seitiges persönliches Respekts-
verhältnis.

dessen Name in dem Artikel ebenfalls auftaucht, intervenier-
ten unterdessen schriftlich bei Reinhard Mohn. Gruner forderte
gar die Streichung seines Namensteils aus dem Verlagsnamen.
In einem Fernschreiben an die Aufsichtsratsmitglieder missbilligte Mohn den Artikel »in schärfster Form« und stellte »Konsequenzen« in Aussicht.[216] Manche Reportagen im »Stern« waren
ihm bereits zuvor als »jämmerlich« und »primitiv« aufgestoßen.
Angesichts der »unterschwellig demagogischen Art« des Artikels

VERTRAULICH

Dissens in der Frage des STERN-Artikels "...und morgen die ganze Welt"

Nach Gesprächen in Hamburg mit Herrn Dr. Fischer, der Chefredaktion und dem Redaktionsbeirat ist festzustellen, daß Herr Nannen die Tendenz des in seiner Abwesenheit publizierten Artikels eindeutig ablehnt. In dieser Haltung wird er unterstützt von den stellvertretenden Chefredakteuren, Herrn Gillhausen und Herrn Winter. Eine Aussprache mit dem für den den Artikel verantwortlichen stellvertretenden Chefredakteur Manfred Bissinger stellte unüberbrückbare Standpunkte in bezug auf die publizistische Zielsetzung des STERN fest. Herr Nannen hat daraufhin die Zusammenarbeit mit Herrn Bissinger für beendet erklärt. Anfang Januar des kommenden Jahres werden die Modalitäten des Ausscheidens von Herrn Bissinger festgelegt.

Der Beirat der STERN-Redaktion sowie eine heute morgen tagende Vollkonferenz der Redaktion haben nahezu einstimmig den Standpunkt und die Vorgehensweise der Chefredaktion abgelehnt. Es ist in naher Zukunft

.../2

- 2 -

mit harten Auseinandersetzungen zu rechnen.

Mit freundlichem Gruß
Reinhard Mohn
Bertelsmann AG

stelle sich nun jedoch »zum wiederholten Male die Frage nach der Qualifikation« des stellvertretenden Chefredakteurs.[217] Als Mohn am 22. Dezember mittags – auf Bitten Nannens – nach Hamburg anreiste, um die Angelegenheit vor Ort zu erörtern, hielt er die von Nannen angeordnete Beurlaubung Bissingers für einen »notwendigen und richtigen Schritt«.[218] Objektiv mochte das richtig sein, denn nicht nur das Pamphlet zu den deutschen Auslandsinvestitionen, sondern zahlreiche weitere Artikel des »Stern« waren tatsächlich schlampig recherchiert und mit grotesken sachlichen Fehlern gespickt, die jedem Revolverblatt Ehre gemacht hätten. Die Angelegenheit geriet jetzt ins Grundsätzliche und entwickelte sich zur hitzigen internen und öffentlichen Debatte, denn sie betraf auch die »Stern«-Redaktion und das Redaktionsstatut. Das Rauschen im Blätterwald rief den Bundesverband Deutscher Zeitungsverleger und die Politik auf den Plan, sogar die Pressefreiheit schien auf einmal bedroht.[219] Mohn geriet nun in die Presseschlacht; seine schriftlichen Bemerkungen gegenüber Nannen wurden durchgestochen und immer wieder zitiert.[220] Mohn war mehrfach gezwungen, sich öffentlich zu rechtfertigen – eine Auseinandersetzung, in der er nicht gewinnen konnte.

Der Konflikt mit dem »Stern« und seinen unbotmäßigen Redakteuren blieb auch in den folgenden Jahren ein Dauerbrenner. Einen Eklat gab es ausgerechnet, nachdem Mohn im Februar 1983 bei G+J Aufsichtsratsvorsitzender geworden war. In der Affäre um die gefälschten Hitler-Tagebücher, die im Frühjahr 1983 eine schwere Krise auf der Chefetage der Zeitschrift auslösten, spielte Mohn bewusst nur die Rolle eines Zaungastes. Er war von seinen Managern Mark Wössner und Manfred Fischer nur beiläufig über den bevorstehenden Deal mit den Hitler-Tagebüchern informiert worden, hatte den Fall dann nicht weiter »bearbeitet«[221] und war

Fernschreiben Reinhard Mohns vom 23. Dezember 1977 an den Aufsichtsrat der Bertelsmann AG zur **Berichterstattung des »Stern«** (Auszug). Durch den Einstieg von Bertelsmann beim Zeitschriftenverlag Gruner + Jahr 1969 kam auch das ertragreiche Flaggschiff »Stern« unter das Dach des Gütersloher Medienkonzerns. Als Unternehmer respektierte Reinhard Mohn die Unabhängigkeit der selbstbewussten Redaktion und ließ Spielraum für politischen Pluralismus. Wiederholt kam es jedoch zu inhaltlichen Konflikten, die Ende 1977 in der Entlassung des stellvertretenden Chefredakteurs Manfred Bissinger gipfelten.

Gerd Schulte-Hillen und Reinhard Mohn mit einem Sonder-»Stern« anlässlich Mohns 65. Geburtstag 1986. Gerd Schulte-Hillen genoss über Jahrzehnte das volle Vertrauen Reinhard Mohns bei der Führung des Zeitschriftenverlags **Gruner+Jahr**, dessen Vorstandsvorsitz Schulte-Hillen 1981 übernahm. 1987 wurde er zudem stellvertretender Vorstandsvorsitzender der Bertelsmann AG.

davon ausgegangen, dass es dem journalistischen Handwerkszeug entsprechend zu einer umfassenden Echtheitsprüfung des angebotenen Materials gekommen war. Als die Fälschung herauskam, hielt Mohn – ganz seinem Prinzip der dezentralen Führung und Delegation folgend – daran fest, dass für das Debakel beim »Stern« in letzter Instanz die Geschäftleitung der Tochtergesellschaft G+J verantwortlich war. Es sei letztlich eine Frage der Strukturen in Großunternehmen, denn es gehe um die »Festlegung von Grundsätzen der Verlagspolitik«, nicht jedoch um die »Durchführung im Einzelfall«. Mohn nahm den Fälschungsskandal zum Anlass für eine prinzipielle Stellungnahme. Der Verleger müsse seinen Sachverstand nutzen, um zu koordinieren. Gerade bei großen Verlagen brauche es Spielregeln, und deshalb gebe es Redaktionsstatute wie beim »Stern«.[222] Diese Illustrierte, so verriet er einmal, lese er zwar nicht »mit Genuss«, aber er könne sich »dahinterstellen«.[223] Er akzeptierte, dass sich der »Stern« als »liberal und fortschrittlich« verstand. Dies sei auch die Linie bei Bertelsmann, was Mohn sogleich ins Philosophische wendete: Der Einzelne benötige zur Entfaltung seiner Kreativität ein »Höchstmaß an Freiheit«, die Folge sei eine »Humanisierung der Arbeitswelt durch (…) Liberalität«.[224]

Die Krise beim »Stern«, in deren Folge die Chefredakteure Peter Koch und Felix Schmidt den Hut nehmen mussten, sah Mohn zugleich als Chance: Seine ganz eigene berufliche Arbeit sei »nicht nur gekennzeichnet durch Rechthaben und Erfolge, sondern auch durch Lernprozesse«.[225] Ob er wollte oder nicht, die peinliche Angelegenheit um die gefälschten Hitler-Tagebücher wurde zum Politikum. Sein Ziehsohn Mark Wössner wollte durch die Berufung der beiden liberal-konservativen Journalisten Johannes Gross und Peter Scholl-Latour die journalistische Kompetenz in Herausgebergremium und Chefredaktion vergrößern. In der »Zeit«

war daraufhin zu lesen, es habe schon nach dem Sturz der sozial-
liberalen Koalition »ein Signal aus Gütersloh« gegeben, die politische Richtung des »Stern« zu ändern.[226] Der »Spiegel« wiederum
machte Wössner und die »Mohn-Leute an der Spitze von G+J«,
d.h. Manfred Fischer und dessen Nachfolger Gerd Schulte-Hillen,
für den Skandal »direkt verantwortlich«. Die Kritik an den Managern und ihren »in Gütersloh geeichten Rechenschiebern« war
direkt auf Reinhard Mohn gemünzt. Dieser wolle den »Stern«

»auf eine ›liberal-fortschrittliche‹ Linie nach Gütersloher Definition: mehr wirtschaftsliberal, mehr fortschrittsgläubig« bringen.[227] Gross schrieb an den von ihm geschätzten Mohn, dessen Qualität als Verleger liege gerade in seiner Diskretion, ja in seiner Absenz.[228] Der Widerstand war bei den »Stern«-Redakteuren aber so groß, dass Gross am 18. Mai 1983 auf seinen Posten verzichtete. Mohn verkämpfte sich nicht. Bezeichnenderweise sah er die ganze Affäre in erster Linie als »eine für ein Verlagshaus lebensentscheidende Organisationsfrage«.[229] Seine Leute wie Wössner und Schulte-Hillen sollten für eine Neuaufstellung sorgen. Bei den geltenden Redaktionsstatuten seien die Möglichkeiten des Verlegers, auf die Tendenz einer Zeitschrift einzuwirken, »stark eingeschränkt«. Bei Streitigkeiten zwischen Chefredakteur und Verlagsleitung müsse die Entscheidung beim zuständigen Vorstand bzw. beim Vorstandsvorsitzenden liegen, was die Änderung der jeweiligen Verträge erforderlich mache.[230] Er erkannte an, dass Henri Nannen, den er im Übrigen schätzte, einen Kompromiss machen musste. Dieser war ihm dankbar und antwortete durchaus schuldbewusst, die Tagebuch-Affäre sei »nur das letzte Stück in einer Kette von Erosionen« bei G+J gewesen. Es sei ihm bei der Übernahme durch Bertelsmann nicht gelungen, eine vermittelnde Position zur Redaktion einzunehmen. Bei Schulte-Hillen mit der notwendigen »dicken Haut« und genügend Fingerspitzengefühl werde G+J in guten Händen sein.[231] Letztlich blieb eine Revolution bei G+J aus, und Mohn verfolgte die Hamburger Satrapenkämpfe aus der sicheren Entfernung seiner ostwestfälischen Heimat Gütersloh. Aus den Akten ergaben sich keine Hinweise, dass dieser souveräne Kurs auf Minderwertigkeitskomplexe gegenüber der ambitioniert und geradezu arrogant-selbstbewusst auftretenden Entourage bei G+J zurückzuführen war, wie gelegentlich kolportiert wurde.[232]

Mitbestimmung und ihre Grenzen

Das in der Bundesrepublik seit den 1950er Jahren verankerte Mitbestimmungsmodell entsprach der bewährten »Konsensverpflichtung«. Es zeichnete sich durch eine im westeuropäischen Vergleich konfliktarme Tarifpartnerschaft aus, an der die Gewerkschaften durch gemäßigte Lohnforderungen und die Arbeitgeber durch eine grundsätzliche Kooperations- und Konzessionsbereitschaft mitwirkten. Der Antagonismus der zunehmend als Sozialpartner fungierenden Kontrahenten wurde entschärft, was sich für die Entwicklung der Industriegesellschaft als »ökonomisch ausgesprochen wirkungsvoll« erwies.[233] Das »kooperative Gleichgewicht« der Tarifpartner ermöglichte in einer ausgeklügelten Balance allen Beteiligten vergleichsweise risikolose Übereinkommen.[234]

Mit dieser Entwicklung war Reinhard Mohn ganz d'accord. Vor dem Hintergrund seines Delegationsprinzips betrachtete er den Betriebsrat als ideales Forum zum Ausgleich von Interessengegensätzen. Dies gelang im kleinstädtischen Gütersloher Milieu besonders gut, während anderswo Betriebsräte noch bis in die 1970er Jahre als lästige Begleiterscheinung der sozialen Marktwirtschaft widerwillig hingenommen wurden. Um gut ausgebildete Mitarbeiter in die Provinz zu locken, zahlte Bertelsmann Tarife, die um 8 bis 10 Prozent über den Vereinbarungen der IG Druck und Papier lagen. In den harten Tarifauseinandersetzungen stand er immer wieder auf der Seite der Mitarbeiter – und ging so weit, aus dem Arbeitgeberverband auszutreten, als dieser einen Beschluss zur Aussperrung fasste.[235] Der fortwährende persönliche und vertrauensvolle Dialog mit der Arbeitnehmerseite trug zu dem noch heute

Der **Betriebsratsvorsitzende Martin Wolf** 1962 im Gespräch mit Reinhard Mohn. Ein direkter Dialog und eine enge Kooperation mit dem Betriebsrat waren nach Reinhard Mohns Überzeugung für die Informationsvermittlung und den Interessensausgleich innerhalb des Unternehmens »wichtiger als alles andere«. Mit Martin Wolf, zwischen 1957 und 1981 Gesamt- bzw. Konzernbetriebsratsvorsitzender von Bertelsmann, verband Mohn ein besonderes persönliches Vertrauensverhältnis. Von Wolf gingen zahlreiche Impulse und Initiativen zur Stärkung der Bertelsmann-Unternehmenskultur aus.

hohen Ansehen Mohns bei Betriebsräten wie etwa dem langjährigen Gesamt- und Konzernbetriebsratsvorsitzenden Martin Wolf bei.[236] Der Betriebsrat – und nicht in erster Linie die Gewerkschaften – sollte nach Mohns Auffassung den Informationsfluss im Unternehmen von unten nach oben weiterleiten und gewährleisten, dass die Auffassungen der Mitarbeiter Berücksichtigung fänden, allerdings – hier folgte eine signifikante Einschränkung – »soweit das nach Auffassung der Betriebsleitung gerechtfertigt« sei. Der Betriebsrat dürfe jedoch nicht zum »Establishment« verkommen, so bemerkte Mohn in einer der häufigen Diskussionen. Dieser habe nämlich »auch die Interessen des Betriebes wahrzunehmen«. Zugleich warnte er vor »idealistischen Spekulationen«, alle Mitarbeiter motivieren zu können. Daher könne er »keineswegs auf Anordnungen, auf Disziplin usw. verzichten. Das würde eine Verkennung der menschlichen Eigenart und der menschlichen Impulse sein«[237] – eine Sichtweise, die Mohn gerade in jenen Jahren, als mehr »Demokratisierung« und »Mitbestimmung« in den Betrieben gefordert wurden, immer wieder vor den Führungskräften seines Hauses betonte.[238]

Öffentlich wies er auf die Grenzen der Mitbestimmung hin: »Es liegt im Interesse der Gesellschaft, dass in der Betriebsführung nur der entscheidet, der dazu befähigt ist, und alles andere ist eigentlich nicht zu verantworten.«[239] Als 1961 die Fünf-Tage-Woche eingeführt werden sollte, gab Mohn zu bedenken, dass diese in allen Bereichen, »in denen vorwiegend geistige Arbeit zu leisten ist, zu einer wesentlichen Leistungsminderung führen« werde.[240] Während die Mitbestimmung von den Arbeitgebern schließlich als unabwendbar akzeptiert wurde, bekämpften sie die »paritätische Mitbestimmung«, wie sie in der Kohle- und Stahlindustrie in den 1950er Jahren durch das Montan-Modell verankert worden war, auf breiter Front.[241] Das Mitbestimmungsgesetz von 1976 sah für Betriebe mit mehr als 2.000 Beschäftigten das gleiche Zahlenverhältnis der Vertreter von »Arbeit« und »Kapital« im Aufsichtsrat vor. Die eigentlich zur Arbeitgeberseite gehörenden leitenden Angestellten zählten auf der Arbeitnehmerseite mit; weil bei Aktiengesellschaften der Aufsichtsratsvorsitzende im Fall eines Unentschiedens zwei Stimmen hatte, war ein leichtes Übergewicht der Unternehmer vorhanden. Die Arbeitgeber klagten zwar vor dem Bundesverfassungsgericht selbst gegen diese sie begünstigende Regelung, aber das Gesetz wurde schließlich als verfassungskonform gebilligt.[242]

Mohn war in diesem Punkt ganz auf Unternehmerlinie. Gewerkschaften spielten in seinem Weltbild, das von den fast idyllischen Verhältnissen der Druckindustrie in Gütersloh bestimmt war, nur eine begrenzte Rolle. Er hatte schon lange bemängelt, dass

Möglichkeiten und Grenzen der Mitbestimmung

Von Reinhard Mohn, Gütersloh

Die Frage der Mitbestimmung ist in letzter Zeit in den Mittelpunkt der gesellschaftspolitischen Diskussion gerückt. Die Forderung nach der Verwirklichung der sogenannten „Wirtschaftsdemokratie" hat das Gespräch aber ganz offensichtlich auf eine eingleisige Spur geführt. Es gibt sicher eine Vielzahl von Alternativlösungen zur heute so umstrittenen Frage der Mitbestimmung. In vielen Fällen der industriellen Praxis wird diese Mitbestimmung praktiziert, und zwar mit mehr oder weniger aufsehenerregenden Erfolgen. Aus diesem Grunde lassen wir in dem folgenden Beitrag einen Unternehmer zu Wort kommen, der sich mit all diesen Fragen im eigenen Bereich befaßt hat. Seine Erkenntnisse und Erfahrungen gipfeln in der Forderung nach Qualifikation, die für alle Bereiche der Führung eines Unternehmens Gültigkeit hat. Auch die Mitbestimmung unterliegt demgemäß den Gesetzmäßigkeiten einer qualifizierten, ernstzunehmenden Führungstugend. Reinhard Mohn, der Autor dieses Beitrages, ist Inhaber des C. Bertelsmann-Verlages in Gütersloh, in dessen Firmenbereich fast 10 000 Mitarbeiter beschäftigt sind. Seine Überlegungen zur Frage einer „qualifizierten" Mitbestimmung sollen ein Diskussionsbeitrag sein, der geeignet erscheint, diese Frage der „Qualifikation" einmal in einem anderen Licht zu sehen als in der Erfüllung der Forderung nach Berufung von Arbeitsdirektoren und äußerlicher Parität in sogenannten Bestimmungsgremien. Es lohnt sich sicher, die gedankliche Alternative zwischen qualifizierter Mitbestimmung und Qualifikation zur Mitbestimmung einmal kritisch zur Diskussion zu stellen, wobei es sowohl um die Klärung von Begriffen wie von Motiven geht.

Die Mitbestimmungsfrage ist in unserer Zeit ein heißes Thema. Die betroffenen Partner haben ihre Propaganda-Apparate in Gang gebracht, die Schlacht der Schlagworte schlägt hohe Wellen. Das angesprochene Publikum aber beobachtet mit Unbehagen und Verwunderung eine Auseinandersetzung, deren sachlichen Gehalt es kaum abzuschätzen vermag.

Wohlklingende gesellschaftspolitische Begründungen wie Einführung der Demokratie in der Wirtschaft, Gleichstellung von Kapital und Arbeit, Übernahme von paritätischer Verantwortung usw. ertönen von der einen Seite. Pessimistische Prognosen stellen auf der anderen Seite fest, daß die Mitbestimmung zum Zusammenbruch der Wirtschaft, reduzierter Produktivität und damit zu einem schlechteren Lebensstandard führen müsse.

In dieser, für das breite Publikum schwer zu beurteilenden Situation war es begrüßenswert, daß die NEUE WESTFÄLISCHE in einem Leitartikel am 11. September 1968 die Versachlichung der Debatte empfahl. Jedermann leuchtet es ein, daß die wissenschaftliche Analyse der Vor- und Nachteile des Mitbestimmungsbegehrens eher zu einer vernünftigen Entscheidungsbildung führen wird als eine noch so lautstarke Propaganda. In dem Bemühen, zum sachlichen Gehalt der Diskussion einen Beitrag zu leisten, möchte ich nachstehend einige Gedanken zum Thema Mitbestimmung ausführen. – Dazu erscheint es mir in erster Linie wichtig, die eigentlichen Ziele der Mitbestimmungsforderung zu analysieren und ihre Verwirklichungsmöglichkeiten zu überprüfen.

Betrieb und Gesetzgeber

Ich glaube, man geht wohl nicht fehl in der Vermutung, daß es vor allen Dingen soziale und gesellschaftspolitische Aspekte sind, die die Gewerkschaft zur Erhebung der Mitbestimmungsforderung veranlaßt haben. Daß auf diesem Sektor in unserer Gesellschaftsordnung, und zwar sowohl im Staat als auch in unseren Betrieben, noch vieles zu wandeln ist, wird jeder Einsichtige einräumen. – Auf der überbetrieblichen Ebene denke ich da an die Probleme der Vermögensbildung, an die Erweiterung des Betriebsverfassungsgesetzes, an ein Rationalisierungsschutzabkommen usw. Innerbetrieblich erscheint es mir als eine wesentliche Voraussetzung zur Erreichung einer höheren Produktivität notwendig, die zwischenmenschlichen Beziehungen aller am Arbeitsprozeß Beteiligten in eine zeitgemäße Form zu bringen. Dem einzelnen mehr Freiheit, Achtung und Wirkungsmöglichkeit zu schaffen, wäre in dieser Hinsicht sowohl eine gesellschaftspolitische als auch eine betriebliche Forderung.

Harmonisieren

Die vorstehend aufgeführten gesellschaftspolitischen Zielsetzungen können nur teilweise auf betrieblicher Ebene angestrebt und erreicht werden. Vorzugsweise sind diese Aufgaben vom Gesetzgeber zu lösen. – Man muß sich darüber im klaren sein, daß ein einzelner Betrieb nicht plötzlich gesellschaftspolitisch wünschenswerte Änderungen ausführen kann, ohne auf die Entwicklung in anderen Betrieben Rücksicht zu nehmen. Rechtliche und wettbewerbsmäßige Hindernisse würden solch einem Unterfangen keinerlei Erfolg bescheren. Daran könnte auch eine paritätische Mitbestimmung der Gewerkschaften in den Aufsichtsräten der Unternehmen nichts ändern. – Denkt man dagegen an innerbetrieblich zu lösende Aufgaben, so muß darauf hingewiesen werden, daß diese heute schon in guter Weise durch die Betriebsräte bearbeitet werden. Es ist kaum zu erwarten, daß die Arbeit der Betriebsräte durch Hinzuziehung betriebsfremder Aufsichtsräte verbessert werden wird.

Die entscheidende Verantwortung des Gesetzgebers im Hinblick auf die soziale und gesellschaftspolitische Weiterentwicklung muß demgemäß herausgestellt werden. – Der Gesetzgeber hätte mit der Weiterentwicklung des Betriebsverfassungsgesetzes hier einen guten Ansatzpunkt. Aber auch die anderen, zuvor genannten Ziele im Rahmen einer gesellschaftspolitischen Weiterentwicklung können letztendlich nur auf gesetzgeberischer Basis vorangebracht werden. – Bei der Abfassung einer solchen Gesetzgebung sollte man sich hüten, die Konsequenzen im Hinblick auf die internationale Wettbewerbssituation zu übersehen. Sonst könnten leicht sozial gemeinte Gesetze eine außerordentlich unsoziale Wirkung haben.

Entweder – Oder

Es ist also festzustellen, daß die Mitbestimmung entweder aus rechtlichen Gründen die gesteckten Ziele nicht verwirklichen kann oder aber innerbetrieblich nicht erforderlich ist, weil die Zielsetzung schon jetzt durch die Betriebsräte in besserer Form realisiert wird.

Wichtiger noch als Kapital und Arbeit ist das Management

Das nun aber ist ein Punkt, der die Allgemeinheit interessieren muß. Die öffentliche Diskussion um die Mitbestimmung wird derzeit leider mit gefährlich irreführenden Schlagworten wie Gleichheit von Kapital und Arbeit geführt. Der Erfolg unserer Wirtschaft und des einzelnen Betriebes wird aber keineswegs mehr von den Faktoren Arbeit und Kapital entscheidend beeinflußt. Aus vielen positiven und negativen Beispielen sollte die Öffentlichkeit in Deutschland wissen, daß letzten Endes über den Erfolg eines Unternehmens in erster Linie die Qualität der Führung entscheidet. Ich muß deshalb einmal klar herausstellen:

Die Faktoren Kapital und Arbeit zusammengenommen haben in unserer Wirtschaft bei dem heutigen Schwierigkeitsgrad unserer Arbeit nicht mehr die gleiche Bedeutung wie der Faktor Management.

Hier kommen wir zu dem größten Problem bei der Forderung nach paritätischer Mitbestimmung. Das Problem besteht darin, daß geeignete Führungskräfte weder innerhalb noch außerhalb der Betriebe vorhanden sind, die in paritätischer Weise die Verantwortung für die Führung unserer Betriebe übernehmen könnten. – Aus meiner täglichen Praxis habe ich einen klaren Eindruck von der Schwierigkeit, ausreichend qualifizierte Führungskräfte für vorhandene und zukünftige Aufgaben zu gewinnen. Die Heranbildung solcher Kräfte im eigenen Betrieb und das Suchen nach geeigneten Bewerbern von außerhalb ist eine Aufgabe, die viel von meiner Zeit in Anspruch nimmt und deren Schwierigkeitsgrad ich übersehen kann. Deshalb kann ich auch begründet behaupten, daß die für die Durchführung der Mitbestimmung erforderlichen Führungskräfte weder „in Reserve" in den Betrieben noch in den Reihen der Gewerkschaften vorhanden sind.

Mehr lernen - besser führen

An dieser Stelle muß ich einige Bemerkungen zur Führungstechnik machen. Dies um so mehr, als von der adäquaten Führung die Produktivität unserer Betriebe und somit auch beträchtliche gesellschaftspolitische Konsequenzen abgeleitet werden. – In der Führungstechnik müssen wir unterscheiden zwischen personellen und sachlichen Gegebenheiten. Leider ist festzustellen, daß die Konsequenzen in beiden Hinsichten in Deutschland noch keineswegs in optimaler Weise gezogen sind. Wenn wir heute deshalb vor der Aufgabe stehen, unsere Betriebe besser zu führen, heißt das also, daß wir lernen müssen. Lernen kann man dort, wo es besser gemacht wird. Wir sollten ehrlich zugeben, daß in dieser Hinsicht viele Betriebe in den USA besser geführt werden. Darüber hinaus ist mit einer solchen Forderung auch die Forschung und Lehre auf diesem Gebiet in Deutschland angesprochen. Gerade in der letzten Zeit sind hier erfreuliche und aussichtsreiche Bemühungen zu beobachten.

Umstrittene Aufsichtsräte

Im Hinblick auf den derzeitigen Stand der Führungstechnik in Deutschland kann uns auch die Mitbestimmung nicht weiterbringen. Es ist bekannt, daß die derzeitige Besetzung und Arbeitsweise der Aufsichtsräte nicht immer den Erfolg unserer Betriebe garantiert. Es kann auch nicht bestritten werden, daß die Führung unserer Betriebe verbesserungswürdig ist. Es muß aber energisch bestritten werden, daß eine solche Verbesserung durch die geplante paritätische Mitbestimmung erreicht werden kann. – In diesem Zusammenhang sei nur darauf hingewiesen, daß ganz beträchtliche Fehler führungstechnischer Art auch in den Aufsichtsräten gemacht wurden, in denen Gewerkschaftsmitglieder vertreten sind. – Eine sachliche Analyse dieser Problematik würde erweisen, daß es hierbei weniger darum geht, ob in den Aufsichtsräten Gewerkschaftsmitglieder sitzen oder nicht, sondern vielmehr um die Frage, ob unsere Aufsichtsräte in ihrer derzeitigen Funktion den ihnen ursprünglich zugedachten Aufgaben noch gerecht werden können.

Gefahr eines Superkartells

Von unseren Wirtschaftsbetrieben müssen wir in erster Linie eine optimale Produktivität erwarten. Das gesellschaftskonforme Verhalten sichert der Gesetzgeber durch die Sozialgesetzgebung einerseits und die Wettbewerbsgesetzgebung, insbesondere das Kartellgesetz andererseits. Obwohl dieser gesetzliche Rahmen für den einzelnen Betrieb keineswegs einen demokratischen Aufbau garantiert, ist die Gesamtwirkung des Systems, da es verbraucherfreundlich und evolutionsfähig ist, durchaus demokratisch zu nennen. – Die bestehende freiheitliche Ordnung der Wirtschaft, die ihre Leistungsfähigkeit bewiesen hat, erscheint mir aber aufs höchste gefährdet, wenn durch die paritätische Mitbestimmung der überwiegende Anteil von Industrie und Handel einseitig gesteuert werden kann. Die demokratische Wirkung des Systems wäre automatisch vernichtet. Wir hätten dann ein Gebilde vor uns, das mit dem Namen Superkartell schon nicht mehr ausreichend charakterisiert werden kann. Viel eher müssen wir eine solche Entwicklung als einen klaren Schritt zur Sozialisierung bezeichnen. Wie verbraucherfreundlich und demokratisch aber eine sozialisierte Wirtschaft ist, braucht an dieser Stelle wohl nicht erörtert zu werden.

Delegation von Verantwortung

Wenn ich schon zuvor darauf hingewiesen habe, daß die Neugestaltung der zwischenmenschlichen Beziehungen in unseren Betrieben eine wesentliche Aufgabe unserer Zeit ist, so stelle ich damit eine Forderung, die sich in vieler Hinsicht mit den gesellschaftspolitischen Zielsetzungen der modernen Demokratie deckt. Ich muß aber betonen, daß unsere Betriebe eine solche Umstrukturierung ihrer betrieblichen Ordnung in erster Linie nicht aus gesellschaftspolitischen, sondern vielmehr aus arbeitstechnischen Gründen vornehmen müssen.

In unserer Zeit sind autoritäre Führungsmethoden den schwierigeren und vielfältigeren Aufgabenstellungen nicht mehr gewachsen. Nur durch Delegation von Verantwortung und durch die Aktivierung der Initiative aller Mitarbeiter können die Betriebe in der Zukunft ihre Aufgaben lösen. – Diese Entwicklung bringt für den einzelnen einen größeren persönlichen Spielraum, bedeutet also mehr Freiheit. Nur, wenn im Betrieb eine gesellschaftspolitische Situation anzutreffen ist, mit der sich der einzelne identifizieren kann, wird er bereit sein, persönliche Initiative zu entwickeln. Wenn auf diese Weise die Betriebsspitze ihre Aufgabe auf immer mehr Mitarbeiter delegiert, könnte man begründet diesen Prozeß als Übergang zur Mitbestimmung bezeichnen.

29. Oktober 1968

Dieser Prozeß findet derzeit statt, und er ist dringlich, wenn wir im Konkurrenzkampf bestehen wollen. Es ist aber zu betonen, daß bei dieser Art der Mitbestimmung jeder an seinem Platz und nach seinen Kräften das Schicksal seines Betriebes mit beeinflussen soll. Eindeutig hört die Mitsprache dort auf, wo auf Grund von Einsicht und Befähigung eine Qualifikation nicht gegeben ist.

Mitbestimmen soll, wer dazu fähig ist

Dieser Grundsatz sollte im Interesse einer optimalen Betriebsführung auch auf die Spitze eines Unternehmens angewendet werden. Auch dort kann nur mitbestimmen, wer persönlich und fachlich zur Mitsprache befähigt ist. – In unserem Firmenbereich, dem nun nahezu 10 000 Mitarbeiter angehören, gibt es in dieser Frage keinen Streit. Ohnehin sind alle Mitarbeiter aufgerufen, nach ihrer Einsicht bei der Führung des Betriebes mitzuwirken, und zwar jeder in seinem Bereich und nach seinen Kräften. Nach den Statuten unserer Betriebsverfassung ist jede Verantwortung, die nach unten delegiert werden kann, zu delegieren. Der uns notwendig erscheinende Demokratisierungsprozeß in der Wirtschaft ist in unserem Unternehmen statutenmäßig vorgeschrieben. – Auf Grund dieser Führungsstruktur ist gewährleistet, daß alle Mitarbeiter – und insbesondere die Führungskräfte – entsprechend ihrer Befähigung an der Führung des Unternehmens mitwirken.

Gleichzeitig bewirkt diese Methode aber auch, daß unsere Mitarbeiter die Grenze ihrer Befähigung in der Mitsprache tagtäglich erleben. Aus der Konfrontierung mit den Realitäten ergibt sich so – neben vielen führungstechnischen Vorteilen – für den einzelnen mit der Einsicht in die Grenzen seiner Fähigkeiten eine auf die Sache bezogene Bescheidenheit.

In dem Bemühen, die Führung unserer Betriebe zu verbessern, sollten wir nicht der Versuchung unterliegen, weltanschauliche Rezepte anzuwenden, wie dies über Jahrzehnte in den Ländern des Ostens geschehen ist und noch heute geschieht. Daß solch ein Einfluß durch unrealistische gesellschaftspolitische Vorstellungen zu wirtschaftlichen Fehlentwicklungen führt, haben die Länder des Ostens in leidvoller Weise längst erfahren. Wenn man jetzt in diesen Ländern bemüht ist, Führungsprinzipien des Westens zur Anwendung zu bringen, dann sollte uns das genügend Grund zur Erkenntnis sein, den gleichen Fehler hier bei uns nicht noch einmal zu wiederholen. – Genauso falsch wäre es, Maßstäbe und Methoden aus dem politischen Bereich unbesehen auf die Wirtschaft zu übertragen. Ein Betrieb kann nicht mit den Methoden der parlamentarischen Demokratie, beispielsweise mit einem Betriebsparlament, geführt werden.

Gefährlicher Irrtum

Ich bin überzeugt, daß die Gewerkschaft die Mitbestimmungsforderung aus echtem Verantwortungsbewußtsein gegenüber der Gesellschaft erhoben hat. Trotzdem und um so mehr muß man dieser Forderung entgegentreten und der Gewerkschaft erklären, daß sie sich in einem gefährlichen Irrtum befindet. Unsere Gesellschaft kann wohl verstehen, wenn sich jemand irrt; einen Irrtum mit so folgenschweren Konsequenzen kann sie aber nicht akzeptieren.

Abschließend darf ich zusammenfassen, daß es nach meiner Ansicht dringend erforderlich ist, sowohl die Führung unserer Betriebe zu verbessern als auch unsere Gesellschaftsordnung den Gegebenheiten der Zeit anzupassen. Entsprechende Bemühungen sind von den verschiedenen Seiten in Gang. – Wir müssen erkennen, daß wir in einem weltweiten Wettbewerb der gesellschaftlichen und wirtschaftlichen Systeme stehen. Wir sollten zur Erreichung eigener besserer Leistungen pragmatisch vorgehen und dort Rat holen, wo die Praxis Erfolg gezeigt hat. Mit unbewiesenen gesellschaftspolitischen und wirtschaftspolitischen Theorien ist uns derzeit nicht gedient. – Ich halte unsere Gesellschaft für fähig, die gestellten Anforderungen auf dem Wege einer planmäßigen Evolution zu lösen. Die erhobene Mitbestimmungsforderung wird uns in dieser Hinsicht nicht weiterführen und muß als Irrtum bezeichnet werden.

Gesprächsrunde zwischen dem **Deutschen Gewerkschaftsbund** und Bertelsmann am 7. Februar 1974. Der DGB-Vorsitzende Heinz Oskar Vetter (hinten Mitte) und Reinhard Mohn (im Vordergrund) nutzten das Spitzengespräch im Hotel Kaiserhof in Gütersloh zum direkten Austausch über gesellschaftspolitische Fragen.

Linke Seite: Beitrag von Reinhard Mohn zum Thema **»Möglichkeiten und Grenzen der Mitbestimmung«**, erschienen in der Neuen Westfälischen Zeitung am 29. Oktober 1968. Auch außerhalb von Bertelsmann meldete sich Reinhard Mohn in aktuellen gesellschafts- und sozialpolitischen Debatten zu Wort. In der Diskussion mit den Gewerkschaften wandte er sich dabei gegen Forderungen nach einer gesetzlich verankerten paritätischen Mitbestimmung. Entscheidend waren in seinen Augen vielmehr ein qualifiziertes Management und eine Delegation von Verantwortung, um die Beschäftigten innerhalb des Unternehmens an Entscheidungen zu beteiligen und ihre Eigeninitiative zu stärken.

Der Vorsitzende des Bertelsmann-Aufsichtsrats Gerd Bucerius und Reinhard Mohn bei einer gemeinsamen Sitzung des Gremiums 1974. Mit der Berufung eines Stellvertreters der leitenden Angestellten verfügte die Arbeitnehmerseite seit 1974 über eine **Drittelbeteiligung im Aufsichtsrat**.

an den Mitbestimmungsgesetzen zu wenig Männer der Wirtschaft mitgearbeitet hätten.[243] Den Anspruch der Gewerkschaften, in dieser Frage politisch entscheidend mitzureden, hielt er für anmaßend. Reformvorschläge, so lautete zudem seine Klage, stammten nur von den Gewerkschaften sowie den Sozialausschüssen von SPD und CDU. Diese Gremien besäßen jedoch lediglich in der parlamentarischen und in der Verbandsarbeit wirkliche Führungserfahrung. Die »Reformer« seien daher, so lautete sein harsches Urteil, »aus Mangel an Erfahrung und Sachkenntnis (…) nicht qualifiziert, Vorschläge zu machen«.[244] Seine Ansichten vertrat er auch in der direkten Diskussion mit Gewerkschaftsfunktionären, so beispielsweise im Rahmen einer Vortrags- und Diskussionsreihe, in der er vor einem intellektuellen Schlagabtausch mit Friedhelm Farthmann aus dem DGB-Vorstand, dem späteren nordrhein-westfälischen Arbeitsminister, nicht zurückschreckte.[245] Den Funktionären der Gewerkschaften unterstellte er »Machtstreben« und den Wunsch zur Schaffung eines »Superkartells«.[246] Sie bekamen daher die Leviten gelesen. Die Gewerkschaften hätten zwar vieles bewegt, aber ihre Denkgewohnheiten und Zieldefinitionen entstammten seiner Meinung nach der Vergangenheit. Das »entscheidende Versäumnis« sei »der ausstehende Erkenntnisprozess, dass sich der Klassenkampf erledigt hat und durch Umverteilung nicht mehr viel erreicht werden« könne. Ein ausgeglichenes Modell lasse sich nur über die kompetenten Sozialausschüsse der großen Parteien und die Gesetzgebung erarbeiten.[247] Rückblickend auf diese Debatten wird man Mohn mit seiner Skepsis gegenüber der paritätischen Mitbestimmung recht geben müssen. Durch die Mitbestimmung wurden »Entscheidungsabläufe verlangsamt«; zudem wurde,

Der Journalist Hannes Elster (3. von links) 1978 zu Gast bei einer **Mitarbeiterbesprechung** (»MAB«). Das Modell der bei Bertelsmann 1974 eingeführten »MAB« stieß in der Öffentlichkeit auf reges Interesse. Von Reinhard Mohn gefördert, sicherte es die Mitsprache der Mitarbeiter bei der Arbeitsplatzgestaltung und der Organisation von Betriebsabläufen.

wie Werner Plumpe kürzlich konstatiert hat, »eine fatale Tendenz zu ›faulen Kompromissen‹ erkennbar, die schließlich – aber erst viel später – Unternehmen aus diesem Modell flüchten ließ«.[248]

Mohns konsequente Haltung in Mitbestimmungsfragen musste jedoch spätestens dann zu Differenzen führen, als die von ihm geförderten »jungen Wilden« seiner Entourage, ganz im Zeitgeist gefangen, die Demokratisierung der Entscheidungsprozesse forderten und »Mitbestimmung« von unten, ganz im Sinne der Gewerkschaften, in die Führungsetagen bringen wollten. Wenig verwunderlich, stießen diese gedanklichen Experimente bei Mohn auf Vorbehalte, die den »schwierigen Spagat«[249] erklären, den die Demokratisierungsdebatten im Hause Bertelsmann auslösten.

Aufsichtsrats- und Nachfolgefragen

Nachfolgefragen sind immer eine heikle Angelegenheit, besonders für eigentümergeführte Familienunternehmen.[250] Reinhard Mohn hatte bekanntlich das Bedürfnis, alles in eine Form zu bringen und zu strukturieren: Das galt auch für die schon früh gestellte Nachfolgefrage, bei der er keine Scheu zeigte, offen seinen eigenen Tod zu thematisieren.[251] Selbstironisch sprach er vom »Nachfolgeproblem R. Mohn«.[252] Nicht Herkunft, sondern Qualifikation und Leistung waren für den Selfmademan Mohn das entscheidende Kriterium. Er hatte den gefürchteten »Buddenbrooks-Effekt« im Auge, also die Annahme, dass spätestens in der dritten Generation die unternehmerischen Kräfte einer Familie erlahmen.[253] Gerade Familienunternehmen, bemerkte er gelegentlich, kämen »beim Führungswechsel, beim Generationswechsel ins Schleudern«.[254] Bei der Nachfolge gelte zudem der Grundsatz, dass Eigentum verpflichte.[255] Anlässlich der Entscheidung, die Eigentumsrechte bei Bertelsmann in eine gemeinnützige Stiftung einzubringen, machte

Reinhard Mohn als **Vorsitzender des Aufsichtsrats** von Bertelsmann 1986 in seinem Büro in der Gütersloher Hauptverwaltung. In einer konjunkturell schwierigen Phase übergab Reinhard Mohn am 1. Juli 1981 den Vorstandsvorsitz der Bertelsmann AG an den langjährigen Konzernmanager Manfred Fischer und übernahm den Vorsitz im Aufsichtsrat. Er setzte damit die festgesetzte Richtlinie konsequent um, nach der die Bertelsmann-Führungskräfte mit Erreichen des 60. Lebensjahrs das operative Geschäft verließen. Auch in seiner neuen Position behielt Mohn jedoch bis 1991 bei vielen strategischen Entscheidungen das letzte Wort.

Reinhard Mohn 1955 mit seinen **Kindern** Susanne, Christiane und Johannes (von links) aus seiner ersten Ehe mit Magdalene Mohn (geb. Rasfeld).

Die **Familie Mohn** 1989: Reinhard und Liz Mohn mit ihren Kindern Andreas, Christoph und Brigitte (von links).

Es wäre eine Fehlbeurteilung der Führungsspitze des Unternehmens, wenn der Einfluß meiner Person überschätzt würde. Ich habe in das Unternehmen bestimmte Grundsätze hereingebracht, habe eine bestimmte Personalpolitik betrieben und habe selbstverständlich auch in vielen Sachfragen Lösungen entwickelt. Das von mir vorangetragene Konzept eines Unternehmens hat eine außerordentlich breit fundierte Führungspyramide geschaffen. Sehr viele Führungskräfte in unserem Hause haben gelernt, eigenständig zu urteilen und zu entscheiden. Ihre Identifikation mit dem Unternehmen und seinen Zielen ist sicher höher als in anderen Großunternehmen. Die Realisierung dieser Firmenkonzeption ist die wesentliche Erklärung für den Erfolg unseres Unternehmens.

.../3

Seite 3 zum Schreiben vom 6.9.1978 an Herrn Dr. Gerd Bucerius, Hamburg

Ein Ausscheiden meiner Person würde für das Unternehmen nicht geradezu eine Katastrophe bedeuten. Sehr viele richtige Konzeptionen und personelle Ordnungen in der Bertelsmann AG würden garantieren, daß das Unternehmen für viele Jahre erfolgreich weiteroperieren würde. In dieser Zeit würden sich selbstverständlich neue Leute an der Spitze des Unternehmens zu bewähren haben. Ein solcher "Wachwechsel" geht nie ohne Lernprozesse und selbstverständlich auch nie ohne Lehrgeld. Ich möchte glauben, daß das Unternehmen diesen Prozeß aushalten kann.

Schreiben von Reinhard Mohn an Gerd Bucerius vom 6. September 1978 (Auszug). Rund drei Jahre vor seinem **Rückzug aus dem Vorstand** der Bertelsmann AG versuchte Reinhard Mohn die Bedenken des Aufsichtsratsvorsitzenden Gerd Bucerius gegen diesen Entschluss zu zerstreuen. Mohn zeigte sich gewiss, dass die errichteten Unternehmens- und Personalstrukturen Kontinuität und Sicherheit garantierten. Das Bertelsmann-Management sei überdurchschnittlich qualifiziert, und aus ihm könne die Führungsspitze der nächsten Generation rekrutiert werden.

Die **letzte Bilanzpressekonferenz** Reinhard Mohns als Vorstandsvorsitzender von Bertelsmann am 10. März 1981. Nach zehn Jahren an der Spitze der Aktiengesellschaft wechselte er in den Aufsichtsratsvorsitz. Seine Nachfolge übernahm Manfred Fischer. Von links: Verlagschef Ulrich Wechsler, Manfred Fischer, Reinhard Mohn, Manfred Harnischfeger, Finanzvorstand Hermann Hoffmann.

er klar, dass es nicht um »Wohltätigkeit«, sondern um Kontinuität gehe: »Wenn es richtig ist, daß eine einzelne Familie nicht über alle Zeiten hinweg – gleichsam in natürlicher Erbfolge – stets Unternehmensführer-Persönlichkeiten hervorbringt, die befähigt sind, einem solch großen Haus vorzustehen, dann muß nach einem Weg gesucht werden, wie das Werk von Generationen (…) in seiner Selbständigkeit, Einheit und vor allem Leistungsfähigkeit auch in Zukunft gesichert werden kann.«[256] 1978 betonte er mit Blick auf seinen Erstgeborenen Johannes: »Die Tatsache, daß er mein Sohn ist, reicht nicht aus.«[257] Seine Verantwortung für das Unternehmen Bertelsmann zwinge ihn, so wiederholte er einige Jahre später, »Regelungen zu bedenken, die davon ausgehen, daß keiner von den drei Söhnen die Chance nutzen kann oder will«.[258]

Am sinnvollsten erschien es ihm, einen Nachfolger nicht von außen zu holen, sondern aus dem vorhandenen und sorgsam auf den Wachwechsel vorbereiteten Management.[259]

Der mehrfach privat geäußerten und auch öffentlich gemachten Ankündigung, mit 60 Jahren aufzuhören, folgte er zwar. 1981 gab er den Posten des Vorstandsvorsitzenden ab und wurde, wie in vielen Unternehmen seinerzeit üblich, Aufsichtsratsvorsitzender. Dieser Rückzug aus dem operativen Geschäft entsprach seiner Maxime, nur noch das selbst zu machen, »was nicht auch ein anderer erledigen kann«.[260] Als Aufsichtsratsvorsitzender nahm er allerdings entschieden seine Kontrollfunktion wahr, was dadurch symbolisch unterstrichen wurde, dass er sein altes Büro nicht räumte. Wie zum Beweis betonte er am 29. Juni 1981, seinem 60. Geburtstag, auf seiner Abschiedsfeier, er werde darauf achten, dass die »nachfolgende Führung« ihre Arbeit auch bewältige: »Ich glaube, daß ich in den nächsten Jahren die Kraft habe, dieses sehr aufmerksam zu verfolgen und im Zweifel auch selbst einzugreifen.«[261] 1991, im Alter von 70 Jahren, zog sich Mohn aus dem Aufsichtsrat zurück – und behielt auch hier vorerst seinen Einfluss, nicht zuletzt in enger Zusammenarbeit mit Mark Wössner, den er 1983 zum Vorstandsvorsitzenden bei Bertelsmann gemacht hatte.

Ein Reformer,
ein Liberaler,
ein Konservativer

Kongreß

Unternehmenskultur in Deutschland

- Menschen machen Wirtschaft -

27.-28. Mai 1986 in Düsseldorf/Neuss

Ein Reformer, ein Liberaler, ein Konservativer

Ist Reinhard Mohn mit dem Begriff eines »Wertkonservativen« angemessen beschrieben? Dass er politisch schwer einzuordnen war und sich auch nicht einordnen lassen wollte, wurde zu seinen Lebzeiten von vielen Zeitgenossen angemerkt. Vielfach behalf man sich mit vagen Erklärungen. In einer Festschrift hieß es: »Seine weltanschauliche Grundhaltung, seine politischen Überzeugungen und seine unternehmerischen Weisheiten entstammen vielen Denkrichtungen, vor allem aber der eigenen Erfahrung.«[262] Joachim Fest hingegen, der ihn aus Aufsichtsratssitzungen kannte, hat ihm »besonnenen Konservatismus«[263] bescheinigt und an anderer Stelle definiert, was darunter zu verstehen sein sollte: »Konservatismus ist keine Sache des Zeitgeistes. Er geht von einigen für ihn unbezweifelbaren Prämissen aus: dass die Welt unvollkommen, der Mensch schwach und das Böse eine Macht ist; dass alle Geschichte nur ein Treiben vor wechselnden Kulissen in immer anderen Kostümen ist; dass alle innerweltlichen Verheißungen an einem irrigen Menschenbild kranken. Er will das Bewährte festhalten, ohne sich der Zukunft zu verschließen, ist aber nicht bereit, jeden Preis dafür zu zahlen. Der Konservative nimmt überall die Unterschiede wahr, sieht die Bedingtheit der Verhältnisse und ist folglich der geborene Skeptiker. Nichts hält er für gefährlicher als ständig auftauchende Ideen, zumal bei den Geistesschwärmern, die nur eine haben.«[264] Insofern sprach dies eine Paradoxie an, die für Reinhard Mohn charakteristisch war.

Mohn blieb stets ein unabhängiger Geist. Trotz aller Sympathien für die USA war er kein blinder Kalter Krieger. Auf dem Höhepunkt der Blockkonfrontation wollte er beispielsweise die andere

Reinhard Mohn während seiner Rede zum Thema »Der Mensch in der Welt der Arbeit« auf dem Kongress »**Unternehmenskultur in Deutschland**« im Mai 1986. Auf Veranstaltungen und in seinen Publikationen setzte sich Mohn immer wieder für einen partnerschaftlichen Umgang mit den Beschäftigten ein – auf der Grundlage der sozialen Marktwirtschaft.

Johannes Thordsen und Reinhard Mohn im Oktober 1957 während ihrer Reise nach Moskau. Per grünem D-Zug mit Vier-Bett-Abteilen startete die Reisegruppe am 18. Oktober am Ostberliner Ostbahnhof. Über Warschau erreichte sie am übernächsten Tag die sowjetische Hauptstadt.

Seite des Eisernen Vorhangs aus eigener Anschauung kennenlernen. 1957 unternahm er daher eine mehrtägige Studienreise in die
Sowjetunion, um sich ein »unbefangenes Urteil« bilden zu können.
Er hatte keine eigenen Kenntnisse über das Land und stützte sich
auf das, was er in der NS-Zeit, in den USA und in der Nachkriegsdemokratie gehört und im 1956 erschienenen Buch von Klaus
Mehnert über »Asien, Moskau und wir« gelesen hatte. Seine Eindrücke waren ernüchternd, obwohl er sich vorgenommen hatte, die
Sowjetunion unvoreingenommen auf sich wirken zu lassen. Er notierte die hohen Preisunterschiede, die schlecht dekorierten Schaufenster, die unfreundlichen Fassaden und die staatliche Misswirt-
schaft. Besonders fielen ihm die fehlenden sozialen Einrichtungen

Reinhard Mohn und Irene
Thordsen (Mitte) mit einer Rei-
seführerin von Intourist am
24. Oktober 1957 vor der Mariä-
Entschlafens-Kathedrale im
Moskauer Kreml. Die gut vorbe-
reitete »Studienreise« Reinhard
Mohns und seiner Begleiter nach
Moskau führte sie zu Verlagen,
Druckereien und den Redaktio-
nen von Prawda und Iswestija.
Die Reisegruppe verschaffte sich
aber auch ein Bild vom Alltags-
leben in der sowjetischen Hauptstadt. Nicht zuletzt absolvierte
sie auch ein kulturelles Besich-
tigungsprogramm mit Rundfahr-
ten und dem Besuch touristi-
scher Höhepunkte.

Studienreise Moskau   1957
——————————

Ausgangsüberlegung: keine Kenntnisse über Entwicklung in Rußland,
Vergleich Isolierung im Krieg und Eindrücke auf Studienreise USA,
Interesse für fachliche und soziale Fragen.

Erstmalig in Rußland, unbefangenes Urteil, Beurteilung des Kommunismus
und des Sowjetstaates nur eindrucksmäßig negativ, eigene politische
Eindrücke aus NS-Zeit, USA und Nachkriegsdemokratie.

Vorbereitung der Reise: Lektüre Mehnert, Asien, Moskau und wir,
mehrwöchige Zeit für Visa, Preis DM 2.000,-.

Abflug Freitag, 18.10. ab Hannover,
Luftbild Ostberlin: stärker zerstört, farblos
Versammlung Reisegesellschaft - Marschverpflegung,
Bericht von Teilnehmerin der ersten Gruppe, Reisegesellschaft praktisch
ohne Erfahrung, mit Omnibus durch Brandenburger Tor, dunkel, menschenleer,
überwiegend HO-Läden (Sprudelflaschen), Erläuterungen des Fahrers mit
Aufforderung zum Vergleich mit West-Berlin.
Bahnhof Ost-Berlin: Friedensdelegation aus Gewerkschaftskongreß in Leipzig,
Begeisterung - einheitliche Idee der Völker, Armbinden, Plakate, Uniformen.

Grüne D-Zug-Wagen, Doppelglasfenster, 4-Betten-Abteile, Schaffnerin; Arbeiter
oder Besitzer : Künstler, Sauberkeit, Plüsch, gutes Personal, russisches
Radio.

Fahrt durch dunkle Ostzone, Frankfurt/Oder, Zollkontrolle, Devisenkontrolle,
korrekter Eindruck der polnischen Beamten, Tee.

Sonnabend, 19.10.

Weite Ebene, kleine Felder, Pferde statt Trecker, kleine Höfe, keine
Herbstbestellung, schlechte Straßen,
Halt am Stadtrand von Warschau, Kulturpalast, keine Farben, Neubauten
unverputzt, Morgentee, Morgentoilette, warmes Herbstwetter.
Vor russischer Grenze Formulare : Waffen und Gold, Grenzübergang bei
Brest/Bug, Wachtürme, Bahnhofsbaustil 1900, Stadtbesichtigung, Kirche,
Konfektionsbetrieb, Park mit 5-Jahres-Plänen, Geldeintausch, Rechenmaschine.

Aussprache mit INTOURIST-Führer, aufgeschlossen, gebildet, geschult,
Meinung US nie nach Europa Gefahr, Militarismus in Deutschland,
4 neonazistische Gruppen, Wiederbewaffnung, Vorsprung des Auslands
anerkannt, besseres System UdSSR.

Sonntag, 20. 10.

Bauerndörfer, planmäßig, große Felder, Herbstbestellung erledigt,
Smolensk/Dnepr, Eindruck der Silhouette Moskau, Begrüßung der
Friedensdelegation mit großem Bahnhof.

INTOURIST mit 5 Mädchen, Hotel National, Stadtrundfahrt, Prachtbauten,
Geschichte der Partei, Universität, Wohnblocks, Kreml, Roter Platz,
Übungen für 7.11.

Revolution entwickelte keinen eigenen Stil, Anschluß an 19. Jahrhundert.
Mißverhältnis der Prachtbauten zum übrigen Lebensstandard.

Besuch von Läden und Lebensmittelgeschäften, primitiver Geschmack an
bunten Dingen, hohe Preisunterschiede, viele Buchhandlungen, deutsche
Bücher der Ostzone, Lebensmittelläden in alten Palästen, Schaufenster
schlecht dekoriert, Fassaden der Häuser unfreundlich, alle Läden und
Häuser staatlich. Initiative durch Bonus für Geschäftsleiter, kein
Wettbewerb, Preisbildung staatlich. Ladenöffnungszeiten : 8^{00} - 23^{00} h
bzw. 11^{00} - 20^{00} Uhr.

Vorteile des Systems: großzügige Städteplanung, Straßenbreite 70 m,
Prachtbauten, moderne Wohnblocks, Mietkosten 40 - 65 Pfg., keine
Werbungskosten, Nachteile: keine Korrektur durch Wettbewerb, geringere
eigene Initiative, kein Existenzkampf, statt dessen Verwaltung bürokratisch,
verlangsamte Entwicklung. Entgegnung: In 40 Jahren viel geschafft, wir
brauchen noch Zeit, Volk überzeugt, diszipliniert und einsatzbereit.

Montag, 21. 10.

Besuch Iswestija
Begrüßungsbesprechung, miser Chefredakteur, guter technischer Leiter,
guter Mann des Rechnungswesens, schlechter Mann in der Setzerei,
1500 Mann Gesamtbelegschaft, Gesamtauflage 1,5, Druckauflage dort 600.000
á 6 Seiten, Arbeitszeit 42 - 45 Stunden, reiner Leistungslohn (Grundlohn
+ Prämie ohne Alter bzw. Geschlecht), Betriebsleiter Persönlichkeit, jedoch geringe Kenntnisse moderner Entwicklung, das Land noch nicht verlassen,
Wunsch nach Auslandskontakt.

Vorherige Doppelseite: Bericht Reinhard Mohns vom 30. Oktober 1957 über die **Reise nach Moskau** (Auszüge). Seine Eindrücke hielt Mohn in einem Bericht fest, der seine kritische Haltung gegenüber den Alltagsverhältnissen, den mangelnden Wettbewerbsstrukturen und der bürokratischen Verwaltung im Sowjetstaat widerspiegelt. Gleichzeitig beeindruckte ihn aber, wie gefestigt die Einwohner in ihren politischen Überzeugungen waren, und auch die große Zahl der Buchhandlungen fand seine Anerkennung.

Rechte Seite: Redemanuskript Reinhard Mohns zur **Lehrlingsfreisprache am 31. März 1968** in Gütersloh (Auszug). Vor der politisch und gesellschaftlich bewegten Kulisse des Jahres 1968 griff auch Reinhard Mohn die aktuelle Zeitstimmung auf. Bei der Verabschiedung der Bertelsmann-Lehrlinge machte er den Wandel als Kennzeichen der Gegenwart aus. Reformdiskussionen müssten jedoch mit Sachkenntnis und unter Einhaltung gesellschaftlicher »Spielregeln« geführt werden. Er rief die Lehrlinge zu persönlicher Initiative und Nutzung ihrer gewachsenen Chancen auf.

in Druckereien und Zeitungsredaktionen auf. Sein Fazit nach der Rückkehr lautete: »Wir müssen uns um Lösung der sozialen und politischen Fragen bemühen. Eine gesunde Gemeinschaftsordnung in der Art, wie sie sich jetzt entwickelt, wird dem Kommunismus überlegen sein. Davon sind wir aber noch weit entfernt. Z. Zt. bei uns Überbetonung des Individuums, stärkere Konzentrierung und Verpflichtung gegenüber der Gemeinschaft erforderlich.«[265]

In einer komplex gewordenen Welt sah Mohn die grundlegende Notwendigkeit, sich zu verändern und sich auch verändern zu wollen, und zwar unideologisch und undogmatisch. Das bedeutete ein ständiges Hinterfragen des eigenen Standpunkts, von dem er noch so überzeugt sein mochte. Eine innere »Selbsterziehung« sollte prinzipiell immer möglich sein, so Mohns Credo. Das galt erst recht, als seit den 1960er Jahren die Unternehmer zur Zielscheibe einer kritischen Öffentlichkeit wurden, weil sie in den Augen vieler für traditionelle Autorität und hierarchisches Denken standen.[266] Mohns Reaktion auf den sich dynamisierenden Wertewandel in der Bundesrepublik und das, was heute mit der Chiffre »1968« beschrieben wird, die Entstehung einer »außerparlamentarischen Opposition« und die zunehmende antikapitalistische Agitation, war vielschichtig. Die »Rebellion der Jugend« müsse man, so bemerkte er 1968, positiv sehen, weil sie die Diskussion fördere und es zudem »handfeste Gründe« für die geforderte Hochschulreform gebe. Aber die Gesellschaft müsse auf die Einhaltung der Spielregeln dringen. Deswegen verurteilte er im gleichen Atemzug die »destruktive Opposition der Anarchisten, Faulenzer und Radaubrüder«.[267] Den »Stern«-Artikel »Die letzten Tage von Poona« über die Schließung eines Ashrams in Indien, das eine Zuflucht für westliche Guru-Jünger geworden war, hielt er angesichts des »allgemeinen Sektenunwesens« für »verdienstvoll«; bei anderen Beiträ-

<u>Welche Impulse lösen Wandel aus?</u>

Staat, Parteien, Industrie, Kirche, Schule? Bedeutung der
Privatinitiative in den Organisationen, System der Gesell-
schafts- und Wirtschaftsordnung muß Wandel ermöglichen:
Demokratie, Nachteil der starren Systeme: Weltanschauung,
Planwirtschaft.

Rebellion der Jugend: bei uns möglich, positiv sehen: be-
schleunigt Entwicklung, über Diskussion zur Wandlung,

---

handfeste Gründe für Hochschulreform und Gesellschaftsent-
wicklung. Jugend in der Form häufig falsch, Kritik berechtigt,
Lösungsvorschläge häufig zu einfach, ohne Sachkenntnis falsch.
Destruktive Opposition der Anarchisten, Faulenzer und Radaubrüder. Gesellschaft muß auf Einhaltung der Spielregeln drängen.

Notwendige Änderungen in Wirtschaft und Gesellschaft haben Aus-
wirkungen auf einzelnen, Notwendigkeit mitzuwirken: Privatinitiative ist stärkste Kraft der Gemeinschaft.

<u>Möglichkeiten der Privatinitiative</u>

Gründer, Forscher, Helden: eigenständige Bewährung und
Leistung, Großbetriebe, Konzentration: stärkere Abhängigkeit
von Gemeinschaft.

gen, die ihm missfielen, konnte das Urteil auch auf »journalistische Eitelkeit, Hokuspokus und Fachgeschwätz« lauten.[268]

Überflüssiges Theoretisieren und langatmige Reden waren dem zupackenden Praktiker Mohn fremd. Das erklärt wahrscheinlich auch, warum er, wie Joachim Fest in zahlreichen Gesprächen mit ihm feststellte, dem Zeitgeist der 68er, ihren Utopien und Schwärmereien, mit Abstand begegnete.[269] In der linksintellektuellen Szene, mit der er wenig anfangen konnte, machte er sich damit kaum Freunde. Axel Springer wurde zumindest als formidabler politischer Gegner wahrgenommen, während Mohn, der Mann aus der Gütersloher Provinz, eher als intellektuelles Leichtgewicht oder gewissenloser Kapitalist eingeschätzt wurde.

In den Jahren, in denen sich die westdeutsche Linke nach dem Sechs-Tage-Krieg von Israel ab- und den palästinensischen Befreiungsbewegungen aller Couleur zuwandte und dabei vergaß, dass Israel die einzige Demokratie im Nahen Osten war,[270] blieb Mohn ein aufrichtiger Verteidiger Israels. Als Jugendlicher hatte er verstört den antijüdischen Pogrom in Gütersloh erlebt;[271] ganz zweifellos hatten ihm aber die amerikanische »reeducation« und das Erschrecken über die Dimension des Völkermords das Bewusstsein dafür geschaffen, dass nun aktive Schritte zu gehen seien, um Versöhnung und Verständigung zu ermöglichen. Nach Kriegsende hatte er persönlich dazu beigetragen, den jüdischen Verlagslektor Max Tau, der in der Zeit des »Dritten Reiches« nach Norwegen hatte fliehen können, mit dem 1950 erstmals verliehenen Friedenspreis des Deutschen Buchhandels auszuzeichnen.[272] Die Versöhnung mit Israel – über den von ihm geschätzten Jerusalemer Bürgermeister Teddy Kollek und den Unternehmer Aharon Dovrat – blieb ein Herzenswunsch, der auf zahlreichen Reisen Mohns nach Jerusalem immer wieder bekräftigt wurde. Die Förderung von Bildungs-

Reinhard Mohn, Oscar Dystel und Teddy Kollek (von links) 1979 auf der Internationalen Buchmesse in Jerusalem. Auf Initiative von Dystel, Geschäftsführer des US-Taschenbuchverlags Bantam Books, begann Reinhard Mohn Ende der 1970er Jahre Kontakte nach Israel zu knüpfen. Dies war der Ausgangspunkt für ein bis heute fortgeführtes, insbesondere von der Bertelsmann Stiftung getragenes Engagement in Israel. Es verband sich mit der Förderung zahlreicher Kooperationen und Projekte und festigte Mohns persönliche Freundschaft mit **Teddy Kollek**, dem langjährigen Bürgermeister von Jerusalem.

projekten, unter anderem seit 1979 in Kooperation mit der Hebräischen Universität in Jerusalem, stand im Zentrum,[273] aber gelegentlich ging es auch um politische Themen. Als ihm Kollek 1988 von der israelischen Oppositionsbewegung gegen die Politik des Ministerpräsidenten Jitzchak Schamir und seines Likud-Blocks berichtete, regte Mohn an, diese Stimmen auch in den Blättern von G+J zu Wort kommen zu lassen.[274]

Wie ungerecht und geradezu naiv die Herablassung des linken und linksliberalen Milieus war, lässt sich besonders gut an den heftigen Auseinandersetzungen zeigen, die den sogenannten Zweiten Kalten Krieg und die damit verbundenen macht- und kulturpolitischen Auseinandersetzungen zwischen Ost und West kennzeichnen. Mohn stand fest im Lager des Westens, ohne sich der mitunter polarisierenden Rhetorik des Kalten Krieges zu bedienen.

Besonders die »Nachrüstungs«-Debatte im linksliberalen Blätterwald ärgerte ihn. Mohn hatte sich in den Vorjahren nur selten – und wenn, dann mit knappen Worten – in die ständigen Streitigkeiten und Reibereien über die Berichterstattung des »Stern« (und der »Zeit«) eingemischt. Die massive Kritik an der »Nachrüstung«, zahlreiche Berichte mit deutlich antiamerikanischem Unterton sowie die Polemik gegen die neue Regierung unter Helmut Kohl – all das führte zwischen Nannen, Raddatz, Jahr, Bucerius, Theo Sommer und manchen Redakteuren und Journalisten der zweiten Reihe zu wortreichen Auseinandersetzungen und seitenlangen schriftlichen Stellungnahmen, die alle auf Mohns Schreibtisch landeten.

Eine »Stern«-Titelgeschichte über die »Atom-Rampe Deutschland« aus dem Februar 1981 forderte ihn zu dem Kommentar heraus, es mangele der Berichterstattung an der »gebotenen Sachlichkeit«, und man laufe Gefahr, sich »in die Ecke der Bürgerinitiativen« zu bewegen.[275] Die sich anschließenden heftigen internen Debatten über den Kurs des Blattes überließ er aber anderen. Als jedoch wenige Wochen später, wiederum im »Stern«, der neutralistische Friedensforscher und spätere Grünen-Politiker Alfred Mechtersheimer im Interview seine Thesen über eine wünschenswerte größere Selbstständigkeit Europas und Deutschlands ausbreiten konnte,[276] rief dies Mohn erneut auf den Plan. Angesichts der atomaren Kräfteverhältnisse seien die Pläne Mechtersheimers eine »lächerliche Zielsetzung«. Die UdSSR habe bisher noch jede Möglichkeit wahrgenommen, »um ideologische, militärische und wirtschaftliche Vorteile zu nutzen. (…) Wie kann Europa eine Politik betreiben, die auf militärische Neutralität zielt? Brauchen wir keinen Schutz vor der UdSSR?«[277] Mohn warf den Stein ins Wasser, aber überließ die weiteren Attacken Bucerius und der »Zeit«-Herausgeberin Marion Gräfin Dönhoff.

Undogmatisch fielen Mohns Urteile zum Beginn des Zeitalters des Privatfernsehens aus, das von vielen etablierten Medienleuten als kulturelle Verfallserscheinung gedeutet wurde. Mohn sah das anders, nämlich als belebende Konkurrenz und als Geschäftsmodell zugleich. Natürlich war er ein Anhänger des kulturellen Bildungsauftrags der öffentlich-rechtlichen Sender. Aber deren Behäbigkeit und Selbstgerechtigkeit, auch die Unfreiheit am Tropf der Politik, das Proporzdenken und die lähmende Bürokratie der Programmbeiräte und Medienanstalten waren ihm ein Graus, geradezu ein Paradebeispiel für die Schwächen der öffentlichen Verwaltung. Bei den auf politischen Ausgleich festgelegten öffentlich-rechtlichen Sendern, sagte er in einem Interview, verlange er nicht nur »Harmonisierung«, sondern auch »Akzentuierung«.[278] Der frische Wind des Privatfernsehens konnte da nur guttun.

Dieses Grundmuster zeigte sich auch im Bildungsbereich. Mohn unterstützte über die Bertelsmann Stiftung seit 1989 mit zweistelligen Millionenbeträgen die 1982 als erste deutsche Hochschule in freier Trägerschaft gegründete Universität Witten/Herdecke. Das Modell war ganz nach Mohns Geschmack: Eine Alternative zu den öffentlich-rechtlichen Universitäten mit ihren verkrusteten Strukturen sowie Gremienhengsten in der Verwaltung sollte den Wettbewerb fördern. Im Zusammenhang mit dem Universitätsverein Witten/Herdecke votierte er 1988 für ein angemessenes Budget, um dem »schon so weit gediehenen Projekt einer staatsfreien Universität die Chance zur endgültigen Durchsetzung« zu geben. Dem Gründungspräsidenten Konrad Schily stärkte er in finanziell angespannten Zeiten immer wieder den Rücken.[279]

Ausdruck für diese Verpflichtung war nicht zuletzt 1991 die Schaffung des Reinhard-Mohn-Stiftungslehrstuhls für »Unternehmensführung, Wirtschaftsethik und gesellschaftlichen Wandel«.

Vertragsunterzeichnung in der Düsseldorfer Staatskanzlei zur Beteiligung der Bertelsmann Stiftung an der Finanzierung der privaten **Universität Witten/Herdecke** am 25. April 1989, mit (von links) Hans-Dieter Weger (Geschäftsführer der Bertelsmann Stiftung), Friedhelm Farthmann (NRW-Landtagsabgeordneter und Beiratsmitglied der Bertelsmann Stiftung), NRW-Ministerpräsident Johannes Rau, Anke Brunn (NRW-Ministerin für Wissenschaft und Forschung), Reinhard Mohn und dem Gründungspräsidenten der Hochschule Konrad Schily.

Als sich aber das Modell Witten/Herdecke nicht in dem von ihm ersehnten Maß entwickelte und ihm die von dort ausgehenden Impulse zu schwach erschienen, gehörte Mohn über die Bertelsmann Stiftung 1994 zu den Mitgründern des Centrums für Hochschulentwicklung (CHE), das die deutschen Universitäten dynamisieren und ihre Autonomie stärken sollte – bis heute bekanntlich ein mühsames Unterfangen mit ungewissem Ausgang.

»Roter Mohn«, »sozialer Kapitalist«[280], verschleierter Manchester-Unternehmer, »Scheinlinker«[281]

Bei einem Vortrag vor dem Arbeitskreis der »Jungen Unternehmer« im Jahr 1970, der sich im Kern um Schwierigkeiten und Erfolge von 15 Jahren dezentraler Führung drehte, kam Mohn auch auf politische Herausforderungen zu sprechen: »Die Zeit drängt! Statt Revolution der Theoretiker (die) Evolution der Pragmatiker.«[282] Diese Aussage war in mancher Hinsicht typisch für den politisch denkenden Unternehmer Mohn. Der »politische Standort« eines Unternehmens dürfe nicht von einem Mann allein bestimmt sein. Er hielt es für erfreulich, dass nach dem Ende der Ära Adenauer die »Dinge in Fluss gekommen« waren und empfand den Wandel jedenfalls besser als eine »konservative und statische Gesellschaft«.[283] Er hatte keine Angst vor »Systemveränderern«, war der Ansicht, man müsse Dinge ausdiskutieren, und zeigte sich »dankbar für Denkanstöße«.[284] Das System der sozialen Marktwirtschaft, das unter Ludwig Erhard außerordentlich wichtig gewesen war, müsse fortentwickelt werden und dürfe nicht länger auf das Materielle beschränkt sein.[285] Das Kapital sei in seiner Bedeutung zurückgegangen, es sei »nicht mehr der Faktor Nummer eins«, das eigentliche Kapital in einer sozialen Marktwirtschaft seien die Menschen.[286]

Mit sozialistischen Mischformen, die im Zusammenhang des Prager Frühlings vorgeschlagen worden waren, konnte er sich

Feier zur zehnjährigen **Partnerschaft von Ariola-Eurodisc und
der sowjetischen »Melodia«** am
3. Juni 1975. Die erfolgreiche
Zusammenarbeit ermöglichte
Westeuropäern den Zugang zu
zahlreichen Klassikaufnahmen
aus der UdSSR. Reinhard Mohn
betonte »daß gerade die Kunst,
Literatur ebenso wie Musik, eine
gute Brücke zwischen den Völ-
kern schlagen kann«. Im Bild
von links: Pianistin Wiktorija
Postnikowa, Dirigent Gennadi
Roshdestwenski, Meschkniga-
Vizepräsidentin Raissa Kalianko,
Ariola-Geschäftsführer Egmont
Lüftner, Reinhard Mohn, Botschafter Walentin Falin und
P. Dorochow vom Kulturministe-
rium der UdSSR.

nicht anfreunden. Als der Reformmarxist Ota Šik 1970 bei einem
Vortrag in Düsseldorf demokratisch gewählte Betriebsdirektoren
vorschlug, weil diese darauf verzichten würden, populäre Maßnahmen auf Kosten des Betriebes durchzusetzen, hielt er dies für un-
realistisch: »Diese Direktoren würden sich genauso beliebt machen
wie unsere Politiker vor der Wahl. Die Ansicht, daß die Werktä-
tigen solch fehlerhaftes Verhalten bald erkennen würden, ist trü-
gerisch. Die fehlerhafte Leitung eines Betriebes wird erst langfristig sichtbar. Teilweise können darüber Jahrzehnte hingehen.« Auch
der Ansicht von Šik, der Kapitalismus sei »Ausbeutung, Diebstahl,
Erwerb ohne Arbeit, also eine unmoralische Art der Lebenshal-
tung«, widersprach er heftig: »Die Probleme der Entwicklungsge-
schwindigkeit und Flexibilität, die sehr stark auf die Freiheit des
Einzelnen, zu entscheiden und sich einzusetzen, auf Gewinnstreben des Einzelnen sowie des Kapitales und auf einer großen Flexi-

bilität des Kapitaleinsatzes beruhen, werden nicht berücksichtigt. (…) Rentabilität und Kapitalverzinsung als Maßstab für Produktivität scheinen Herrn Šik völlig fremd zu sein.«[287] Diese eindeutige Haltung gegenüber sozialistischen Experimenten bedeutete aber nicht, dass sich Mohn als »Kalter Krieger« verstand, ganz im Gegenteil. In der Zeit der Entspannungspolitik streckte er seine Fühler auch in Richtung Osten aus. Als im Mai 1975 nach mehrmonatigen Vorgesprächen ein Rahmenvertrag zwischen Bertelsmann und einer sowjetrussischen Urheberrechts-Agentur unterzeichnet wurde, die bilaterale Lizenzverträge auf dem Buchsektor vorsah, begrüßte Mohn den Vertrag optimistisch als Möglichkeit für eine geistige Annäherung und das gegenseitige Kennen- und Verstehenlernen. Einem Krieg, so Mohn, gingen stets Konfrontatio-

Verhandlungen mit Vertretern der sowjetischen **Allunions-Agentur für Urheberrechte** am 24. April 1975 in Gütersloh. Kurz nach einer Reise Reinhard Mohns nach Moskau wurde die Zusammenarbeit zwischen Bertelsmann und den sowjetischen Partnern durch einen Rahmenvertrag gefestigt.

Vertragsunterzeichnung zwischen Bertelsmann und der Moskauer Allunions-Agentur für Urheberrechte (WAAP) 1975. Gültig für zunächst fünf Jahre, wurden damit die Modalitäten einer zukünftigen Kooperation vor allem im Bereich belletristischer Buchliteratur geregelt. Im Bild von links: Yuri Zharov und Boris Pankin, Leiter der WAAP, Reinhard Mohn und Verlagschef Ulrich Wechsler.

nen im geistigen Bereich voraus: »Regierungen reduzieren die Rüstung. Was wir tun, ist nicht von geringerem Rang. Durch den Austausch von Kultur können wir dazu beitragen, Brücken zu schlagen. Wir haben die Hoffnung, schneller zurechtzukommen als die Politik.«[288]

Dass ein Unternehmen Gewinne machen dürfe, war für Mohn geradezu eine Überlebensfrage. In diesem Punkt war er sich auch deshalb so sicher, weil es ihm nicht um reine Geldakkumulation ging. Ein Unternehmen sei »ganz sicher nicht mehr die Privatangelegenheit einer Familie, sondern ein sozialer Raum, in dem die Komponenten Kapitalgeber, Führung (also Management), Mitarbeiter, Markt und Gesellschaft (Staat) eine Rolle spielen«.[289]

Unternehmer sollten eine soziale Funktion wahrnehmen, denn den Grundsatz, dass Eigentum verpflichte, galt es nach Ansicht Mohns immer zu bedenken. Aber auch der Staat hatte seinen Pflichten nachzukommen, und das bedeutete eine stets solide Haushaltsführung. Eine Schräglage zeichnete sich jedoch in den frühen 1970er Jahren ab. Das System von Bretton Woods, das die Nachkriegszeit gekennzeichnet hatte, kollabierte, noch bevor die Ölkrise von 1973 die Bundesrepublik vor weitere Herausforderungen stellte.[290] Zahlreiche Industriezweige verloren ihre Wettbewerbsvorteile; zudem hatte die Reformpolitik der sozialliberalen Koalition unter Willy Brandt einen hohen Preis. Die Sozialausgaben stiegen dramatisch an – von 17 Milliarden DM im Jahr 1970 auf 355 Milliarden DM im Jahr 1976 – und brachten den Staat in enorme Finanzierungsschwierigkeiten; wie es weitergehen sollte, war ungewiss. Der Notwendigkeit zu sparen standen im »roten Jahrzehnt« (Gerd Koenen) permanente Ausgabensteigerungen entgegen, die der Ausbau des Sozialstaats mit sich brachte – wie die Ausweitung der Leistungsempfänger, etwa im Bereich von Renten, Krankenversicherung, Kindergeld und Wohngeld. Im Banne einer weitverbreiteten »Modernisierungsideologie« stehend und getragen von sozialistischer Fortschrittseuphorie und Zukunftsoptimismus war die Regierung nicht zu sozialpolitischen Abstrichen bereit, zumal die Gewerkschaften eine geradezu destruktive Lohnpolitik betrieben und Erhöhungen im zweistelligen Bereich durchsetzten. Die Krise markierte das »Ende des Booms« der Nachkriegszeit.[291] Das »Goldene Zeitalter« und die »Trente Glorieuses«, wie jene komfortablen Jahrzehnte seit 1945 im Rückblick genannt worden sind, machten einer tiefgreifenden Krise im Sinne einer »Sorgen- und Schwermutsepoche« Platz.[292] Zu den Folgen des »krisenbeschleunigten Strukturwandels« gehörten Staatsverschuldung und konstant hohe Inflation, letztlich sogar bis in die 1990er Jahre.[293] Bemerkenswerterweise kam Bertelsmann vergleichsweise

Bundeskanzler **Helmut Schmidt** vor der Bundestagswahl im Rahmen seiner Wahlkampfreise am 7. Februar 1980 in Gütersloh. Reinhard Mohn empfing den SPD-Spitzenpolitiker vor der Bertelsmann-Hauptverwaltung. Auf dem Tagesplan Schmidts standen dann Gespräche mit Vorstand und Mitarbeiter-Vertretern sowie eine Rede vor den Beschäftigten.

gut – und sogar in keinem Jahr mit Verlusten – durch die Krise,[294] was natürlich als Ausweis für ein kluges Krisenmanagement ge-wertet werden konnte. Wenig enthusiastisch stand Mohn dagegen staatlichen Wohltaten gegenüber, die gleichsam aus dem Füllhorn geschüttet wurden und deren Finanzierung auf tönernen Füßen stand. Nicht zuletzt das mangelnde Maßhalten bei den öffent-lichen Ausgaben war Mohn ein Dorn im Auge. An seinen Freund Bucerius schrieb er 1981: »Die sozial-liberale Koalition hat Gutes gewollt und in vielerlei Hinsicht Böses angerichtet.«[295] Hinzu kam sein Misstrauen gegenüber der Regelungsbürokratie sowie dem öf-fentlichen Anspruch, dass vom Staat »nicht nur gutes Recht, son-dern immer mehr gutes Geld« erwartet wurde.[296] Mit anderen Worten: Mohn verstand sich weiterhin als Reformer, aber zugleich

hielt er die »Erinnerung an die gute alte Zeit der sozial-liberalen Koalition« für »nicht weiterführend«.[297] Mohns Einstellung, die ihn nicht eindeutig in das übliche Rechts-Links-Schema einzuordnen erlaubte, bot Kritikern immer wieder Anlass, ihn als Chamäleon oder gar als Pharisäer zu brandmarken. Das »große Geld der guten Menschen aus Gütersloh«[298] musste geradezu zwangsläufig Widerspruch hervorrufen. Auch deswegen konnte er mit Klassifizierungen wie »Roter Mohn«, die zum Teil auch aus dem Unternehmerlager kamen, wenig anfangen. Darüber, so bemerkte Mohn gelegentlich, habe er sich »eher amüsiert«.[299]

Von den Niederungen der Tagespolitik hielt sich Mohn fern und betonte immer wieder, sein politisches Engagement zeige sich in der Tätigkeit für Bertelsmann. Anders als andere Unterneh-

Helmut Schmidt während seines Auftritts vor den Mitarbeiterinnen und Mitarbeitern des Bertelsmann-Konzerns 1980. Über 3.500 Interessierte verfolgten die Rede und hatten anschließend die Möglichkeit, dem Bundeskanzler, hier auf dem Podest neben Reinhard Mohn, Bertelsmann-Kommunikationschef Manfred Harnischfeger und Konzernbetriebsratsvorsitzendem Martin Wolf, Fragen zu stellen.

Besuch von **Helmut Kohl** in Gütersloh im Februar 1982. Der CDU-Vorsitzende und damalige Oppositionsführer, im Bild zwischen Manfred Harnischfeger und Reinhard Mohn, nahm an einem Bertelsmann Forum zum Thema »Gemeinschaft und Gesellschaftsmoral« teil.

mer engagierte er sich auch nicht übermäßig in Interessengruppen, Arbeitgeberverbänden oder Lobbyeinrichtungen. Das für das 20. Jahrhundert stilbildende Phänomen der »Herrschaft der Verbände«[300] war ihm suspekt, und mit »Gremienhengsten« jeglicher Spielart konnte er nichts anfangen. Das politische Geschäft wurde seiner Überzeugung nach ohnehin schlecht geführt. Öffentlicher Dienst und staatliche Verwaltung würden »nach Grundsätzen von anno dazumal« geführt, was »verheerend« sei.[301] Die öffentliche Hand könne jährlich 100 Milliarden DM sparen, »wenn sie so organisiert wäre wie die Wirtschaft«, lautete eine typische Klage.[302]

In den späten 1980er Jahren konstatierte er zwar das »Versagen der Parteien der Mitte«, hielt aber daran fest, dass »die Demokratie funktioniert«.[303] Sie sei voraussetzungsvoll, habe aber – z.B. im Zusammenhang der Entkolonisierung – nicht immer ihre Aufgaben erfüllt. Zudem beklagte er ihre Schwerfälligkeiten, die langsamen Entscheidungsprozesse[304] und das fehlende Element der Leistungsbereitschaft, das die Wirtschaftswelt auszeichnete. Auch deswegen wirke der politische Betrieb auf aufstrebende und leistungsorientierte junge Menschen deprimierend. Die Politik ziehe gerade nicht den Geeignetsten an, nämlich den Aktiven und Begabten: »Er will nicht lauter Bürokratie vor sich haben und nicht lauter Gesetze oder irgendwie ein Gestrüpp.«[305] Dennoch war für ihn die parlamentarische Demokratie »die einzig mögliche wirklich produktive und angemessene Form einer Ordnung der Gesellschaft«.[306] Trotz des »außerordentlich ineffiziente(n) Führungssystem(s)« garantiere sie »immer noch am besten die Erfüllung des politischen Willens der Bürger«.[307]

Stiftung als
Vermächtnis

Stiftung als Vermächtnis

Familiär geführte Großunternehmen müssen innovative Wege in die Zukunft finden, wenn sie überleben wollen. Eine klug aufgebaute Stiftung, so glaubte Reinhard Mohn, werde in der Lage sein, diese Aufgabe zu meistern und zugleich seine eigenen Ideen zu fördern, nämlich »Wissen und Engagement« einzubringen und dieses unternehmerisch zu gestalten.[308] Auf die Stiftungsidee kam Mohn durch seine transatlantischen Erfahrungen und den Blick auf die in den USA tätigen Stiftungen wie Carnegie und Rockefeller.[309] Mit Bucerius, in dessen Zeit-Stiftung er im Kuratorium saß, diskutierte er jahrelang, wie Stiftungslösungen ein Lebenswerk unbeschadet erhalten können.[310] Eine Vorbildfunktion hatte dessen Agieren und Taktieren nicht, wie Mohn beklagte.[311] Sein Vorschlag, die Mittel der Zeit-Stiftung analog zu den Richtlinien der Bertelsmann Stiftung zu verwenden, fruchtete nicht: Bucerius akzeptierte keines der Angebote, »Systematik« in die Tätigkeit seiner Stiftung zu bringen. Ein Seitenhieb folgte mit dem Hinweis, dass Bucerius offenbar mehr an der »Kontinuitätssicherung« als an einer »Fördertätigkeit« der Stiftung liege.[312]

Reinhard Mohn wollte natürlich auch Kontinuität für sein unternehmerisches Erbe sicherstellen, die Kapitalbasis auf möglichst wenige Schultern verteilen und eine Zersplitterung des Unternehmens verhindern. Dies war das vorrangige Ziel, aber er wollte einen Weg finden, der zugleich seinen gesamtgesellschaftlichen Zielen und Hoffnungen entsprach. Für eine Stiftungslösung sprachen steuerliche Gründe. Dieses Motiv hat Mohn zehn Jahre nach der Gründung der Stiftung kurz und bündig umrissen: »Die ausreichende Beschaffung von Kapital zur Sicherung der Weiterentwicklung des Unternehmens können wir durch eine recht sparsame Dividendenpolitik und die Ausgabe von Genussscheinen gewährleisten. Dem für ein Unternehmen gefährlichen Kapitalschnitt, den die Erbschaftsteuer

Reinhard Mohn 1996 vor den Porträts seiner Ahnen Heinrich Bertelsmann (1827–1887, links) und Johannes Mohn (1856 bis 1930). Den traditionellen verantwortungsethischen Maximen des Familienunternehmens Bertelsmann blieb Mohn stets verbunden – als Unternehmer ebenso wie als **Stifter**.

Genehmigung des nordrhein-
westfälischen Innenministers
Burkhard Hirsch vom 14. März
1977 zur **Gründung der
Bertelsmann Stiftung**. Zur
Sicherung der Unternehmenskontinuität, aber auch aus
gesellschaftspolitischen Motiven
heraus hatte Reinhard Mohn
am 8. Februar 1977 die gemeinnützige Stiftung begründet.
In verschiedenen Bereichen
von Staat, Wirtschaft und Gesellschaft sollte die operativ
arbeitende »Denkfabrik«
Lösungsansätze aufzeigen,
Reformprozesse anstoßen und
demokratische Entwicklungen
stärken.

bedeutet, sind wir durch die Möglichkeit der Übertragung des Kapitals auf eine gemeinnützige Stiftung ausgewichen.«[313]

Mohn konnte sich in den 1970er Jahren der Zukunftssicherung
widmen, weil die unruhige Aufbauphase der Nachkriegszeit bei
Bertelsmann abgeschlossen und er selbst weniger »eingespannt«
war.[314] Im Sommer 1973 wurden der Presse erstmals Überlegungen
zur langfristigen Gründung einer Bertelsmann Stiftung über Kapital der Bertelsmann AG bekannt gegeben. Sein Sohn Johannes und
er, kündigte Reinhard Mohn an, würden ihre Kapitalanteile »bis
auf einen kleinen Prozentsatz« in die Stiftung einbringen. Die Maximen der Unternehmensverfassung würden »den Eigentümern
großer Vermögen besondere soziale Verpflichtungen« auferlegen.
Man müsse dem »langfristigen Bestand« des Unternehmens Sorge
tragen; mit der Größe der Bertelsmann AG, so Mohn, sei »eine Familie überfordert«.[315]

Im Februar 1976 erklärte Mohn auf einer Betriebsversammlung,
dass die Überführung des Familienunternehmens in eine Stiftung,
die »ausschließlich und unmittelbar gemeinnützigen Zwecken«
diene, noch im selben Jahr mit einer finanziellen Erstausstattung
»in Wartestellung« gebracht werde.[316] Der Zeitpunkt der Übertragung von Aktien an die Bertelsmann Stiftung blieb zwar zunächst
noch offen. Im Falle des Todes von Reinhard Mohn war die Stiftung aber aufgrund der erwähnten testamentarischen Festlegung
die Erbin dieser Aktien.

Die Stiftung, die deutlich die Handschrift des Seniors trug,
wurde urkundlich am 8. Februar 1977 mit einem Startkapital von
100.000 DM errichtet und im Monat darauf am 14. März vom Land
Nordrhein-Westfalen genehmigt.[317] Mohn kümmerte sich persönlich um die inhaltliche und strukturelle Ausrichtung sowie die
zeitgemäße Anpassung ihrer Satzung. In der mit viel Vorlaufzeit

```
           G e n e h m i g u n g
           ========================
```

Die von dem Verleger Reinhard Mohn, Gütersloh, durch

Stiftungsurkunde vom 8. Februar 1977 errichtete

      BERTELSMANN STIFTUNG

wird genehmigt.

Düsseldorf, den 14. März 1977

               Der Innenminister

        des Landes Nordrhein-Westfalen

                   (Dr.Hirsch)

entworfenen ersten Satzung war bis in die Details geregelt, wie das für die Zeit nach seinem Tod vorgesehene fünfköpfige Kuratorium, das in seinen Entscheidungen weitgehend frei sein sollte, zu konstituieren war und wie es sich – in einer Mischung von Bertelsmann-Managern und »Outsidern« – zusammensetzen, ergänzen und erneuern sollte.[318]

Inhaltlich stand Mohns Stiftung in den ersten beiden Jahren noch weitgehend auf dem Papier. Anfangs wurden Projekte häufig durch persönliche Erfahrungen initiiert, sozusagen auf Zuruf. Das erste Projekt war die im Frühjahr 1977 begonnene und anderthalb Jahre später veröffentlichte Grundlagenstudie »Kommunikationsverhalten und Buch«, die mit fast einer halben Million DM gefördert wurde. Aber bei einer Vorstellung der Stiftungsziele vor den Bertelsmann-Führungskräften im Oktober 1979 herrschte immer noch der Eindruck, Reinhard Mohn betreibe »relativ weitgreifende Neuüberlegungen« und suche noch weitere Anregungen.[319] Intern hieß es, es gebe »ein recht großes Unverständnis über den Zweck, die Aufgabe, den Aufbau und die Tätigkeit« der neuen Stiftung[320] – was dazu führte, dass sich Mohn verstärkt in Interviews zum Thema äußerte.[321]

Mohn behielt in der Gründungsphase alle Fäden in der Hand – ein gewisser Widerspruch zur Delegation von Verantwortung, der auch Mohn selbst klar gewesen sein dürfte. Die Stiftung sollte kein Selbstzweck sein. Er machte immer wieder deutlich, dass seine Gelder nicht mit dem Füllhorn verteilt werden sollten.[322] Hilfe zur Selbsthilfe lautete die Devise, nicht etwa eine Dauerförderung, die nach Mohns Ansicht ohnehin zu Behäbigkeit und phlegmatischem Automatismus führen würde. Jedes Stiftungsprojekt musste evaluiert werden. In gewissen Abständen waren Berichte vorzulegen; bei einem Urlaub auf den Seychellen radelte Mohn an einer dortigen

Schule vorbei, deren Bibliotheksaufbau durch die Bertelsmann Stiftung gefördert wurde. Die Ausleihzahlen überprüfte er in diesem Fall sogar persönlich.[323] Die Anekdote ist nicht etwa ein Beispiel für einen fehlgeleiteten Kontrollzwang, sondern belegt, wie wichtig Mohn die Projekt-Evaluation nahm. Zu Hause in Gütersloh hatte er an seine Gremien strenge Anforderungen: Wenn diese keine »Kritikfähigkeit« aufbrächten »oder sich nicht zu harten Konsequenzen durchringen« könnten, entsprächen sie »nicht den spezifischen Arbeitsprämissen einer gemeinnützigen Stiftung«.[324]

Mohn berief sich anfangs satzungsgemäß selbst zum Vorstand und nahm damit faktisch, wie er bekannte, die »Position des Kuratoriums ein«.[325] Anfang 1979 wurde mit Hans-Dieter Weger der erste Geschäftsführer eingestellt, der als »Stiftungsbeauftragter« Mohn direkt unterstellt war. Reinhard Mohn behielt auch jetzt das letzte Wort, das Weger anschließend in seiner Aufbauarbeit durch Förderschwerpunkte klug umsetzte, wie bereits der erste Tätigkeitsbericht aus dem Juni 1982 erkennen ließ. Weger orientierte sich pragmatisch an anderen Stiftungen wie der Robert Bosch Stiftung, der Alfried Krupp von Bohlen und Halbach-Stiftung, der Fritz Thyssen Stiftung und dem Stifterverband für die Deutsche Wissenschaft.[326] Allzu starre Festlegungen – wie dies etwa bei der Carl-Zeiss-Stiftung der Fall zu sein schien – sollten vermieden werden.[327] Projekte und Initiativen wurden eigenständig entwickelt, was diese »Reformwerkstatt« und »Denkfabrik« von vielen anderen ähnlichen Einrichtungen unterschied.[328]

Die Stiftung sollte die bürgerlich-gesellschaftlichen Werte, die Mohn mit seinem Lebenswerk verband, dauerhaft verankern. Sie sollte dem Gemeinwohl dienen und geistig-ethische Orientierung bieten. Schwerpunkte lagen auf der Grundlagenforschung zur Kommunikation und Mediennutzung, zum Bibliothekswesen

Pressekonferenz im Industrie-
Club Düsseldorf zur Vorstellung
des ersten **Tätigkeitsberichts**
der Bertelsmann Stiftung am
22. Juni 1982. Fünf Jahre nach
Errichtung der Stiftung präsen-
tierte Reinhard Mohn, hier
neben Manfred Harnischfeger
(Bertelsmann AG) und Hans-
Dieter Weger (Stiftungsgeschäfts-
führer seit 1979), erstmals eine
Bilanz ihrer Initiativen und
wachsenden Projektaktivitäten.

sowie bei der Förderung und Ausbildung von Redakteuren, Buch-
händlern und Lektoren. Ein weiterer Akzent lag auf didaktischen
Zielen wie der Bildung durch Schulen und Kindergärten, wo es
nach Mohns fester Überzeugung nicht nur um Wissensvermitt-
lung, sondern um »Erziehungsziele«[329] gehen musste. Natürlich
fanden sich auf der Agenda Kolloquien zur Führungsorganisation
und zu »Führungstechnik«. Das Projekt »Grundlagen einer leis-
tungsfähigen Kommunalverwaltung« (1990–1995) passte geradezu
ideal zu Mohns Bestreben, die Defizite der staatlichen Bürokratie
zu verbessern. Dies galt aber beispielsweise auch für das Kranken-
hausmanagement. Gesundheitsprojekte waren prominent vertreten, die zum Teil durch Familienerfahrungen angestoßen wurden
und heute von seiner Tochter Brigitte verantwortet werden. Kultu-

Der erste **Tätigkeits-
bericht** der Bertelsmann
Stiftung von 1982. Die
Schwerpunkte der Stif-
tungsarbeit lagen in den
Anfangsjahren auf der
Grundlagenforschung
zur Kommunikation und
Mediennutzung und
zum Bibliothekswesen
sowie auf der Förderung
und Ausbildung von
Redakteuren, Buchhänd-
lern und Lektoren. Frühe
Projekte galten zudem
einer Kooperation mit
der Hebräischen Univer-
sität Jerusalem und einer
Untersuchung zur sozia-
len Integration von aus-
ländischen Mitbürgern.

Grammy-Award-Gewinner René Pape auf der Bühne der **Neuen Stimmen** in der Stadthalle Gütersloh im November 1989. Zum dritten Mal wurde der dreitägige, von Liz Mohn zwei Jahre zuvor initiierte Gesangswettbewerb in Gütersloh ausgetragen. Er markierte für viele Künstlerinnen und Künstler den Startschuss ihrer Weltkarrieren im klassischen Bereich.

Liz und Reinhard Mohn sowie der Generalintendant der Bayerischen Staatstheater August Everding (4. von links) mit den **Preisträgerinnen und Preisträgern** der Neuen Stimmen am 26. Oktober 1991. Die ersten Preise errangen die Bulgarin Sonia Zlatkova (Mitte) sowie die beiden Deutschen Michael Volle (dahinter) und Annette Seiltgen (3. von rechts). Der zum vierten Mal veranstaltete Wettbewerb hatte sich in der internationalen Opernwelt bereits als feste Größe etabliert.

relle Projekte wie der von seiner Ehefrau Liz initiierte internationale Gesangswettbewerb »Neue Stimmen« seit 1987 gehören ebenfalls in diesen Zusammenhang. Die bis heute spürbare Bandbreite der Stiftungsarbeit lässt eine pragmatische Herangehensweise immer noch gut erkennen, die cum grano salis bildungspolitisch eher linksliberal, wirtschaftspolitisch eher marktwirtschaftlich-konservativ ausgerichtet ist.

Mit zunehmendem Umfang der Stiftungstätigkeit wurde zusätzliche Expertise unabdingbar, wie Mohn und Weger erkannten. Ein Beirat, der im Januar 1983 zum ersten Mal zusammentrat, wurde mit Mohns Wunschkandidaten Kurt Biedenkopf, Gerd Bucerius, Friedhelm Farthmann und Eberhard Witte bestückt.[330] Die Beratungsfunktion des Gremiums sollte bekanntlich später einmal auf das Kuratorium übergehen. Spezifische Fachbeiräte ergänzten die jeweiligen Projekte.

In den 1980er Jahren, als sich Mohns Stiftung bereits zu bewähren schien, machte dieser immer stärker auf die Möglichkeiten aufmerksam, Stiftungen als Motor der gesellschaftlichen Innovation zu verstehen.[331] Dieses Modell werde in Deutschland, anders als in den Vereinigten Staaten, noch zu wenig genutzt und finde häufig lediglich in »Sonntagsreden« und Wahlkämpfen Erwähnung.[332] Ausdrücklich verwies Mohn dabei auf das traditionelle soziale Engagement seiner Familie, das seine eigene Arbeit geradezu legitimierte: Die Form der Stiftung sei zwar neu, aber die »Haltung seit 150 Jahren gleichbleibend«.[333]

Mitte der 1980er Jahre verfügte die Stiftung allerdings erst über ein jährliches Budget von rund 6 Millionen DM. Die Mittel kamen sozusagen aus der »Privatschatulle« Mohns und wurden über Dividenden und Spenden aus dem Gewinn der Bertelsmann AG generiert, der Mohn als Hauptaktionär zufloss.[334] Mit diesem Betrag

Herrn   Gütersloh, 6.10.1982
Dr. Gerd Bucerius   RM/bü
Zeitverlag Gerd Bucerius KG
Postfach 10 68 20

2000 HAMBURG 1

Lieber Buc!

Heute komme ich zu Dir mit einer Bitte um Mitarbeit. - Du kennst
die Arbeit der Bertelsmann Stiftung und weißt, daß dieses Vorhaben
mir ganz besonders am Herzen liegt. Ich bemühe mich, in der Stiftung
eine sinnvolle und wegweisende Arbeit zu leisten im Rahmen der durch
die Stiftungssatzung vorgegebenen Ziele.

Ähnlich wie in der Wirtschaft ist es nun aber sicher auch innerhalb einer
Stiftung so, daß der Rat von Außenstehenden kritisch und konstruktiv
viel bewirken kann. Aus diesem Grunde habe ich mich entschlossen, für
die Bertelsmann Stiftung einen Beirat zu konstituieren. Gern möchte ich
Dich bitten, in diesem Beirat mitzuwirken. - Die für den Beirat vorgesehene Satzung findest Du als Anlage.

Außer Dir habe ich Herrn Professor Witte in München um Mitarbeit gebeten. Er hat bereits zugesagt. Auch Herr Professor Farthmann ist
bereit, mitzuarbeiten. Mit Herrn Professor Biedenkopf stehen wir noch
im Gespräch. Dem Grunde nach würde er gern mitarbeiten. Er muß noch
abklären, ob seine anderen zeitlichen Belastungen seine Mitarbeit zulassen.
Ich hoffe aber, daß er ebenfalls zusagen wird. - Mit einer solchen Besetzung wäre dann der auf vier Personen ausgelegte Beirat komplett.

.../ 2

konnte noch kein Staat gemacht werden; Mohn musste seinen Geschäftsführer Weger immer wieder vertrösten und ihm Hoffnung machen, dass die Summen später einmal sehr viel höher ausfallen würden.[335]

Am Ende des Jahrzehnts hatte die Stiftung bereits fünf Förderlinien und rund 60 Projekte. Nun zeichnete sich auch ab, dass sich Schwerpunkte im Lauf der Zeit verlagern konnten: In der Stiftungsarbeit machten sich Zyklen bemerkbar, die dem Interessenwandel des Stifters folgten und von Führungstechnik bis zu Europavorstellungen reichten. In dieser Periode jedenfalls erschienen Mohn die »bisherigen Integrationserfolge« auf dem Kontinent als unzureichend,[336] so dass er mit seiner Stiftung auf diesem Feld Anregungen geben wollte. Das im Herbst 1987 lancierte Kooperationsprojekt »Kulturraum Europa – Zwischen Einheit und Vielfalt. Strategien und Optionen für die Zukunft Europas« wurde

Linke Seite: Schreiben von Reinhard Mohn an Gerd Bucerius vom 6. Oktober 1982 zur Mitgliedschaft im **Beirat der Bertelsmann Stiftung**. Mit der wachsenden Zahl von Projekten und Aktivitäten der Bertelsmann Stiftung richtete Reinhard Mohn im Januar 1983 einen beratenden Stiftungsbeirat ein. Zu den vier Mitgliedern zählte auch Gerd Bucerius, auf dessen Erfahrungen Mohn großen Wert legte. Mohn seinerseits war bereits 1972 in das Kuratorium der von Bucerius gegründeten Zeit-Stiftung berufen worden.

Ansprache Reinhard Mohns beim **Richtfest** für d**ie neuen Pavillons der Bertelsmann Stiftung** am 8. November 1990. Nachdem die Stiftung zunächst in einem Gebäude in der Gütersloher Innenstadt untergebracht war, erforderte die steigende Zahl von Mitarbeitern und Projekten eine zeitgemäße bauliche Lösung. Im Juni 1991 zog die Bertelsmann Stiftung in einen modernen Neubau an der Carl-Bertelsmann-Straße 256.

Erstes **International Bertelsmann Forum (IBF)** vom 3. bis 5. April 1992 auf dem Petersberg bei Bonn. Unter dem Titel »Die Zukunft Europas: Alternativen – Strategien – Optionen« brachte die Bertelsmann Stiftung Führungspersönlichkeiten aus Politik, Wirtschaft, Wissenschaft, Kultur und Medien zusammen. Mit dem IBF bot sie bis 2006 immer wieder einen Rahmen für einen informellen gesamteuropäischen Gedankenaustausch.

für zahlreiche spätere Politikprojekte internationalen Zuschnitts wegweisend. Als Prämisse für das Projekt-Team um den Mainzer Politikwissenschaftler Werner Weidenfeld notierte Mohn: »Nicht das politisch Mögliche aufzeigen, sondern notwendige und sachgerechte Zielsetzungen für Europa«, und zwar »auf Grundlagen abendländischen Selbstverständnisses«.[337] Im März 1988 waren der ehemalige amerikanische Außenminister Henry Kissinger und der frühere sowjetische Botschafter in der Bundesrepublik, Walentin Falin, zu Gast und diskutierten über die brennenden Fragen der europäischen Sicherheit und Zusammenarbeit. Aus dem Projekt entstand die Veranstaltungsreihe International Bertelsmann Forum (IBF), das auf der Grundlage von Empfehlungen eines hochrangig besetzten Steering Committee seit April 1992 in unregelmäßigen Abständen zahlreiche europäische Spitzenpolitiker, unter ihnen viele Ministerpräsidenten, mit Führungspersönlichkeiten aus Wirtschaft und Kultur zu zwanglosen und abseits vom Tagesgeschäft stattfindenden Symposien zusammenbrachte und letztmalig 2006 in Berlin stattfand.

Die Bertelsmann Stiftung war inzwischen aus den Kinderschuhen herausgewachsen. Ihr Fördervolumen betrug mittlerweile knapp 21 Millionen DM. Weil Mohn der Bereich der internationalen Verständigung, die sich bislang auf Israel, die USA und Spanien konzentriert hatte, immer noch nicht schnell genug voranging, verließ Weger im September 1990 die Stiftung. An seine Stelle als Geschäftsführer trat im Januar 1991 Horst Teltschik, der sich im

Reinhard Mohn mit dem neuen Geschäftsführer der Bertelsmann Stiftung **Horst Teltschik** 1991. Nach einflussreichen Stationen in der Politik lenkte der langjährige Berater von Bundeskanzler Helmut Kohl für zwei Jahre die Geschicke der Stiftung.

Der ehemalige Präsident der UdSSR **Michail Gorbatschow** (links neben Reinhard und Liz Mohn) am 10. März 1992 zu Gast bei der Bertelsmann Stiftung. Auf seiner ersten Auslandsreise nach Auflösung der Sowjetunion folgte Gorbatschow einer Einladung nach Gütersloh. Unter dem neuen Geschäftsführer Horst Teltschik erfolgte der Ausbau international ausgerichteter Stiftungsprojekte.

Wiedervereinigungsprozess als Berater Helmut Kohls seine Sporen verdient hatte und einen exzellenten Zugang zu führenden Persönlichkeiten des politischen Lebens hatte. Wie nicht anders zu erwarten war, setzte Teltschik neue Akzente und legte einen Schwerpunkt auf Europathemen.[338]

Auch neue Ideen wurden aus der Taufe gehoben. Aus dem Jahr 1984 stammen erste Überlegungen zu einem »Bertelsmann-Preis«.[339] Auf Vorarbeiten Wegers basierend, skizzierte Reinhard Mohn im Wunsch nach einer größeren Effizienz der öffentlichen Verwaltung im Mai 1986 in einem »Arbeitsgespräch« mit Kurt Biedenkopf und Ralf Dahrendorf die Ziele und Vergaberichtlinien der Initiative, für die ein eigenes Referat in der Stiftung eingerichtet wurde. Das Resultat war der 1988 erstmals vergebene Carl Bertelsmann-Preis, der durch die Namensgebung an den

Gründer des Unternehmens und die von ihm begonnene mäzena-
tische Familientradition erinnerte. Besondere Initiativen zur Förderung der Evolution der demokratischen Gesellschaftsordnung
in den Bereichen Politik, Wirtschaft und Medien sollten gewürdigt werden. Die hochdotierte Auszeichnung sollte nach der ur-
sprünglichen Konzeption nur an Personen oder höchstens kleine
Personengruppen verliehen werden, nicht jedoch an Institutionen, wovon in der Praxis aber bisweilen abgewichen wurde. Eine
hochkarätig besetzte Jury entschied über die Vergabe, wobei der
anfangs im Raum stehende Vorschlag, dass Reinhard Mohn als
primus inter pares eine Sonderrolle spielen sollte, schließlich auf-
gegeben wurde. Sachgerechte Formen der Kooperation zwischen
den Tarifpartnern sowie Lösungsvorschläge zur Überwindung der
Arbeitslosigkeit standen stärker im Vordergrund als in Wegers ur-

Verleihung des **Großen Ver-
dienstkreuzes mit Stern** an
Reinhard Mohn durch Bundes-
präsident Roman Herzog am
10. September 1998. Mohn
wurde am Rande der elften Verleihung des Carl Bertelsmann-
Preises für seine Verdienste um
das Gemeinwohl mit der hohen
Auszeichnung geehrt.

Bundeskanzlerin Angela Merkel bei der Verleihung des Carl Bertelsmann-Preises am 6. September 2007 in Gütersloh (von links: Reinhard und Brigitte Mohn, Angela Merkel, Liz Mohn und Vorstandschef Gunter Thielen). Seit 1988 zeichnet die Stiftung mit dem **Carl Bertelsmann-Preis** (heute Reinhard Mohn Preis) Initiativen und Persönlichkeiten aus, die sich um wegweisende Lösungen zu gesellschaftlichen und politischen Herausforderungen verdient gemacht haben. Im Jahr des 30-jährigen Bestehens der Bertelsmann Stiftung war es Bundeskanzlerin Angela Merkel, die die Festrede hielt.

sprünglicher Skizze,[340] weil dies ein Feld war, das Reinhard Mohn seit Jahrzehnten besonders am Herzen lag. Es war daher auch kein Zufall, dass die ersten Preisträger im Jahr 1988 die Tarifparteien in den Bereichen Bau, Chemie und Metall waren. Mit der Verleihung verbunden war ein Symposium zum Thema »Zwischen Konflikt und Kooperation: Der Beitrag der Tarifpartner zur Entwicklung der Gesellschaft«. Ob, wie Kurt Biedenkopf bemerkte, durch diese

Diskussionen sogar Tarifabschlüsse erleichtert wurden, lässt sich zwar kaum überprüfen. Aber im Atmosphärischen waren die Dialoge zweifellos weiterführend. Biedenkopf spielte, wie bereits ausgeführt wurde, für Mohn als Ratgeber ohnehin eine große Rolle.[341] Der Preis wurde nach dem Tod des Stifters seit 2011 als Reinhard-Mohn-Preis vergeben.

Es ist nicht leicht auszumachen, ob bestimmte Ereignisse die jeweiligen Auslöser für die graduellen Schwerpunktverlagerungen der Stiftungsarbeit waren. Auf Mohns großzügige Unterstützung der Privatuniversität Witten/Herdecke und die Mitgründung des CHE durch die Bertelsmann Stiftung ist bereits an anderer Stelle eingegangen worden. Seit den 1990er Jahren wurde Religion zu einem neuen Drehpunkt des Interesses – ein durchaus erklärungsbedürftiger Wandel, denn in den 1980er Jahren hätte Reinhard Mohn diesem Thema kaum größeren Stellenwert zugemessen, zumal er seit vielen Jahren auf die zurückgehende Bedeutung der Kirchen hingewiesen hatte. Die zunehmende Komplexität demokratischer Aushandlungsprozesse, Europafragen und Unternehmensführung hatten im Vordergrund gestanden. Nun jedoch wurde ein »Religionsmonitor« zur Erhebung von verlässlichen Daten auf den Weg gebracht und 2006 ein Projekt über »Die Rolle der Religion in der modernen Gesellschaft« aufgesetzt. Hier diskutierten Politiker, Theologen und Soziologen über den Bedeutungswandel der Religion und die Wiederkehr des Religiösen in der säkularen Gesellschaft. In verwandte Richtung ging das 1995 begonnene Projekte »Geistige Orientierung«.

1993 übertrug Mohn in einem spektakulären Vorgang, der sich jedoch lange angekündigt hatte, 68,8 Prozent der Aktien der Bertelsmann AG auf die Bertelsmann Stiftung; sein ältester Sohn Johannes brachte seine Anteile ein, weil er sich, wie er nun erklärte, ebenfalls in erster Linie als »Treuhänder« des Vermögens und nicht als Besitzer verstand, eine Argumentation, mit der er sich erneut ganz in die Linie des Vaters stellte. Die Stiftung gebot damit über rund 69 Prozent der Aktien. Reinhard Mohn verfügte nur noch über 2,6 Prozent, andere Familienmitglieder über 17,9 Prozent.[342] Durch die Trennung von Kapital und Stimmrechten behielt Mohn »die letzte Entscheidungsgewalt« im Gesellschafterkreis, denn er hielt weiterhin das Stimmrecht für fast 90 Prozent der Anteile.[343]

Den Vorstand der Stiftung hatte Reinhard Mohn bis dahin alleine gebildet. Weil im Zuge von Expansion und Internationalisierung die personellen Kapazitäten aufgestockt werden mussten,[344] besorgte das Tagesgeschäft seit 1993 ein dreiköpfiger Vorstand, dem neben Reinhard Mohn zwei Wissenschaftler angehörten, Ulrich Saxer von der Universität Zürich und Werner Weidenfeld von der Universität Mainz bzw. später München. Die Nachfolge Teltschiks als Geschäftsführer, der Anfang 1993 in den Vorstand von BMW wechselte, übernahm Frank Trümper.

Aber nicht nur die »große Politik« beschäftigte Mohn: Das städtische Engagement in Gütersloh, vor allem im Dialog mit dem rührigen langjährigen Stadtdirektor Gerd Wixforth, war besonders bemerkenswert. Mohns Familie, nicht zuletzt schon Heinrich Bertelsmann, hatte sich intensiv um die sozialen Einrichtungen der Gemeinde gekümmert. Mohn hat beeindruckt berichtet, dass sein Großvater Johannes Mohn in »dreißig Vereinen und Vorständen« tätig gewesen sei.[345] Diese Tradition blieb ihm Verpflichtung und prägte sein eigenes Verhältnis zu seiner Heimatstadt, die ihm wichtiger war als gesellschaftlich-politische Machtzentren wie Hamburg, Bonn oder Berlin. Selbstkritisch und nüchtern betonte er zwar, dass es nicht darum gehe, aus Gütersloh eine »Musterstadt«[346] zu machen. Aber er schätzte die kurzen Wege, die Möglichkeiten zur konkreten Erfolgskontrolle, die Überschaubarkeit der Projekte und die Planungssicherheit auf lokaler Ebene. Herausragendes Beispiel für diese Initiativen war die 1977 auf den Weg gebrachte neue Stadtbibliothek Gütersloh, gemeinsam mit der Stadt und »geführt wie ein Unternehmen«, wie Mohn betonte.[347] Mohn kam es bei der Planung der Bibliothek, die schließ-

Die **Stadtbibliothek Gütersloh** 1984. Neukonzeption und -bau der Bibliothek gehörten zu den frühen Förderprojekten der Bertelsmann Stiftung. 1982 übernahm diese die Anteile der Bertelsmann AG an der Stadtbibliothek Gütersloh GmbH. Nach einer siebenjährigen Planungsphase konnte 1984 der Betrieb aufgenommen werden.

Liz und Reinhard Mohn mit NRW-Kultusminister Hans Schwier bei der **Einweihung** der Stadtbibliothek **Gütersloh** am 4. Mai 1984. Zwei Jahre nach Baubeginn konnte der benutzerfreundliche Neubau des Bibliotheksgebäudes im Gütersloher Stadtzentrum mit Kinder- und Jugendbibliothek, Medio- und Artothek sowie einem Lesecafé feierlich seiner Bestimmung übergeben werden.

Aus der Hand von Bürgermeister Adolf Gräwe erhält Reinhard Mohn am 30. Juni 1981 die Ehrenbürgerurkunde der Stadt Gütersloh. Auf einstimmigen Beschluss erkannte der Stadtrat 1981 Mohn die **Ehrenbürgerwürde** seiner Heimatstadt zu. In einer Feierstunde im Rathaus wurde er einen Tag nach seinem 60. Geburtstag für seine persönlichen Verdienste um die Stadt Gütersloh – weiterhin der Kernstandort des Unternehmens Bertelsmann – und sein bedeutendes gesellschaftlich-soziales und kulturelles Engagement geehrt.

lich 1984 eröffnete und medientechnisch auf dem neuesten Stand war, ausdrücklich auf Funktionalität und eine hohe Ausleihquote an, nicht etwa auf »Prachtentfaltung«.[348] Seit 1979 wurde zudem das Evangelisch Stiftische Gymnasium gefördert, ergänzt um Projekte zur Integration von ausländischen Kindern und Jugendlichen sowie der Bau einer neuen Kindertagesstätte der Evangelischen Kirchengemeinde unterstützt.[349] Letztlich sollte immer die lokale und regionale kulturelle Vielfalt erhalten werden. Mohn schmerzte schon lange der Eindruck, dass Staat und Kirchen nicht mehr in der Lage waren, die immer komplexer werdenden gesellschaftlichen Aufgaben zu übernehmen. In Erinnerung an seine Erfahrungen in den USA und den Grundsatz »So wenig Staat wie möglich«[350] verknüpfte er immer stärker seine stifterische Tätigkeit mit dem Engagement in der städtischen Bürgergesellschaft. Ende 1996 richtete er, unter Berufung auf die griechische Polis und angeregt durch die amerikanischen Vorbilder der Community Foundations, eine gemeinnützige »Stadt Stiftung Gütersloh«, die heutige »Bürgerstiftung Gütersloh«, ein, die sich den sozialen und kulturellen Belangen der Region widmen sollte. Man sei, so Mohn mit Blick auf die Stiftungskultur, »vielleicht 50 Jahre« hinter den USA.[351] Die Bertelsmann Stiftung übernahm das Gründungskapital von 2 Millionen DM und bezahlte als Anschubfinanzierung für die ersten fünf Jahre die laufenden Kosten.[352] Diese Bürgerstiftung seiner Heimatstadt, die erste ihrer Art in ganz Deutschland und heute Vorbild für Hunderte von ähnlichen Stiftungen in Deutschland, war Mohn ein besonderes Anliegen; er war besonders erfreut, dass sein Graswurzel-Experiment funktionierte, wie er geradezu enthusiastisch bekannte: »Wissen Sie, in meiner Heimatstadt haben nicht alle Leute Geld. Aber sie haben den Willen, etwas zu bewegen, sei es nun in der Jugendarbeit, in der Unterstützung ehrenamtlicher Pfleger oder der Kinderbetreuung. Dieser Wille kann Aufbruchstimmung erzeugen, die zur Bewältigung der Probleme unserer immer noch viel zu unbeweglichen und viel zu hierarchischen Gesellschaft entscheidende Beiträge leisten kann. Das ist gelebte Demokratie!«[353]

In den folgenden Jahren kam es zu weiteren entscheidenden Governance-Regelungen und Satzungsanpassungen. Eine deutliche personelle und inhaltliche Erweiterung erfolgte seit den späten 1990er Jahren, aber Mohn achtete angesichts der notgedrungen stärkeren bürokratischen Begleitung grundsätzlich auf klare Berichtswege. Mitte 1999 übertrug er seine Stimmrechte auf die nun geschaffene Bertelsmann Verwaltungsgesellschaft (BVG), in der neben ihm auch Liz Mohn als spätere Familienvertreterin und

Geschäftsführerin zum Gesellschafterkreis gehörte. Vor den Führungskräften und Mitarbeitern des Konzerns erneuerte er sein Credo, »daß eine Eigentümer-Familie nicht garantieren kann, daß (…) stets geeignete Unternehmensführer seitens der Familie zur Verfügung« stünden. Ein Unternehmen von der Größe Bertelsmanns sei aber »keine Privatangelegenheit einer Familie«, sondern »gewissermaßen eine gesellschaftliche Veranstaltung«.[354] Mit Wirkung vom 1. Januar 2005 wurden bei der Bertelsmann Stiftung die Mandate der Entscheidungsgremien Präsidium und Kuratorium getrennt. Das Präsidium übernahm die Aufgaben eines Stiftungsvorstandes; das Kuratorium behielt zwar seinen Namen, wurde aber zum Beratungs- und Überwachungsorgan. Diese Trennung erfolgte ganz nach dem Vorbild erfolgreich geführter Unternehmen mit dem Willen, eine klare Trennung von Geschäftsführungs- und Überwachungsorgan zu haben. Mit Brigitte Mohn, bereits seit 2001 Vorsitzende der Stiftung Deutsche Schlaganfall-

Reinhard Mohn gibt am 1. Juli 1999 den **Verzicht auf seine Stimmrechte** an der Bertelsmann AG bekannt. Mohn übertrug sie sämtlich auf die neu gegründete Bertelsmann Verwaltungsgesellschaft (BVG). Die BVG kontrollierte somit die Stimmrechte von knapp 90 Prozent der BAG-Aktien und stellte fortan ein wichtiges Entscheidungsgremium von Bertelsmann dar.

hilfe, trat zeitgleich neben Liz Mohn als stellvertretende Vorsitzende ein weiteres Familienmitglied in den Vorstand der Stiftung ein. Reinhard Mohn begrüßte diese Entscheidung explizit als
Beitrag zur Kontinuitätssicherung, denn diese schaffe Vertrauen,
die »Grundlage für zufriedene und motivierte Mitarbeiter«. Die
Stärkung des Familieneinflusses hing sicherlich mit den negativen Erfahrungen zusammen, die er mit manchen seiner Manager gemacht hatte. Im Juli 2002 war es zur Entlassung von Thomas
Middelhoff gekommen, auf die an anderer Stelle noch eingegangen wird. Es sei, so betonte er in einem Zeitungsbeitrag ein halbes
Jahr später, »gefährlich, Manager zu haben, welche insgeheim ihre
persönlichen Ziele im Unternehmen als vorrangig bewerten«.[355]
Und er wurde noch deutlicher: Das Haus Bertelsmann sei »durch
mehrfache Enttäuschungen darüber belehrt worden, dass Manager
gelegentlich in ihrem Zielverständnis anders reagieren als Unternehmer«.[356] Mohn war jedoch zuversichtlich, dass mit der Einbin-
dung von weiteren Familienmitgliedern gewährleistet sei, »dass in
unserem Hause die Führungsspitze bei der Verfolgung wirtschaftlicher Ziele« nach den satzungsmäßig festgelegten »menschlichen
Vorgaben« verfahre.[357] Bereits 2001 übernahm die Familie mit der
Berufung von Liz Mohn in den Aufsichtsrat der Bertelsmann AG
auch im Konzern eine stärkere Rolle. Christoph Mohn folgte seiner Mutter 2006 und repräsentierte dort mit Schwester Brigitte,
die zwei Jahre darauf in den Aufsichtsrat gewählt wurde, die nun
schon sechste Generation der Eigentümerfamilie. Beide waren seit
2002 auch schon als Gesellschafter in der BVG vertreten.

Abschied vom Tagesgeschäft?

Die 1990er Jahre waren geprägt von einer strukturellen Krise des
Buchclub-Geschäfts, ausgerechnet der Sparte, die den kometen-
haften Aufstieg von Bertelsmann erst ermöglicht hatte. Das einmal erreichte Niveau ließ sich nicht mehr halten, im Gegenteil, andere Konsumgewohnheiten, neue Beschäftigungsmöglichkeiten
in der weltweiten Freizeitgesellschaft und eine wachsende Skepsis
gegenüber dem Abonnement-Modell führten überall zu erhebli-
chen Rückgängen.[358] Dafür florierten dank der Diversifizierungs-
politik andere Sparten. Der in einer Umbruchphase von Wössner
nach vorne gebrachte Thomas Middelhoff, der als »Wunderkind«
mit der Übernahme von Random House 1998 Bertelsmann zur
Nr. 1 auf dem Welt-Buchmarkt machte, vor allem aber die Strategie
zu den Neuen Medien im Konzern bestimmte, wurde von Mohn
gefördert. Unter Middelhoffs Ägide erreichte Bertelsmann durch
einen Aktientausch mit der Groupe Bruxelles Lambert (GBL) im
Jahr 2001 die Kontrolle über RTL, die größte private Fernsehsen-
der-Gruppe Europas, obwohl Mohn mit diesem ertragreichen Geschäftszweig persönlich nichts anzufangen wusste. Die Bedingung
hatte gelautet, dass die belgischen Geschäftspartner lediglich 25
Prozent der Stimmrechte der Bertelsmann AG erhalten dürften.[359]
Mohn hatte sicherlich auch deshalb seine Zustimmung gegeben,
weil das Abkommen nicht am Prinzip rüttelte, dass Bertelsmann
aus eigener Kraft wachsen müsse. Daher hielt Mohn zunächst auch
nichts von einem Börsengang des Konzerns und wollte sich höchstens darauf einlassen, bestimmte Teile auf den Aktienmarkt zu
bringen. Erst als sicher war, dass Mohn im Rahmen des GBL-Deals

Vereinbarung zwischen der Bertelsmann AG und der Groupe Bruxelles Lambert im Februar 2001 (von links: Albert Frère, Paul Desmarais und Bertelsmann-Finanzvorstand Siegfried Luther). Über einen Aktientausch sicherte sich Bertelsmann 2001 den **Mehrheitsanteil an der RTL Group**, Europas größtem privaten Broadcaster mit Hauptsitz in Luxemburg. 25,1 Prozent der BAG-Aktien – sie wurden ab 2006 zurückerworben – gingen dabei an die Groupe Bruxelles Lambert des belgischen Großunternehmers Albert Frère. Die Transaktion machte den gewachsenen Stellenwert des Fernsehens innerhalb des Medienkonzerns Bertelsmann deutlich.

ein Vorkaufsrecht behielt, hieß er »die Kontrolle der Börse als zusätzlichen Beitrag zur Unternehmensaufsicht«[360] gut.

Neben dem Ausbau des TV-Geschäfts trieb Middelhoff die auf die New Economy ausgerichteten Aktivitäten weiter voran. Die Bertelsmann-Geschichte während dieser Zeit spiegelt den Beginn einer bis heute anhaltenden grundlegenden digitalen Transformation auf hochinteressante Weise wider: Einerseits brachte der Verkauf von AOL-Anteilen zum Jahresende 1999 Milliardensummen nach Gütersloh, von denen ein Teil in die Internet- und Multimedia-Geschäfte reinvestiert wurde. Andererseits mussten aber auch die traditionsgebundenen Geschäftsbereiche von Bertelsmann, die in ihrer Ausrichtung auf digitale Geschäftsmodelle noch ganz am Anfang standen, in die neue Zeit geführt werden. Durch das Platzen der Dotcom-Blase zu Beginn des Jahrtausends und die Wirtschaftskrise nach den Terroranschlägen vom 11. September 2001 geriet der Konzern dabei in zunehmend schwieriges Fahrwasser. Es kam nun wiederholt zu Differenzen zwischen Middelhoff und dem Aufsichtsrat in Fragen zukünftiger Strategie und Corporate Governance. Middelhoff arbeitete daran, »den Konzern auf eine eventuelle Börseneinführung auszurichten«,[361] um seine Strategie finanzieren zu können. Mohn fürchtete zunehmend um die Unabhängigkeit von Bertelsmann und verlor letztlich das Vertrauen in seinen Vorstandsvorsitzenden. Er trennte sich im Sommer 2002 von Middelhoff und ersetzte ihn durch den bedächtigeren Gunter Thielen, der seiner Wesensart wesentlich mehr entsprach und den Konzern konsolidieren sollte. Es war das letzte Mal, dass Mohn direkt ins Management eingriff.[362]

In der Überzeugung, dass er sich nur in Notfällen korrigierend ins Tagesgeschäft einschalten müsse, konnte sich Mohn zunehmend seiner Stiftung und deren gesellschaftlichem Engagement widmen. Damit verbunden war eine verstärkte publizistische Tätigkeit. Bertelsmann war seit den 1970er Jahren ein intellektuelles »Powerhouse« geworden. Die Zahl der von Mohn initiierten Seminare, Symposien, Kolloquien und Konferenzen stieg in dieser Zeit exponentiell an. Der Carl Bertelsmann-Preis (Bertelsmann Stiftung), das »Bertelsmann Forum«, das Bertelsmann Colloquium und Pflichtveranstaltungen wie die Bilanzpressekonferenz traten hinzu, auch Besuche von Staatsmännern. Illustre politische Schwergewichte wie Bundeskanzler Helmut Schmidt (1980), Helmut Kohl (1982), der ehemalige österreichische Bundeskanzler Bruno Kreisky (1985) und Henry Kissinger (1985) waren in Gütersloh zu Gast, mit deutschen Politikerinnen wie Rita Süssmuth arbeitete er vielfältig und gerne zusammen. Für das Bertelsmann Colloquium, das sich 1985 mit dem Leitthema »Kultur, Tradition, Politik« beschäftigte, formulierte Reinhard Mohn Thesen zu sozialen und materiellen Fragen. Es gehe um die »Freisetzung der kreativen Kräfte des Menschen (…) Unser Streben darf nicht auf die Perfektion der Wohlstandsgesellschaft ausgerichtet sein, sondern muss sich um die Wiederentdeckung der Sinnerfüllung des menschlichen Lebens bemühen. – Wir brauchen nicht ein Mehr an

Zivilisation, sondern mehr Kultur.« Der Staat habe zwar in vielen Bereichen ein »Kulturmonopol«, aber Ignoranz oder Geringschätzung der Kultur führe dazu, dass sich die Bundesrepublik hauptsächlich um berufliche Bildung und das »Großangebot an Unterhaltung« kümmere, die kulturelle Grundlagenarbeit hingegen vernachlässige.[363]

In den 1980er Jahren trat die Arbeitsmarktpolitik stärker ins Zentrum von Reinhard Mohns Denken. Eine Ausarbeitung zum Thema »Überwindung der Arbeitslosigkeit« stammt aus dem Februar 1985; eine erweiterte systematische Fassung, die auch Überlegungen des Sozialwissenschaftlers Meinhard Miegel aufnahm, schickte er im Juni 1989 unter dem Titel »Neues Konzept für die Arbeitsmarktpolitik« an Kurt Biedenkopf.[364] Mohn machte in dieser Zeit zahlreiche Vorschläge, wie etwa zur Schaffung einer gesamteuropäischen Sozialcharta und Tarifpolitik[365] sowie zur Bekämpfung der Arbeitslosigkeit und zur Wiedereingliederung der

Henry Kissinger referiert auf dem ersten **Bertelsmann Colloquium** am 1. Februar 1985 in Gütersloh. Mit der Reihe der Colloquien verband die Unternehmensführung das Ziel, den Dialog mit Meinungsbildnern aus Kultur und Politik zu pflegen und ein Forum der Begegnung anzubieten. Im Bild von links der Historiker Michael Stürmer, Henry Kissinger, Reinhard Mohn und Verlagsgruppenchef Olaf Paeschke.

Bertelsmann Forum am 4. Mai 1988 mit Moderator **Kurt Biedenkopf** (rechts) und als Gastredner dem damaligen Grünen-Politiker Otto Schily. Biedenkopf, später Ministerpräsident von Sachsen, war dem Haus Bertelsmann als Berater eng verbunden und gehörte von 1983 bis 1990 dem Beirat der Bertelsmann Stiftung an.

Arbeitslosen. An seinen Überzeugungen änderte sich nichts: Die geltenden Kündigungsschutzbestimmungen, so führte er beispielsweise aus, seien zum Teil kontraproduktiv und müssten »liberalisiert« werden.[366] Der CDU-Politiker Biedenkopf als Adressat dieser Überlegungen war von Mohns Gemeinschaftsdenken seit Langem angezogen und würdigte ihn als »Garant für das soziale Modell Bertelsmann«.[367] Mohn wiederum war von Biedenkopfs vorausschauenden Überlegungen fasziniert. Es sei ein »Jammer« gewesen, so Mohn später, dass Biedenkopf zu wenig dazu herangezogen worden sei, die Demokratie fortzuschreiben.[368] In den Meinungsaustausch wurden nun auch das Institut für Wirtschafts- und Gesellschaftspolitik sowie Georg Leber (SPD) einbezogen, mit dem Mohn ebenfalls seit Längerem im Austausch stand. Mohn regte angesichts der Arbeitslosigkeit von über zwei Millionen Menschen in der Bundesrepublik und in Anbetracht der globaler agierenden Märkte mehr Flexibilität in der Arbeitszeitgestaltung an: »Wenn in der Vergangenheit aus Gründen der Solidarität die Einkommen

durch Steuern, tarifliche Vereinbarungen und soziale Sicherungs-
systeme zunehmend nivelliert wurden, entspricht diese Tendenz
heute nicht mehr den gesellschaftlichen Gegebenheiten. Im Interesse des Arbeitsangebots sowie der Arbeits- und Ausbildungs-
bereitschaft muß Leistung wieder stärker betont werden.«[369] Da
auch die Arbeitslosen ordnungspolitisch stärker verpflichtet werden sollten, Arbeit anzunehmen, war das Thema heikel, wie Mohns
Schriftwechsel mit Biedenkopf zeigt. Ein Politiker wie Biedenkopf
musste bedenken, dass etwa eine Absenkung des Sozialhilfe-
niveaus kaum mehrheitsfähig war. Er argumentierte daher stärker als Mohn mit der Funktionsfähigkeit des Arbeitsmarktes. Die
Thesen wurden im August 1989 auf einer Veranstaltung in Zermatt
diskutiert; im Januar 1990 wurde eine gemeinsame Erklärung vorgelegt. Inzwischen war allerdings die Mauer gefallen. Daher empfahl Biedenkopf, »angesichts der dramatischen Veränderungen
im deutsch-deutschen Verhältnis«, auf eine Veröffentlichung »zunächst zu verzichten«.[370]

Nach dem Ende der Blockkonfrontation blickte Mohn stärker
auf die Zukunft des Kontinents. Er hatte sich schon bislang als
Wegbereiter eines grenzüberschreitenden europäischen Kontinents gesehen. Aber die ausländischen Unternehmensteile waren
aus gutem Grund immer »in den Traditionen des jeweiligen Landes« geführt worden.[371] Die Entwicklung der EWG hatte er durch-
gehend mit Sympathie begleitet, wobei er Respekt vor den ganz
verschiedenen sozialen Strukturen der anderen Länder hatte, die
man nicht einfach von Brüssel aus ändern könne.[372] Mohn wollte
grundsätzlich keine »Maximen« für andere formulieren.[373] Er war
skeptisch, ob sich das deutsche Modell der Sozialpartnerschaft auf
andere Staaten übertragen lasse. Dieser Respekt vor anderen Kul-
turen war schon in den Zeiten der Kriegsgefangenschaft spürbar

gewesen, er hatte die Schwierigkeiten aber auch im Rahmen der Internationalisierung von Bertelsmann erfahren: Eigene Erfolgsrezepte anderen zu oktroyieren war weder zielführend noch wirtschaftlich klug.[374]

Die Brücke der Kultur sei in einer zusammenwachsenden Welt unverzichtbar, und gerade dafür sei ein publizistisch arbeitendes Unternehmen wie Bertelsmann prädestiniert. Nach dem Fall der Mauer versammelten die Veranstaltungen des »Europa-Beirats« der Bertelsmann Stiftung unter der Leitung von Werner Weidenfeld regelmäßig über 100 Teilnehmer aus Politik, Wirtschaft und Kultur, die Fragen der europäischen Integration diskutierten. Mohns Plädoyer lautete, man solle »nur das Wichtigste harmonisieren« und besonders im Bildungsbereich den Wettbewerb fördern. Das entscheidende Stichwort für Minderheiten und Religion laute »Toleranz«.[375] Im Übrigen ließ er, auch hier ganz im Sinn der Delegation, den Diskussionsteilnehmern viel Raum, um ihre Ideen und Lösungsvorschläge zu diskutieren. »Das Dramatisieren« von politischen Problemen sei »kontraproduktiv«, denn er war Optimist genug, um Lösungswege zu sehen.[376]

Zunehmend trat Mohn inzwischen als Autor auf. Nicht, dass es für ihn völliges Neuland gewesen wäre: Schon 1986 hatte er sich in seinem ersten eigenen Buch »Erfolg durch Partnerschaft« ausführlich mit unternehmerischen Leitbildern auseinandergesetzt. Die Korrespondenz mit seinem Verleger Wolf Jobst Siedler über das Manuskript verrät, wie wichtig ihm diese Publikation war.[377] Die Energie, die er in Lektorat und Redaktion des Textes steckte, machte sich bezahlt. »Erfolg durch Partnerschaft« war ein Bestseller, wurde ins Englische, Französische und Spanische übersetzt und erlebte, immer wieder überarbeitet und ergänzt, vier Auflagen. Mit der Presseresonanz konnte Mohn zufrieden sein. Das Buch wurde

gemeinsam mit Günter Gaus vorgestellt, und im Wirtschaftsmagazin »Capital« war die Veröffentlichung Anlass für einen angeregten Dialog zwischen Johannes Gross und Kurt Biedenkopf über die Thesen Mohns.[378] Dieser reagierte allerdings dünnhäutig, als ein Reporter des Bayerischen Rundfunks in einem mit ihm geführten Fernsehinterview seine Bemerkungen zur Mitbestimmungsgesetzgebung kritisch kommentierte. Zukünftig sollten »nur qualifizierte Journalisten« zu Interviews zugelassen werden.[379] In seinem Buch »Menschlichkeit gewinnt« skizzierte er im Jahr 2000 die Unternehmenskultur als »betriebliche Solidargemeinschaft«[380] und führte damit Gedanken fort, die er schon 1960 formuliert hatte.[381] Ein weiteres Werk mit dem Titel »Die gesellschaftliche Verantwortung des Unternehmers«[382] wollte drei Jahre später die zen-

Richard von Weizsäcker und **Wolf Jobst Siedler** im Gespräch mit Reinhard Mohn auf der Frankfurter Buchmesse 1983. Im Siedler Verlag erschien 1986 unter dem Titel »Erfolg durch Partnerschaft« die erste eigenständige Buchpublikation Mohns. Im Bild von links: Wolf Jobst Siedler, Richard von Weizsäcker, Olaf Paeschke und Reinhard Mohn.

Reinhard Mohn auf dem **Bertelsmann Management Meeting** am 13. Dezember 2007 in Berlin. Nachdem die Auftritte Reinhard Mohns in der Öffentlichkeit rar geworden waren, besuchte er Ende 2007 noch einmal das Bertelsmann Management Meeting. 600 Führungskräfte aus aller Welt ehrten den Nachkriegsgründer von Bertelsmann auf dem traditionsreichen Treffen mit stehenden Ovationen. Der scheidende Vorstandsvorsitzende Gunter Thielen wertete Mohns Anwesenheit als »Zeichen der tiefen Verbundenheit«.

tralen Forderungen an einen Unternehmer, nämlich »Kreativität, Mut, Urteilsvermögen, Selbstkritik und Menschenkenntnis«,[383] zusammenfassen, die er in den Vorjahren in zahlreichen Aufsätzen vorgelegt hatte. Der Band wurde von der damaligen Oppositionsführerin Angela Merkel im Februar 2003 in Gütersloh vorgestellt. Die Resonanz in der Presse war allerdings verhalten: Repetitiv, sprunghaft, bereits bekannt, vom aktuellen Managementdenken inzwischen überholt, so lauteten einige der Urteile in den großen Tageszeitungen. In der »Neuen Zürcher Zeitung« fragte der Rezensent sogar, was für Leute Mohn um sich habe, »dass diese Publikation nicht verhindert wurde«.[384] Als er im folgenden Jahr eine Ausarbeitung mit dem Titel »Erfolgsfaktor Motivation im Familienunternehmen« vorlegte, wurde er vom Kommunikationschef bei Bertelsmann darauf aufmerksam gemacht, dass es nicht ratsam sei, »mit einer sehr knappen anthropologischen Skizze« anzuheben. Seine Kritik am Parlamentarismus lade ebenfalls nur zu Missverständnissen ein. Zudem erwecke seine Absicht, »politische Ratschläge« zu geben, den Eindruck, als sei er »nicht nur mit der Politik unseres Landes unzufrieden, sondern auch mit dem Gang der Dinge in der Bertelsmann AG«. Mohn nahm die Kritik großmütig an: »Ich werde den Artikel neu schreiben, aber nicht mehr versuchen, die Botschaft an die Öffentlichkeit zu richten. Die Gefahr von Missverständnissen und falschen Interpretationen ist zu groß.«[385] Erlebte also auch Mohn seine Götterdämmerung? Zweifellos hat er aus dem misslungenen publizistischen Versuch, für sein Modell zu werben, unerbittlich Konsequenzen gezogen. Sein 2008 erschienenes Buch »Von der Welt lernen«,[386] in der er seine Lebenserinnerungen mit nachdenklichen Fragen verband, wurde von Gustav Seibt in der »Süddeutschen Zeitung« als »Bericht und Ermahnung« gewürdigt,[387] vielleicht gerade deswegen, weil der üb-

liche missionarische Unterton fehlte. Mohn hat sich in dieser Zeit öffentlich kaum noch geäußert, ohne Groll und mit souveräner Altersweisheit. Emotional geriet noch einmal sein Auftritt beim Management Meeting im Jahr 2007 vor rund 600 Führungskräften des Konzerns[388] – und die Verleihung des Deutschen Gründerpreises, den Liz Mohn für ihn annahm. Mohns bewegende Videobotschaft vom 20. Juni 2007 zu diesem Anlass – selbstverständlich kerzengerade und, wie es sich gehört, in Schlips und Kragen – war sein letzter öffentlicher Auftritt.[389] Wahrscheinlich ist ihm der Abschied, weil er sich schon immer mit diesen Dingen beschäftigt hatte, sogar leichter gefallen als anderen Machtmenschen, die sich

Liz Mohn bei der Verleihung des **Deutschen Gründerpreises** an Reinhard Mohn am 20. Juni 2007 in Berlin. In Vertretung ihres Ehemanns nahm Liz Mohn die Glückwünsche von Bundeswirtschaftsminister Michael Glos entgegen.

in der Regel nur schwer mit ihrem Abtreten von der öffentlichen Bühne abfinden können. Als er am 3. Oktober 2009 starb, berichteten – für einen Medienunternehmer fast erwartungsgemäß – Zeitungen von der »Bild« bis zur »Frankfurter Allgemeinen Zeitung« in großer Aufmachung über sein Leben und die zahlreichen Auszeichnungen, die er erhalten hatte. Die größte Anerkennung war aber wahrscheinlich, dass der »Economist« Mohn in seinem berühmten »Obituary« auf der letzten Seite des Blattes ausführlich würdigte, ausgewogen und in typisch britischer Nüchternheit, eine Ehre, die nicht vielen zuteilwird.[390]

Was unterscheidet Reinhard Mohn, so darf abschließend gefragt werden, von anderen Größen der bundesrepublikanischen Wirtschaft? Ralf Dahrendorf zeichnete ihn als eine »durch und durch

rationale, beinahe cartesianische« Persönlichkeit »mit einer einzigartigen Mischung von Pflichtbewusstsein, Unternehmerinstinkt und sozialer Verantwortung«.[391] Mohn verfocht seine unternehmerischen Leitlinien so vehement, dass es manchen Beobachtern bisweilen als »etwas Missionarisches« vorkam.[392] Gerd Bucerius, der sich als »Junior-Partner« Mohns verstand, sprach in einer Laudatio zu dessen 60. Geburtstag vielleicht gerade deswegen von der »gesellschaftlichen Passion« des Jubilars.[393] Mohn selbst hat das nicht anders gesehen. Seine Ideen wollte er auch durch Vorträge und Publikationen in die Diskussion bringen, und in diesem Sinn habe er auch einen »gewissen missionarischen Eifer«.[394]

Unternehmerisch gehörte er zur bundesrepublikanischen Avantgarde. Er war ein Vordenker und Visionär, sei es was die Delegation, die betriebliche Mitbestimmung und das angeht, was heute

Videobotschaft Reinhard Mohns anlässlich der Verleihung des Deutschen Gründerpreises 2007. Für seine unternehmerischen Leistungen und sein gesellschaftliches Engagement wurde Reinhard Mohn mit zahlreichen Ehrungen und Auszeichnungen bedacht. Mit dem Gründerpreis wurde ihm eine besondere **Ehrung für sein Lebenswerk** zuteil und er richtete sich aus diesem Anlass ein letztes Mal an die Öffentlichkeit.

»Corporate Responsibility« heißt und von Reinhard Mohn mit seiner auf Moral und Werte bezogenen Unternehmenspolitik schon praktiziert wurde, als dieser Anglizismus noch ganz unbekannt war. Das 2010 gegründete und nach ihm benannte Reinhard Mohn Institut der Universität Witten/Herdecke arbeitet weiterhin im Geiste seiner partizipativen und verantwortungsvollen Führungsphilosophie. In Erinnerung bleibt das Lebenswerk, sein Unternehmen, die von ihm geschaffene Bertelsmann Stiftung, schließlich im geistigen Sinn die Übertragung einiger seiner Anliegen wie etwa der »Unternehmenskultur« auf inhaltliche Schwerpunkte der Stiftung, wie sie im Carl Bertelsmann-Preis und, nach dem Tod des Stifters, im Reinhard Mohn Preis zum Ausdruck kommt. Nicht zu vergessen ist auch sein jahrzehntelanges lokales Engagement in Gütersloh, das mit der Arbeit der Reinhard Mohn Stiftung – unter Leitung seines Sohns Christoph – in seinem Namen fortgeführt wird. Ob Mohn aber mit seinem Modell der Führung und dem Basso continuo seines Grundthemas »Optimierung der Politik« exzeptionell war, ob er dem Unternehmen gar eine »Seele« gegeben hat,[395] sei dahingestellt. Reinhard Mohn blieb, wie Conrad Ferdinand Meyer einmal Ulrich von Hutten von sich sagen ließ, »ein Mensch mit seinem Widerspruch«. Er nahm früher als andere Unternehmer der Bundesrepublik die wirkmächtigen Überlegungen aus den USA zu Managermodellen auf und verband sie auf eine originelle Art und Weise mit seinen durchaus bodenständigen Vorstellungen kaufmännischen Haushaltens in einem Großbetrieb. Selbst wenn er sich von den patriarchalischen Strukturen des Familienunternehmens emanzipierte, blieb er doch ihren Grundstrukturen und ihren verantwortungsethischen Maximen treu. Sein Vater und sein Großvater, so darf man vermuten, wären, wenn sie sein Lebenswerk noch hätten erleben können, stolz auf ihn gewesen.

Anmerkungen

1 Werner Plumpe, Unternehmer – Fakten und Fiktionen, in: Ders. (Hrsg.), Unternehmer – Fakten und Fiktionen. Historisch-biographische Studien, München 2014, S. 1–26, hier S. 23.

2 Vgl. das Manuskript von Rudolf Wendorff, Erinnerungen, II. Teil: Die zweiten drei Jahrzehnte 1946–1975. Abschnitt B: Meine Jahre bei Bertelsmann (1997), S. 7, Manuskript im Unternehmensarchiv Bertelsmann.

3 Vgl. Thomas Middelhoff/Gerd Schulte-Hillen/Gunter Thielen, Vorwort, in: Dies. (Hrsg.), Reinhard Mohn. Unternehmer – Stifter – Bürger, Gütersloh 2001, S. 9 f., hier S. 9.

4 Reinhard Mohn im Gespräch mit Günter Gaus im Rahmen der WDR-Sendung »Deutsche« (1986), in: Unternehmensarchiv Bertelsmann, B 180.

5 150 Jahre Bertelsmann. 1835–1985. Die Geschichte des Verlagsunternehmens in Texten, Bildern und Dokumenten, München 1985. Als interne »Jubiläumsbotschaft« wurde ausgegeben: »Das Handeln ist auf den Markt ausgerichtet, den wir mit hervorragenden Produkten beliefern müssen. Unsere Produkte sind Medien für Leser, Hörer, Zuschauer. Sie müssen den Kunden Nutzen bringen.« Konzept »150 Jahre Bertelsmann. Die Jubiläums-Aktionen 1985«, in: Unternehmensarchiv Bertelsmann, 0046/316.

6 Hartmut Ostrowski, Vorwort, in: 175 Jahre Bertelsmann. Eine Zukunftsgeschichte, Gütersloh 2010, S. 4 f., hier S. 5.

7 Fit für die Zukunft. Hermann Simon kürt den Unternehmer des Jahrhunderts, in: Die Zeit vom 30. Dezember 1998.

8 Leicht modifiziert zitiert nach Richard Holmes, The proper study, in: Peter France/William St Clair (Hrsg.), Mapping lives. The Uses of Biography, Oxford 2002, S. 7–18, hier S. 7.

9 Werner Plumpe, Carl Duisberg 1861–1935. Anatomie eines Industriellen, München 2016, S. 21.

10 Zur Kritik an biographischen Werken und dem Verdacht einer nicht vorhandenen faktischen Kohärenz u. a. Pierre Bourdieu, Die biographische Illusion, in: Bios. Zeitschrift für Biographieforschung und Oral History 1 (1990), S. 75–81, hier S. 75. Zur »klassischen« Sichtweise Wilhelm Treue, Der Unternehmer und seine Biographie. Zum Zusammenhang von Wirtschaft und Wirtschaftsgeschichte, in: Ders., Unternehmens- und Unternehmergeschichte aus fünf Jahrzehnten, Stuttgart 1989, S. 40–53.

11 Annegret Tödtmann an Reinhard Mohn vom 5. Mai 1986, Unternehmensarchiv Bertelsmann, 0046/316. Das dortige Haus war nicht so elegant, wie gelegentlich dargestellt wurde. Offenbar falsche Abbildung in 150 Jahre Bertelsmann, S. 115.

12 »Zeugen des Jahrhunderts. Reinhard Mohn im Gespräch mit Michael Jungblut« (1992), Unternehmensarchiv Bertelsmann, B 159, Nr. 1588.

13 Walter Kempowski, »Schwarzbrod und Freiheit sei mir beschieden…« Die Chronik der Familien Bertelsmann und Mohn, in: 150 Jahre Bertelsmann, S. 9–36, hier S. 33.

14 »Zeugen des Jahrhunderts. Reinhard Mohn im Gespräch mit Michael Jungblut« (1992), Unternehmensarchiv Bertelsmann, B 159, Nr. 1588.

15 Ebd.

16 »Aufzeichnungen von Ursel Junghänel« (1986), Unternehmensarchiv Bertelsmann, 0046/316.

17 Saul Friedländer u. a., Bertelsmann im Dritten Reich, München 2002, S. 42 ff. und S. 354–359.

18 Reinhard Mohn, Versuch eines Porträts meiner Mutter Agnes Mohn, geb. Seippel, in: Unternehmensarchiv Bertelsmann, 0046/316.

19 Ebd.

20 Reinhard Mohn, »Ergänzende Fragen von Herrn Kempowski zur Familie Mohn« vom 6. September 1984, in: Unternehmensarchiv Bertelsmann 0046/480.

21 Willemsen – das Fernsehgespräch. Im Gespräch mit Reinhard Mohn (1994), in: Unternehmensarchiv Bertelsmann B 202, Nr. 1753.

22 Thomas Middelhoff/Gerd Schulte-Hillen/Gunter Thielen, Reinhard Mohn: Unternehmer – Stifter – Bürger, in: Dies. (Hrsg.), Reinhard Mohn, S. 15–41, hier S. 21.

23 Walter Kempowski, »Zu Besuch bei Reinhard Mohn« (1985), in: Unternehmensarchiv Bertelsmann 0046/461.

24 Vgl. Hans G. Nutzinger/Eckart Müller, Die protestantischen Wurzeln des Konzepts der Sozialen Marktwirtschaft, in: Sylke Behrends (Hrsg.), Ordnungskonforme Wirtschaftspolitik in der Marktwirtschaft. Festschrift für Prof. Dr. Hans-Rudolf Peters zum 65. Geburtstag, Berlin 1997, S. 27–64.

25 Max Weber, Die protestantische Ethik 1. Eine Aufsatzsammlung, hrsg. v. Johannes Winckelmann, Gütersloh 1979⁵, S. 48.

26 Reinhard Mohn, »Vortrag am Freitag, 25. März 1966, in Gütersloh«, in: Unternehmensarchiv Bertelsmann 0046/179.

27 Das große Interview – Die Welt des Reinhard Mohn. NDR-Reportage von Peter Schier-Gribowsky (1974), in: Unternehmensarchiv Bertelsmann B 166, Nr. 670.

28 Kempowski, Schwarzbrod und Freiheit, S. 34.

29 Walter Kempowski, »Zu Besuch bei Reinhard Mohn« (1985), in: Unternehmensarchiv Bertelsmann 0046/461.

30 Reinhard Mohn, »Meine Gedanken bei der Wahl des Berufes« vom 5. Januar 1938, in: Unternehmensarchiv Bertelsmann RM 3/1040.

31 Ebd.

32 Friedländer u. a., Bertelsmann im Dritten Reich, S. 360 f.

33 Reinhard Mohn, »Ergänzende Fragen von Herrn Kempowski zur Familie Mohn« vom 6. September 1984, in: Unternehmensarchiv Bertelsmann, 0046/480. Vgl. auch mit weiteren Informationen Friedländer u. a., Bertelsmann im Dritten Reich, S. 354–358.

34 Vgl. Walter Kempowski, Der stille Mann von Gütersloh, in: Die Zeit vom 14. Juni 1985.

35 Zitiert nach Friedländer u. a., Bertelsmann im Dritten Reich, S. 361.

36 Stefan Brams, Immer bereit, zu lernen. Reinhard Mohn erinnert sich an seine Jugend, in: Neue Westfälische Zeitung vom 26. September 2008.

37 »Zeugen des Jahrhunderts. Reinhard Mohn im Gespräch mit Michael Jungblut« (1992), Unternehmensarchiv Bertelsmann, B 159, Nr. 1588.

38 Zitiert nach Friedländer u. a., Bertelsmann im Dritten Reich, S. 680, Anm. 122.

39 Details in Friedländer u. a., Bertelsmann im Dritten Reich, S. 456 und 680.

40 Walter Kempowski, »Zu Besuch bei Reinhard Mohn« (1985), in: Unternehmensarchiv Bertelsmann 0046/461.

41 Lowell A. May, Camp Concordia. German POWs in the Midwest, Manhattan (KS) 1995, bes. S. 57, 77 und 83.

42 Vgl. Kempowski, Schwarzbrod und Freiheit, S. 38.

43 Reinhard Mohn, Aufzeichnung vom 11. September 1985, in: Unternehmensarchiv Bertelsmann 0046/461; vgl. Reinhard Mohn, Von der Welt lernen. Erfolg durch Menschlichkeit und Freiheit, München 2009, S. 33 ff. Ähnlich lautete die Auskunft in einem Interview. Er sei nicht »mit großer Begeisterung« nach Ostwestfalen zurückgekehrt. Vgl. »Zeugen des Jahrhunderts. Reinhard Mohn im Gespräch mit Michael Jungblut« (1992), Unternehmensarchiv Bertelsmann, B 159, Nr. 1588.

44 Friedländer u. a., Bertelsmann im Dritten Reich, S. 700, Anm. 114. Die leicht differierende Angabe der Rückkehr im Februar 1946 bei Reinhard Mohn, »Ergänzende Fragen von Herrn Kempowski zur Familie Mohn« vom 6. September 1984, in: Unternehmensarchiv Bertelsmann, 0046/480.

45 Reinhard Mohn, »Vortrag am Freitag, 25. März 1966, in Gütersloh«, in: Unternehmensarchiv Bertelsmann 0046/179.

46 Vgl. Hans-Eugen Bühler/Olaf Simons, Die blendenden Geschäfte des Matthias Lackas. Korruptionsermittlungen in der Verlagswelt des Dritten Reichs, Köln 2004; Friedländer u. a., Bertelsmann im Dritten Reich, S. 486–513.

47 Reinhard Mohn, »Phasen der Entwicklungsgeschichte des Hauses Bertelsmann nach dem letzten Weltkrieg« vom 26. März 1984, in: Unternehmensarchiv Bertelsmann, 0046/316 (2). Daneben die Darstellung in 150 Jahre Bertelsmann sowie Dirk

Bavendamm, Bertelsmann, Mohn, Seippel. Drei Familien – ein Unternehmen, München 1986.

48 Vgl. Sebastian Brünger, Geschichte und Gewinn. Der Umgang deutscher Konzerne mit ihrer NS-Vergangenheit, Göttingen 2017; Kim C. Priemel, Gekaufte Geschichte. Der »Freundeskreis Albert Vögler«, Gert von Klaas und die Entwicklung der historischen Unternehmensforschung nach 1945, in: Zeitschrift für Unternehmensgeschichte 52 (2007), S. 177–202.

49 Friedländer u. a., Bertelsmann im Dritten Reich. Vgl. auch Tim Arnold, Auftragsforschung. Lehren aus dem Bertelsmann-Projekt, in: Norbert Frei/Tim Schanetzky (Hrsg.), Unternehmen im Nationalsozialismus. Zur Historisierung einer Forschungskonjunktur, Göttingen 2010, S. 176–181.

50 Reinhard Mohn im Gespräch mit Günter Gaus im Rahmen der WDR-Sendung »Deutsche« (1986), in: Unternehmensarchiv Bertelsmann B 180, Nr. 993.

51 Reinhard Mohn, Referat »Die Verpflichtung des Eigentums gegenüber der Gemeinschaft« auf der Pressekonferenz der Bertelsmann-Stiftung am 22. Juni 1982, in: AS 0051/292.

52 Friedländer u. a., Bertelsmann im Dritten Reich, S. 515–535, bes. S. 535.

53 Kempowski, Schwarzbrod und Freiheit, S. 36. Vgl. Walter Kempowski, »Zu Besuch bei Reinhard Mohn« (1985), in: Unternehmensarchiv Bertelsmann 0046/461.

54 Kempowski, Schwarzbrod und Freiheit, S. 33. Vgl. grundsätzlich zu diesem Antrieb Clemens Wischermann, Unternehmenskultur bei Bertelsmann in der zweiten Hälfte des 20. Jahrhunderts, in: 175 Jahre Bertelsmann, S. 240–281, hier S. 270 f.

55 Eine umfassende Darstellung dieser Vorgänge findet sich bei Friedländer u. a., Bertelsmann im Dritten Reich, bes.

S. 525–535. Daneben Theodor Berthoud, Kleine Bertelsmann-Biographie. Wege mit Fritz Wixforth, in: Unternehmensarchiv Bertelsmann, 0046/188, S. 29.

56 »Fragebogen« vom 15. August 1946, in: HSTA NRW, NW 1061. Vgl. die Kopie des »Fragebogens« und weitere Unterlagen im Unternehmensarchiv Bertelsmann I.2/1014

57 Stephan Füssel, Die Bertelsmann Buchverlage 1945 bis 2010, in: 175 Jahre Bertelsmann, S. 86–129, hier S. 95.

58 Wischermann, Unternehmenskultur bei Bertelsmann, S. 240.

59 Vgl. Silvia Zulauf, Unternehmen und Mythos. Der unsichtbare Erfolgsfaktor, Wiesbaden 20092.

60 Reinhard Mohn an Helmut Schmidt vom 5. April 1984, in: Unternehmensarchiv Bertelsmann, 0046/480. Vom Beginn in den »Trümmerhaufen« sprach Mohn auch in Interviews. Vgl. Wortwechsel. Ernst Elitz im Gespräch mit Reinhard Mohn (1992), in: Unternehmensarchiv Bertelsmann B 198, Nr. 154.

61 Reinhard Mohn, »Phasen der Entwicklungsgeschichte des Hauses Bertelsmann nach dem letzten Weltkrieg« vom 26. März 1984, in: Unternehmensarchiv Bertelsmann, 0046/316 (2).

62 Werner Plumpe, Politische Zäsur und funktionale Kontinuität: Industrielle Nachkriegsplanungen und der Übergang zur Friedenswirtschaft 1944–1946, in: 1999. Zeitschrift für Sozialgeschichte des 20. und 21. Jahrhunderts 7 (1992), Heft 4, S. 11–37, hier S. 12.

63 Diese Interpretation bei Hans-Ulrich Wehler, Deutsche Gesellschaftsgeschichte, Bd. 5: Bundesrepublik und DDR 1949–1990, München 2008, S. 214. Vgl. Tim Schanetzky, Unternehmer. Profiteure des Unrechts, in:

Norbert Frei (Hrsg.), Karrieren im Zwielicht. Hitlers Eliten nach 1945, Frankfurt am Main/New York 2002², S. 73–129.

64 Wortwechsel. Ernst Elitz im Gespräch mit Reinhard Mohn (1992), in: Unternehmensarchiv Bertelsmann B 198, Nr. 154.

65 Ebd.

66 Middelhoff/Schulte-Hillen/Thielen, Reinhard Mohn, S. 15.

67 Rudolf Wendorff, Reinhard Mohn – mein Chef, in: Middelhoff/Schulte-Hillen/Thielen (Hrsg.), Reinhard Mohn, S. 87–92, hier S. 90.

68 Werner Plumpe, Wie entscheiden Unternehmen?, in: Zeitschrift für Unternehmensgeschichte 61 (2016), S. 141–159, hier S. 144.

69 Reinhard Mohn, Aufzeichnung vom 11. September 1985, in: Unternehmensarchiv Bertelsmann 0046/461.

70 Philipp Gassert, Amerikanismus, Antiamerikanismus, Amerikanisierung. Neuere Literatur zur Sozial-, Wirtschafts- und Kulturgeschichte des amerikanischen Einflusses in Deutschland und Europa, in: Archiv für Sozialgeschichte 39 (1999), S. 531–561; Alf Lüdtke/Inge Marßolek/Adelheid von Saldern, Einleitung, in: Dies. (Hrsg.), Amerikanisierung. Traum und Alptraum im Deutschland des 20. Jahrhunderts, Stuttgart 1996, S. 7–37; Anselm Doering-Manteuffel, Wie westlich sind die Deutschen? Amerikanisierung und Westernisierung im 20. Jahrhundert, Göttingen 1999.

71 Karin Hartewig, Die »alliierte Besatzungsmacht« in den Lebensgeschichten westdeutscher Unternehmer, in: Bios 6 (1993), Sonderheft, S. 95–119, hier S. 117; Christian Kleinschmidt, Der produktive Blick. Wahrnehmung amerikanischer und japanischer Management- und Produktionsmethoden durch deutsche Manager 1950–1985, Berlin 2002, S. 310 und 398; Harm G. Schröter,

Americanization of the European Economy. A Compact Survey of American Economic Influence in Europe Since the 1800s, Dordrecht 2005; Hermann Josef Rupieper, Die Wurzeln der westdeutschen Nachkriegsdemokratie. Der amerikanische Beitrag 1945–1952, Opladen 1993.

72 Geir Lundestad, The United States and Western Europe Since 1945. From »Empire« by Invitation to Transatlantic Drift, Oxford 2004; Victoria de Grazia, Irresistible Empire. America's Advance through 20th Century Europe, Cambridge 2005.

73 Aktennotiz von Reinhard Mohn vom 13. Februar 1961, Unternehmensarchiv Bertelsmann, 0046/181; »Mitreden oder mitdenken?«, in: Die Welt vom 13. Februar 1961.

74 Theodor Berthoud, Kleine Bertelsmann-Biographie. Wege mit Fritz Wixforth, in: Unternehmensarchiv Bertelsmann, 0046/188, S. 33.

75 Fritz Wixforth, Buchgemeinschaft, Schallplattenring und Buchhandel, in: Unternehmensarchiv Bertelsmann, 0046/174.

76 Reinhard Mohn, Vortrag im Rahmen des 37. Deutschen Betriebswirtschafter-Tages in Berlin, Oktober 1983, in: Bertelsmann Briefe 114 (1984), S. 8–12, hier S. 8.

77 Reinhard Mohn, »Phasen der Entwicklungsgeschichte des Hauses Bertelsmann nach dem letzten Weltkrieg« vom 26. März 1984, in: Unternehmensarchiv Bertelsmann, 0046/316 (2).

78 Vgl. Roland Gööck, Bücher für Millionen. Fritz Wixforth und die Geschichte des Hauses Bertelsmann, Gütersloh 1968.

79 Wendorff, Erinnerungen, S. 11.

80 Herbert Multhaupt an Reinhard Mohn vom 19. Juni 1969, in: Unternehmensarchiv Bertelsmann, 0046/188.

81 Siegfried Lokatis, Ein Konzept geht um die Welt. Vom Lesering zur Internationalisierung des Clubgeschäfts, in: 175 Jahre Bertelsmann, S. 132–171, hier S. 135 f.

82 Fritz Wixforth, Buchgemeinschaft, Schallplattenring und Buchhandel, in: Unternehmensarchiv Bertelsmann, 0046/174.

83 Ebd.

84 Helen Müller, Historische Pfade. Die Ufa, Bertelsmann und die Gründung der Friedrich-Wilhelm-Murnau-Stiftung, in: Bertelsmann SE & Co. KGaA (Hrsg.), Der Geiger von Florenz, Gütersloh 2018, S. 40–43, hier S. 42.

85 Zitiert nach ebd., S. 42.

86 Reinhard Mohn, »Jahresbericht 1967« vom 3. Januar 1968, in: Unternehmensarchiv Bertelsmann, 0046/177.

87 Vgl. Manfred Köhnlechner, Die Arbeit und ihre Entlohnung, in: Bertelsmann Illustrierte 7 (1960).

88 Wendorff, Reinhard Mohn, S. 89.

89 Vgl. Theodor Berthoud, Kleine Bertelsmann-Biographie. Wege mit Fritz Wixforth, in: Unternehmensarchiv Bertelsmann, 0046/188, S. 37.

90 »Zeugen des Jahrhunderts. Reinhard Mohn im Gespräch mit Michael Jungblut« (1992), Unternehmensarchiv Bertelsmann, B 159, Nr. 1588.

91 Reinhard Mohn, Vortrag im Rahmen des 37. Deutschen Betriebswirtschafter-Tages in Berlin, Oktober 1983, in: Bertelsmann Briefe 114 (1984), S. 8–12, hier S. 9.

92 Vgl. zu den Details Bertelsmann Report 4 vom Juni 1970.

93 Willemsen – das Fernsehgespräch. Im Gespräch mit Reinhard Mohn (1994), in: Unternehmensarchiv Bertelsmann B 202, Nr. 1753.

94 Reinhard Mohn an Hermann Hoffmann und Manfred Köhnlechner vom 10. April 1969, in: Unternehmensarchiv Bertelsmann, 0046/129.

95 Reinhard Mohn an Mark Wössner vom 3. Juli 1984, in: Unternehmensarchiv Bertelsmann, 0046/579.

96 Zitiert nach Hans-Peter Schwarz, Axel Springer. Die Biographie, Berlin 2008, S. 484.

97 Zu den Vorgängen im Detail ebd., S. 485–499, das Zitat S. 486.

98 Ebd., S. 496.

99 Zitiert nach ebd., S. 497. Original in: Unternehmensarchiv Bertelsmann, 0046/113 (1).

100 Vgl. Erik Lindner, Reinhard Mohn und Gerd Bucerius. Eine unternehmerische Freundschaft, in: 175 Jahre Bertelsmann, S. 210–237, hier S. 215.

101 Schwarz, Axel Springer, S. 625 ff.

102 Einzelheiten bei Lindner, Reinhard Mohn und Gerd Bucerius, S. 217 f.

103 Hans-Jürgen Puhle, Die »Konstruktion« neuer Sozialstaaten in der Auseinandersetzung mit alten Modellen: Pfadabhängigkeiten, Entscheidungen und Lernprozesse, in: Ulrich Becker/Hans Günter Hockerts/Klaus Tenfelde (Hrsg.), Sozialstaat Deutschland. Geschichte und Gegenwart, Bonn 2010, S. 197–212, bes. S. 202 f.; Hans Günther Hockerts, Einleitung, in: Ders., Der deutsche Sozialstaat. Entfaltung und Gefährdung seit 1945, Göttingen 2011, S. 7–21, bes. S. 10.

104 »Referat R. Mohn vor dem Damenkreis am 19.12.1984«, in: AS 0051/197.

105 Vgl. Wischermann, Unternehmenskultur bei Bertelsmann, S. 261 f.

106 Ebd., S. 242.

107 Wehler, Deutsche Gesellschaftsgeschichte, S. 258.

108 Thomas Mann, Meine Zeit (1950), in: Ders., Gesammelte Werke in 13 Bänden, Bd. 11: Reden und Aufsätze, Frankfurt am Main 1990, S. 302–324, hier S. 322 f.

109 Reinhard Mohn, Vor Demokratisierung sei gewarnt, in: Blick durch die Wirtschaft vom 6. April 1984.

110 Reinhard Mohn, »Ansprache anläßlich des Ausscheidens von Herrn Wixforth« (28. Juni 1962), Unternehmensarchiv Bertelsmann, 0046/188.

111 Joseph A. Schumpeter, Theorie der wirtschaftlichen Entwicklung. Eine Untersuchung über Unternehmergewinn, Kapital, Kredit, Zins und den Konjunkturzyklus. Nachdruck der 1. Auflage von 1912, Berlin 2006.

112 Reinhard Mohn, »Ansprache anläßlich des Ausscheidens von Herrn Wixforth« (28. Juni 1962), Unternehmensarchiv Bertelsmann, 0046/188.

113 Vgl. Ralf Banken, Die Entstehung des modernen Unternehmens. Einführende Bemerkungen, in: Jahrbuch für Wirtschaftsgeschichte 53/2 (2012), S. 113–136; Toni Pierenkemper, Was kann eine moderne Unternehmensgeschichtsschreibung leisten? Und was sollte sie tunlichst vermeiden?, in: Zeitschrift für Unternehmensgeschichte 44 (1999), S. 15–31.

114 Vgl. Werner Plumpe, Die Wirtschaftsgeschichte in der Historischen Zeitschrift. Ein Überblick, in: Historische Zeitschrift 289 (2009), S. 223–251, hier S. 249, Anm. 108; ders., Die Geburt des »Homo oeconomicus«. Historische Überlegungen zur Entstehung und Bedeutung des Handlungsmodells der modernen Wirtschaft, in: Wolfgang Reinhard/Justin Stagl (Hrsg.), Menschen und Märkte. Studien zur historischen Wirtschaftsanthropologie, Wien/Köln/Weimar 2007, S. 319–352, hier bes. S. 320 f.; Niklas Luhmann, Die Wirtschaft der Gesellschaft,

Frankfurt am Main 1996², S. 31; ders., Organisation und Entscheidung, Opladen/Wiesbaden 2000, S. 83.

115 Jan-Otmar Hesse, Die »Seele des Unternehmens«. Das stille Unternehmertum Hans Ringiers, in: Werner Plumpe (Hrsg.), Unternehmer – Fakten und Fiktionen, S. 279–294, bes. S. 292 f.

116 Vgl. die Stichpunkte in Reinhard Mohn, »Vortrag Poensgen-Stiftung am 15. April 1964 um 17.00 Uhr in Düsseldorf«, in: Unternehmensarchiv Bertelsmann, 0046/180.

117 Interview von Hannelore Gadatsch mit Reinhard Mohn im »Nachtradio« von SWF 1 vom 2. Juli 1996, in AuS 23.

118 Reinhard Mohn, »Vortrag am Freitag, 25. März 1966, in Gütersloh«, in: Unternehmensarchiv Bertelsmann 0046/179.

119 »Wenn ich Chef wäre…«, in: Bertelsmann Illustrierte vom Oktober 1955, S. 12 f.; vgl. Bertelsmann Illustrierte, Jahreswende 1955/56, S. 20 f.

120 Reinhard Mohn, »Persönliche Initiative und Aufstiegschancen«, in: Bertelsmann Illustrierte 5 (1960), S. 3.

121 »Zeugen des Jahrhunderts. Reinhard Mohn im Gespräch mit Michael Jungblut« (1992), Unternehmensarchiv Bertelsmann, B 159, Nr. 1588.

122 Harald Wixforth, Das Ende eines Automobil-Konzerns – der Borgward-Konkurs und die Bremer Politik, in: Zeitschrift für Unternehmensgeschichte 65 (2020), S. 87–120, bes. S. 90–94.

123 Reinhard Mohn, Gedanken zum Aufbau unserer Betriebsverfassung, in: Bertelsmann Illustrierte vom März 1955, S. 9 f.

124 Ausführlich Wischermann, Unternehmenskultur bei Bertelsmann, S. 240–281.

125 Faksimile in: 175 Jahre Bertelsmann, S. 246.

126 Reinhard Mohn, »Ansprache in Stuttgart beim Europäischen Buch- und Phonoklub am 26. Mai 1966«, in: Unternehmensarchiv Bertelsmann 0046/179.

127 Knut Bleicher, Führung durch Vorbild, in: 150 Jahre Bertelsmann, S. 59–82, hier bes. S. 71–76.

128 Aktennotiz von Reinhard Mohn vom 13. Februar 1961, Unternehmensarchiv Bertelsmann, 0046/181; »Mitreden oder mitdenken?«, in: Die Welt vom 13. Februar 1961.

129 Vgl. die Entwürfe in: Unternehmensarchiv Bertelsmann, 0046/188 sowie Wischermann, Unternehmenskultur bei Bertelsmann, S. 240–281.

130 Vgl. Martin Hinzmann/Joachim Scholtyseck, Überlegt führen. Die Geschichte der Baden-Badener Unternehmergespräche von 1955 bis heute, München 2020, bes. S. 244–281.

131 Wischermann, Unternehmenskultur bei Bertelsmann, S. 244.

132 »Begründung für die Umgestaltung der Leitsätze für die Führung« (1968) sowie Reinhard Mohn an Manfred Fischer und Detlev Killmer vom 11. April 1968, in: Unternehmensarchiv Bertelsmann, 0046/188.

133 Morten Reitmayer, Elite. Sozialgeschichte einer politisch-gesellschaftlichen Idee in der frühen Bundesrepublik, München 2009, bes. S. 9–46; Harald Bluhm/Grit Straßenberger, Elitendebatten in der Bundesrepublik, in: Herfried Münkler/Grit Straßenberger/Matthias Bohlender (Hrsg.), Deutschlands Eliten im Wandel, Frankfurt am Main 2005, S. 125–145; Christoph Michael/Grit Straßenberger, Ein ambivalentes Konzept. Über politische Führung, in: Mittelweg 36 (2018), S. 3–15.

134 »Managerprofile« vom 9. Januar 1970, in: Unternehmensarchiv Bertelsmann, 0046/128.

135 Reinhard Mohn, Schaumschläger im Vorstandssessel. Der Faktor Eitelkeit im Leben des Managers, in: Die Zeit vom 27. Dezember 1985.

136 Günter Ogger, Nieten in Nadelstreifen. Deutschlands Manager im Zwielicht, München 1995.

137 Reinhard Mohn an Eugen Sieber vom 1. März 1968, in: Unternehmensarchiv Bertelsmann, 0046/177.

138 »Reinhard Mohn – Chef des Hauses Bertelsmann. Vortrag am 4. September 1968 im Künstlerhaus München – Management bei Bertelsmann«, in: Unternehmensarchiv Bertelsmann, 0046/177.

139 Das große Interview – Die Welt des Reinhard Mohn. NDR-Reportage von Peter Schier-Gribowsky (1974), in: Unternehmensarchiv Bertelsmann B 166, Nr. 670.

140 Reinhard Mohn, »Vortrag vor der Gelsenkirchener Bergwerks-AG am 19. Oktober in Bochum« (1966), in: Unternehmensarchiv Bertelsmann 0046/179.

141 Marvin Bower, Die Kunst zu führen. The Will to Manage, Düsseldorf 1967.

142 Werner Plumpe, Das kalte Herz. Kapitalismus. Die Geschichte einer andauernden Revolution, Berlin 2019, S. 552.

143 Ebd., S. 556 f.

144 Morten Reitmayer/Ruth Rosenberger (Hrsg.), Unternehmen am Ende des »goldenen Zeitalters«. Die 1970er Jahre in unternehmens- und wirtschaftshistorischer Perspektive, Essen 2008; Jörg Lesczenski, »Intern vor extern«. Reformen in der Personalpolitik westdeutscher Eisen- und Stahlkonzerne 1960 bis 1973, in: Geschichte in Wissenschaft und Unterricht 68 (2017), S. 403–418; Plumpe, Das kalte Herz, S. 477 f.

145 Antony Jay, Management und Machiavelli. Von der Kunst, oben zu bleiben, Düsseldorf/Wien 1968. Vgl. Reinhard Mohn an Joachim Wistinghausen vom 9. Oktober 1968, in: Unternehmensarchiv Bertelsmann, 0046/177.

146 Reinhard Mohn an Michael Dornemann vom 25. Januar 1988, in: Unternehmensarchiv Bertelsmann, 0046/431.

147 Hartmut Berghoff, Vom Gütersloher Kleinverlag zum globalen Medien- und Dienstleistungskonzern. Grundzüge der Unternehmensgeschichte des Hauses Bertelsmann 1835 bis 2010, in: 175 Jahre Bertelsmann, S. 8–83, hier , S. 43–47.

148 Reinhard Mohn an Gerd Bucerius vom 6. September 1978, in: Unternehmensarchiv Bertelsmann 1000-74 (1981).

149 Reinhard Mohn an Alvin Toffler vom 15. März 1988, in: Unternehmensarchiv Bertelsmann, 0046/463.

150 Reinhard Mohn an Hans Peter Stihl vom 20. Dezember 1988, in: Unternehmensarchiv Bertelsmann 0046/463.

151 Reinhard Mohn an Mark Wössner, Weihnachten 1988, in: Unternehmensarchiv Bertelsmann 0046/463.

152 Plumpe, Das kalte Herz, S. 556.

153 Knut Bleicher, Chancen für Europas Zukunft. Führung als internationaler Wettbewerbsfaktor, Wiesbaden 1989.

154 Luc Boltanski/Ève Chiapello, Der neue Geist des Kapitalismus, Konstanz 2003.

155 Drucker Foundation (Hrsg.), Die Manager von morgen. Was in Zukunft wirklich zählt, Düsseldorf 1996, S. 64.

156 Plumpe, Das kalte Herz.

157 »Zeugen des Jahrhunderts. Reinhard Mohn im Gespräch mit Michael Jungblut« (1992), Unternehmensarchiv Bertelsmann, B 159, Nr. 1588.

158 Dietmar Petzina/Werner Plumpe, Unternehmensethik – Unternehmenskultur: Herausforderungen für die Unternehmensgeschichtsschreibung?, in: Jahrbuch für Wirtschaftsgeschichte 34/2 (1993), S. 9–19.

159 Nadine Arnold, Die Produzenten in moralisierten Märkten, in: Zeitschrift für Soziologie 48 (2019), S. 70–91; vgl. Marion Fourcade/Kieran Healy, Moral Views of Market Society, in: Annual Review of Sociology 33 (2007), S. 285–311.

160 Ralf Dahrendorf an Reinhard Mohn zum 60. Geburtstag, in: Unternehmensarchiv Bertelsmann, 0046/536.

161 Reinhard Mohn an Rolf Schmidt-Holtz vom 2. Dezember 1985; Rolf Schmidt-Holtz an Reinhard Mohn vom 2. Dezember 1985, in: Unternehmensarchiv Bertelsmann 0046/461.

162 Frank Böckelmann/Hersch Fischler, Bertelsmann. Hinter der Fassade des Medienimperiums, Frankfurt am Main 2004, S. 176.

163 Bertelsmann Berichte. Informationen für die Führungskräfte des Hauses Bertelsmann, Nr. 16 vom November 1983, S. 2.

164 »Die Familie kann nichts durchsetzen.« Reinhard Mohn im Zeit-Gespräch, in: Die Zeit vom 31. Juli 2003.

165 Rudolf Wendorff, Reinhard Mohn, S. 87 f.

166 Reinhard Mohn, »Betr.: Spesenüberwachung« vom 9. August 1962, Unternehmensarchiv Bertelsmann, 0046/181.

167 Schmidt wird zitiert nach seinem Interview in dem Doku-Drama von Roland Suso Richter aus dem Jahr 2006 mit dem Titel »Reinhard Mohn – Es müssen mehr Köpfe ans Denken kommen«. Vgl. auch Christopher Keil, Mohns Torte. Der Geburtstagsfilm, in: Süddeutsche Zeitung vom 19. Mai 2010.

168 Das große Interview – Die Welt des Reinhard Mohn. NDR-Reportage von Peter Schier-Gribowsky (1974), in: Unternehmensarchiv Bertelsmann B 166, Nr. 670.

169 »Zeugen des Jahrhunderts. Reinhard Mohn im Gespräch mit Michael Jungblut« (1992), Unternehmensarchiv Bertelsmann, B 159, Nr. 1588.

170 Reinhard Mohn an Dirk Bavendamm vom 17. September 1984, in: Unternehmensarchiv Bertelsmann, 0046/480.

171 Middelhoff/Schulte-Hillen/Thielen, Reinhard Mohn, S. 23.

172 Ebd.

173 Henri Nannen an Reinhard Mohn zum 60. Geburtstag, in: Unternehmensarchiv Bertelsmann, 0046/536.

174 Ebd.

175 Zitiert nach Wolf Schneider, Die Gruner + Jahr Story. Ein Stück deutsche Pressegeschichte, München/Zürich 2000, S. 104.

176 Das große Interview – Die Welt des Reinhard Mohn. NDR-Reportage von Peter Schier-Gribowsky (1974), in: Unternehmensarchiv Bertelsmann B 166, Nr. 670.

177 Schneider, Die Gruner + Jahr Story, S. 18.

178 Gerd Bucerius an Reinhard Mohn zum 60. Geburtstag, in: Unternehmensarchiv Bertelsmann, 0046/536.

179 Gerd Bucerius an Reinhard Mohn vom 1. Juli 1983, Faksimile-Abdruck in: 175 Jahre Bertelsmann, S. 233.

180 Ralf Dahrendorf, Liberal und unabhängig. Gerd Bucerius und seine Zeit, München 2000, S. 222; vgl. auch Lindner, Reinhard Mohn und Gerd Bucerius.

181 Notiz von Reinhard Mohn vom 27. August 1985, in: Unternehmensarchiv Bertelsmann 0046/461.

182 Reinhard Mohn an Rolf Hochhuth vom 25. März 1968, in: Unternehmensarchiv Bertelsmann 0046/48; vgl. Rolf Hochhuth an Reinhard Mohn vom 21. März 1968, ebd.

183 Wortwechsel. Ernst Elitz im Gespräch mit Reinhard Mohn (1992), in: Unternehmensarchiv Bertelsmann B 198, Nr. 154.

184 »Schaubild des Bertelsmann-Konzerns. Stand 31.3.1961«, in: Unternehmensarchiv Bertelsmann 0008/13.

185 »Ansprache am 8.7.1983 anläßlich der Verabschiedung des Aufsichtsrats Círculo des Lectores, Barcelona«, in: Unternehmensarchiv Bertelsmann, 0046/480. Vgl. Lokatis, Ein Konzept geht um die Welt, S. 156 ff.

186 »Was wollen wir überhaupt in Spanien?«, in: UP (1962), S. 4.

187 Vgl. Hans Meinke, Per aspera ad astra – 40 Jahre Unternehmer und Stifter in Spanien, in: Middelhoff/Schulte-Hillen/Thielen (Hrsg.), Reinhard Mohn, S. 233–239, bes. S. 234 f.

188 Alfred Kieser/Herbert Kubicek, Organisation, Berlin 1992.

189 Werner Plumpe, Unternehmensgeschichte im 19. und 20. Jahrhundert, Berlin/Boston 2018, S. 70. Vgl. Christopher D. McKenna, The World's Newest Profession. Management Consulting in the 20th Century, Cambridge 2006, bes. S. 165–191.

190 Kerstin Hoffmann, Spielende Manager. Unternehmensplanspiele in bundesdeutschen Unternehmen in den 1960er und 70er Jahren, in: Zeitschrift für Unternehmensgeschichte 61 (2016), S. 160–189, bes. S. 170 f.

191 »Zukunftsaspekte des Verlagswesens.« Vortrag im Quellental vom 16. April 1970, in: Unternehmensarchiv Bertelsmann, 0046/128. Vgl. auch Mohns Ausführungen in dem Manuskript »Der Großverlag – Seine gesellschaftliche Bedeutung und Verantwortung« (1972), in: Unternehmensarchiv Bertelsmann, 0046/178.

192 Reinhard Mohn an Mark Wössner vom 11. Dezember 1984, in: Unternehmensarchiv Bertelsmann, 0046/579.

193 Das große Interview – Die Welt des Reinhard Mohn. NDR-Reportage von Peter Schier-Gribowsky (1974), in: Unternehmensarchiv Bertelsmann B 166, Nr. 670.

194 Berghoff, Vom Gütersloher Kleinverlag, S. 41.

195 »Zeugen des Jahrhunderts. Reinhard Mohn im Gespräch mit Michael Jungblut« (1992), Unternehmensarchiv Bertelsmann, B 159, Nr. 1588.

196 Das große Interview – Die Welt des Reinhard Mohn. NDR-Reportage von Peter Schier-Gribowsky (1974), in: Unternehmensarchiv Bertelsmann B 166, Nr. 670.

197 Reinhard Mohn, »The Change in the World of Publishing – Why Does a German Publishing Company Invest in the USA?«, in: Unternehmensarchiv Bertelsmann, 0046/204. Eine deutsche Übersetzung unter dem Titel »Internationalisierung als verlegerische Aufgabe«, in: Bertelsmann Briefe 94 vom April 1978, S. 3–6. Vgl. auch Thomas Lehning, Das Medienhaus. Geschichte und Gegenwart des Bertelsmann-Konzerns, München 2004, bes. S. 105–125.

198 Ebd.

199 »Was kommt, wenn Reinhard Mohn geht?« Reinhard Mohn über die künftige Konzernpolitik, in: Buchmarkt 9/79 vom 11. September 1979.

200 Auszug aus dem Vorstandsprotokoll vom 20. September 1982 und Aufsichtsratsprotokoll vom 23. September 1982, in: Unternehmensarchiv Bertelsmann, 0055/25 (1).

201 Reinhard Mohn an Mark Wössner vom 19. Januar 1983, in: Unternehmensarchiv Bertelsmann, 0055/25 (1). Vgl. Berghoff, Vom Gütersloher Kleinverlag, S. 45.

202 Zitiert nach Gööck, Bücher für Millionen, S. 138.

203 »Besprechungsprotokoll« vom 27. Februar 1959, in: Unternehmensarchiv Bertelsmann, 0046/174.

204 Lokatis, Ein Konzept geht um die Welt, S. 147–149.

205 Reinhard Mohn, »Vortrag anläßlich der Frankfurter Buchmesse 1965 zu dem Thema ›Ausbildung und Fortbildung im Buchhandel‹«, in: Unternehmensarchiv Bertelsmann 0046/24 [auch in Bertelsmann Briefe, H. 42, Januar 1966, S. 2 f.]

206 Reinhard Mohn an Alfred Klausmeier vom 12. September 1968, in: Unternehmensarchiv Bertelsmann 0046/179.

207 Jörg Bauer, »Neuorientierung der HV-Politik auf dem Sektor leichter Unterhaltungsromane« vom 6. August 1984, in: Unternehmensarchiv Bertelsmann, 0046/579.

208 Reinhard Mohn an Mark Wössner vom 13. August 1984, in: Unternehmensarchiv Bertelsmann, 0046/579.

209 Reinhard Mohn an Hans Zopp vom 27. Januar 1984, in: Unternehmensarchiv Bertelsmann, 0046/579.

210 Reinhard Mohn an Mark Wössner vom 3. Juli 1984, in: Unternehmensarchiv Bertelsmann, 0046/579.

211 »Profil mit Ei«, in: Der Spiegel vom 26. Februar 1968, S. 114.

212 Reinhard Mohn an Alfred Klausmeier, Manfred Köhnlechner, Sigbert Mohn, Herbert Multhaupt, Wolfgang Strauß und Rudolf Wendorff vom 26. Februar 1968, in: Unternehmensarchiv Bertelsmann 0046/24.

213 Ulrich Wechsler an Reinhard Mohn vom 17. Oktober 1985; Reinhard Mohn an Ulrich Wechsler vom 18. Oktober 1985, in: Unternehmensarchiv Bertelsmann, 0046/606.

214 »Ich bin kein Verleger, ich bin Unternehmer.« Reinhard Mohn im Gespräch mit Werner Höfer, in: Themen. 150 Jahre Bertelsmann. Verlagsbeilage in: Journalist vom Januar 1985, S. 15. Vgl. auch sein

Spiegel-Gespräch »Der Verlag kann die Richtung durchsetzen«, in: Der Spiegel 22 (1983) vom 30. Mai 1983, S. 92–99.

215 Stern 53/1977, S. 12–22 und 133. Zu Bissingers Version der Vorgänge vgl. Hermann Schmidt/Miriam Bernhardt, Manfred Bissinger. Der Meinungsmacher. Eine biographische Spurensuche, Berlin 2019, S. 105–121.

216 Reinhard Mohn an den Aufsichtsrat der Bertelsmann AG vom 20. Dezember 1977, in: Unternehmensarchiv Bertelsmann 0046/621.

217 Reinhard Mohn an Henri Nannen vom 20. Dezember 1977, in: Unternehmensarchiv Bertelsmann 0046/621.

218 Reinhard Mohn an Richard Gruner vom 9. Januar 1978, in: Unternehmensarchiv Bertelsmann 0046/621; vgl. Reinhard Mohn an Erich Kuby vom 11. Januar 1978, ebd.

219 Vgl. Manfred Fischer an Gerhart Baum vom 16. Februar 1978, in: Unternehmensarchiv Bertelsmann 0046/621; Walter Zech an Gerhart Baum vom 24. Januar 1978, ebd.; Gerhart Baum an Walter Zech vom 31. Januar 1978, ebd. Der Bestand 0046/621 dokumentiert ausführlich die Diskussion.

220 Vgl. »Morgen die Welt?«, in: Der Spiegel 1/1978 vom 2. Januar 1978, S. 38.

221 Reinhard-Mohn-Interview im Heute-Journal vom 27. Mai 1983, in: Unternehmensarchiv Bertelsmann B 105.

222 Vgl. Lindner, Reinhard Mohn und Gerd Bucerius, S. 221–232, bes. 231 f.

223 Das große Interview – Die Welt des Reinhard Mohn. NDR-Reportage von Peter Schier-Gribowsky (1974), in: Unternehmensarchiv Bertelsmann B 166, Nr. 670.

224 Reinhard-Mohn-Interview im Heute-Journal vom 27. Mai 1983, in: Unternehmensarchiv Bertelsmann B 105.

225 Reinhard Mohn, Spiegel-Gespräch »Der Verlag kann die Richtung durchsetzen«, in: Der Spiegel 22 (1983) vom 30. Mai 1983.

226 Haug von Kuenheim, Ein Stern versinkt, in: Die Zeit vom 19. Mai 1983.

227 »Die Kehrseite«, in: Der Spiegel 22 (1983) vom 30. Mai 1983, S. 89–92.

228 Johannes Gross an Reinhard Mohn zum 60. Geburtstag, in: Unternehmensarchiv Bertelsmann, 0046/536.

229 Reinhard Mohn an John Jahr vom 7. Juni 1983, in: Unternehmensarchiv Bertelsmann, 0046/564.

230 »Thesenpapier Mohn« vom 8. Juni 1983, in: Unternehmensarchiv Bertelsmann, 0046/564.

231 Henri Nannen an Reinhard Mohn vom 20. Mai 1983, in: Unternehmensarchiv Bertelsmann, 0046/566; Reinhard Mohn an Henri Nannen vom 24. Mai 1983, ebd. Zur Wertschätzung vgl. Reinhard Mohn an Henri Nannen vom 5. Februar 1985, in: Unternehmensarchiv Bertelsmann, 0046/605.

232 Ernst Berens, »Das Segensreiche an einem Reinfall«, in: Süddeutsche Zeitung vom 7. Juli 1983.

233 Werner Plumpe, Industrieland Deutschland 1945–2008, in: Hans-Peter Schwarz (Hrsg.), Die Bundesrepublik Deutschland. Eine Bilanz nach 60 Jahren, Köln/Weimar/Wien 2008, S. 379–404, hier S. 383.

234 Ivan T. Berend, Markt und Wirtschaft. Ökonomische Ordnungen und wirtschaftliche Entwicklung in Europa seit dem 18. Jahrhundert, Göttingen 2007, S. 162 f. Vgl. Julia Angster, Konsenskapitalismus und Sozialdemokratie. Die Westernisierung von SPD und DGB, München 2003.

235 Vgl. seine Bemerkungen im Manuskript »Auf dem Weg zur Unternehmenskultur« vom 22. Februar 2005, in: AS 0009 1.

236 Vgl. Helen Müller/Uwe Tack, Zeitzeugengespräch mit Martin Wolf vom 19. Juli 2006, bes. S. 33 f., in: Unternehmensarchiv Bertelsmann; Zeitzeugengespräch der

Unabhängigen Historischen Kommission mit Martin Wolf vom 29. Juli 1999, bes. S. 6 und 10, in: ebd.

237 Gespräch von Reinhard Mohn mit den Betriebsräten vom 8. Dezember 1970, in: Unternehmensarchiv Bertelsmann, 0046/128.

238 Vgl. Wischermann, Unternehmenskultur bei Bertelsmann, S. 255.

239 »Referat von Herrn Reinhard Mohn anläßlich der Diskussion am 29. Januar 1969 zum Thema ›Mitbestimmung‹ im Hotel Kaiserhof, Gütersloh«, in: Unternehmensarchiv Bertelsmann, 0046/129.

240 Aktennotiz »5-Tage-Woche« vom 12. Juli 1961, Unternehmensarchiv Bertelsmann, 0046/181.

241 Vgl. Michael Schneider, Demokratisierungs-Konsens zwischen Unternehmern und Gewerkschaftern? Zur Debatte um Wirtschaftsdemokratie und Mitbestimmung, in: Axel Schildt/Arnold Sywottek (Hrsg.), Modernisierung im Wiederaufbau. Die westdeutsche Gesellschaft der 50er Jahre, Bonn 1993, S. 207–222; ders., Vom »Herr-im-Hause« zum Sozialpartner? Grundzüge der unternehmerischen Reaktion auf die gewerkschaftlichen Forderungen nach Wirtschaftsdemokratie und Mitbestimmung, in: Ulrich Borsdorf u. a. (Hrsg.), Gewerkschaftliche Politik: Reform aus Solidarität. Festschrift zum 60. Geburtstag von Heinz Oskar Vetter, Köln 1977, S. 271–292; Plumpe, Unternehmensgeschichte im 19. und 20. Jahrhundert, S. 129.

242 Werner Milert/Rudolf Tschirbs, Vom Wert der Mitbestimmung. Betriebsräte und Aufsichtsräte in Deutschland seit 1945, Düsseldorf 2016; Gloria Müller, Strukturwandel und Arbeitnehmerrechte. Die wirtschaftliche Mitbestimmung in der Eisen- und Stahlindustrie 1949–1975, Essen 1991.

243 Reinhard Mohn an Willi Witte vom 28. März 1968, in: Unternehmensarchiv Bertelsmann, 0046/177.

244 Reinhard Mohn, »Paritätische Mitbestimmung« vom 10. August 1968, in: Unternehmensarchiv Bertelsmann, 0046/129.

245 Vgl. »Selbstverständnis und Aufgaben der Gewerkschaften in der Gesellschaft«, in: Bertelsmann Report 20 (Mai 1971), S. 1–4.

246 Reinhard Mohn, Notiz »Mitbestimmung« vom 28. August 1968, in: Unternehmensarchiv Bertelsmann, 0046/177. Grundsätzlich Wischermann, Unternehmenskultur bei Bertelsmann, S. 255 f.

247 Reinhard Mohn, Tarifpartner – Gefangene der Tradition, in: Das neue Unternehmen vom 15. November 1985.

248 Plumpe, Das kalte Herz, S. 464.

249 Wischermann, Unternehmenskultur bei Bertelsmann, S. 253.

250 Vgl. Jan-Otmar Hesse, »Familieninteresse geht vor Eigeninteresse«. Das Problem der Unternehmensnachfolge am Beispiel des Schweizer Ringier-Konzerns, in: Gert Kollmer-von Oheimb-Loup/Clemens Wischermann (Hrsg.), Unternehmernachfolge in Geschichte und Gegenwart, Ostfildern 2008, S. 125–151, bes. S. 144–151; Hervé Joly, Ende des Familienkapitalismus? Das Überleben der Unternehmerfamilien in den deutschen Wirtschaftseliten des 20. Jahrhunderts, in: Volker Berghahn/Stefan Unger/Dieter Ziegler (Hrsg.), Die deutsche Wirtschaftselite im 20. Jahrhundert. Kontinuität und Mentalität, Essen 2003, S. 75–91; Andrea Colli, The History of Family Business 1850–2000, Cambridge 2003 sowie Mary Rose, Family Business, Aldershot 1995. Zur Identitätsstiftung vgl. Björn Bohnenkamp (Hrsg.), Generation als Erzählung. Neue Perspektiven auf ein kulturelles Deutungsmuster, Göttingen 2009.

251 Siegfried Luther, Corporate Governance als Lebensaufgabe, in: Middelhoff/Schulte-Hillen/Thielen (Hrsg.), Reinhard Mohn, S. 293–303, hier S. 294.

252 Reinhard Mohn an Gerd Bucerius vom 6. September 1978, in: Unternehmensarchiv Bertelsmann 1000-74 (1981).

253 Vgl. zu diesem Topos Kim C. Priemel, Heldenepos und bürgerliches Trauerspiel. Unternehmensgeschichte im generationellen Paradigma, in: Björn Bohnenkamp/Till Manning/Eva M. Silies (Hrsg.), Generation als Erzählung. Neue Perspektiven auf ein kulturelles Deutungsmuster, Göttingen 2009, S. 107–128, hier S. 108 f., sowie Dirk Schumann, Buddenbrooks Revisited. The firm and the entrepreneurial family in Germany during the 19th and early 20th centuries, in: Paul L. Robertson (Hrsg.), Authority and control in modern industry. Theoretical and empirical perspectives, London 1999, S. 221–239, bes. S. 223 f. Vgl. auch Andreas Paulsen, Das »Gesetz der dritten Generation«, in: Der praktische Betriebswirt 2 (1941), S. 271–280. Zum Motto »Der Vater erstellt's, der Sohn erhält's, beim Enkel zerfällt's« vgl. Horst Albach/Werner Freund, Generationswechsel und Unternehmerkontinuität – Chancen, Risiken, Maßnahmen, Gütersloh 1989, S. 263.

254 »Ich bin kein Verleger, ich bin Unternehmer.« Reinhard Mohn im Gespräch mit Werner Höfer, S. 16.

255 Reinhard Mohn im Gespräch mit Günter Gaus im Rahmen der WDR-Sendung »Deutsche« (1986), in: Unternehmensarchiv Bertelsmann B 180, Nr. 993.

256 »Was wird aus Bertelsmann? Fragen an Firmenchef Reinhard Mohn zur geplanten Stiftung«, in: Bertelsmann Report 98 vom Juni 1977.

257 Reinhard Mohn, in: Industriemagazin, März 1978, S. 25.

258 »Ich bin kein Verleger, ich bin Unternehmer.« Reinhard Mohn im Gespräch mit Werner Höfer, S. 17.

259 Reinhard Mohn an Gerd Bucerius vom 6. September 1978, in: Unternehmensarchiv Bertelsmann 1000-74 (1981).

260 Middelhoff/Schulte-Hillen/Thielen, Reinhard Mohn, S. 27.

261 Zitiert nach Bleicher, Führung durch Vorbild, S. 69. Vgl. auch Heinz-Günter Kemmer, Rückzug an die Spitze. Reinhard Mohn will auch als Aufsichtsratchef seinen Medienkonzern weiter führen, in: Die Zeit vom 12. Februar 1981.

262 Middelhoff/Schulte-Hillen/Thielen, Reinhard Mohn, S. 22.

263 Joachim Fest, Unternehmer in der Zeit, in: Middelhoff/Schulte-Hillen/Thielen (Hrsg.), Reinhard Mohn, S. 100.

264 Joachim Fest, in: Der Spiegel vom 28. Februar 2000, S. 25.

265 Reinhard Mohn, »Studienreise Moskau« vom 30. Oktober 1957, in: Unternehmensarchiv Bertelsmann, 0046/194.

266 Bernhard Dietz, Die Ressource Mensch, in: Frankfurter Allgemeine Zeitung vom 15. Oktober 2018. Grundsätzlich Werner Plumpe, 1968 und die deutschen Unternehmen. Zur Markierung eines Forschungsfeldes, in: Zeitschrift für Unternehmensgeschichte 49 (2004), S. 45–66.

267 Reinhard Mohn, »Ansprache am 31.3. anläßlich der Lehrlingsfreisprache in der Aula des Mädchen-Gymnasiums« (1968), in: Unternehmensarchiv Bertelsmann, 0046/117.

268 Reinhard Mohn, »Heftkritik STERN-Heft Nr. 33« vom 26. August 1981, in: Reinhard Mohn, »Vortrag am Freitag, 25. März 1966, in Gütersloh«, in: Unternehmensarchiv Bertelsmann 0046/504.

269 Fest, Unternehmer in der Zeit, S. 97–101.

270 Jeffrey Herf, Unerklärte Kriege gegen Israel. Die DDR und die westdeutsche radikale Linke, 1967–1989, Göttingen 2019.

271 »Zeugen des Jahrhunderts. Reinhard Mohn im Gespräch mit Michael Jungblut« (1992), Unternehmensarchiv Bertelsmann, B 159, Nr. 1588.

272 Wendorff, Erinnerungen, S. 41 f.

273 Vgl. den Vortrag Hans-Dieter Weger »Aufgaben und Arbeit der Bertelsmann Stiftung« vor dem Kreis der Betriebsräte vom 5. März 1981, AS 0051/292, sowie die Zusammenstellung »Projekte der Bertelsmann Stiftung mit Bezug zu Israel«, ebd.

274 Reinhard Mohn an Gerd Schulte-Hillen vom 24. Juni 1988, in: Unternehmensarchiv Bertelsmann 0046/463.

275 Reinhard Mohn, »Thesen zum Artikel von Mechtersheimer« vom 12. Mai 1981, in: Unternehmensarchiv Bertelsmann 0046/504. Vgl. auch Reinhard Mohn an Gerd Bucerius vom 13. Mai 1981, in: Unternehmensarchiv Bertelsmann 0046/505.

276 »Mechtersheimer-Interview über die Nato-Nachrüstung«, in: Stern vom 26. März 1983.

277 Reinhard Mohn, »Thesen zum Artikel von Mechtersheimer« vom 12. Mai 1981, in: Unternehmensarchiv Bertelsmann 0046/504.

278 Wortwechsel. Ernst Elitz im Gespräch mit Reinhard Mohn (1992), in: Unternehmensarchiv Bertelsmann B 198, Nr. 154.

279 »Protokoll über die Sitzung des Kuratoriums der ZEIT-Stiftung« vom 12. Dezember 1988, in: Unternehmensarchiv Bertelsmann, 0046/359. Vgl. Reinhard Mohn an Konrad Schily vom 22. Dezember 1988, in: Unternehmensarchiv Bertelsmann, 0046/463.

280 Beate Flemming, Der soziale Kapitalist, in: Der Stern 42 (2009).

281 Stefan Grimberg, Abschied von einem Scheinlinken, in: Die Tageszeitung vom 5. Oktober 2009, S. 13.

282 Vortrag vor dem Arbeitskreis der »Jungen Unternehmer« vom 6. August 1970, in: Unternehmensarchiv Bertelsmann 0046/128.

283 Das große Interview – Die Welt des Reinhard Mohn. NDR-Reportage von Peter Schier-Gribowsky (1974), in: Unternehmensarchiv Bertelsmann B 166, Nr. 670.

284 Ebd.

285 Willemsen – das Fernsehgespräch. Im Gespräch mit Reinhard Mohn (1994), in: Unternehmensarchiv Bertelsmann B 202, Nr. 1753.

286 »Zeugen des Jahrhunderts. Reinhard Mohn im Gespräch mit Michael Jungblut« (1992), Unternehmensarchiv Bertelsmann, B 159, Nr. 1588.

287 Notiz für Forumsgespräch unter dem Titel »Privatwirtschaft im Sozialismus – Sozialismus im Kapitalismus« vom 20. März 1970, in: Unternehmensarchiv Bertelsmann 0046/128.

288 Zitiert nach »Meilenstein deutsch-sowjetischer Zusammenarbeit«, in: Bertelsmann Report 75 (1975), S. 1.

289 »Was wird aus Bertelsmann? Fragen an Firmenchef Reinhard Mohn zur geplanten Stiftung«, in: Bertelsmann Report 98 vom Juni 1977.

290 Vgl. zu diesen Zusammenhängen grundsätzlich Harold James, Rambouillet, 15. November 1975. Die Globalisierung der Wirtschaft, München 1997; ders., International Monetary Cooperation since Bretton Woods, Washington D.C./New York/Oxford 1996.

291 Vgl. Anselm Doering-Manteuffel/Lutz Raphael, Nach dem Boom. Perspektiven auf die Zeitgeschichte seit 1970, Göttingen 2008; Anselm Doering-Manteuffel/Lutz Raphael/Thomas Schlemmer (Hrsg.), Vorgeschichte der Gegenwart. Dimensionen des Strukturbruchs nach dem Boom, Göttingen/Bristol 2016; Werner Plumpe/André Steiner (Hrsg.), Der Mythos von der postindustriellen Welt. Wirtschaftlicher Strukturwandel in Deutschland 1960–1990, Göttingen 2016; Ralf Ahrens/André Steiner, Wirtschaftskrisen, Strukturwandel und internationale Verflechtung, in: Frank Bösch (Hrsg.), Geteilte Geschichte. Ost- und Westdeutschland 1970–2000, Bonn 2015, S. 79–115.

292 Tim Schanetzky, Ölpreisschock 1973. Wendepunkt des wirtschaftspolitischen Denkens, in: Andreas Rödder/Wolfgang Elz (Hrsg.), Deutschland in der Welt. Weichenstellungen in der Geschichte der Bundesrepublik, Göttingen 2010, S. 67–81, hier S. 68.

293 Lutz Raphael, Jenseits von Kohle und Stahl. Eine Gesellschaftsgeschichte Westeuropas nach dem Boom, Berlin 2019, S. 11.

294 Berghoff, Vom Gütersloher Kleinverlag, S. 40.

295 Reinhard Mohn an Gerd Bucerius vom 25. Juni 1981, zitiert nach Dahrendorf, Liberal und unabhängig, S. 223 f.

296 Paul Kirchhof, Der freie oder der gelenkte Bürger. Die Gefährdung der Freiheit durch Geld, Informationspolitik und durch die Organisationsgewalt des Staats, Stuttgart 2010, S. 12.

297 Reinhard Mohn an Gerd Schulte-Hillen vom 14. September 1983, in: Unternehmensarchiv Bertelsmann, 0046/564.

298 Rainer Hank, Das große Geld der guten Menschen aus Gütersloh, in: Frankfurter Allgemeine Zeitung vom 2. Dezember 2007. Kritik an Machtakkumulation, Widersprüchen und Inkonsistenzen zwischen proklamierter Delegation und Patriarchentum bei Thomas Schuler, Die Mohns. Vom Provinzbuchhändler zum Weltkonzern: Die Familie hinter Bertelsmann, Frankfurt am Main/New York 2004; ders., Bertelsmannrepublik Deutschland. Eine Stiftung macht Politik, Frankfurt am Main/New York 2010.

299 Willemsen – das Fernsehgespräch. Im Gespräch mit Reinhard Mohn (1994), in: Unternehmensarchiv Bertelsmann B 202, Nr. 1753.

300 Theodor Eschenburg, Herrschaft der Verbände?, Stuttgart 1955. Klassische Verbände als »intermediäre Institutionen« verloren ohnehin seit den 1970er Jahren an Bedeutung. Vgl. M. Rainer Lepsius, Interessen, Ideen und Institutionen, Opladen 1990.

301 »Zeugen des Jahrhunderts. Reinhard Mohn im Gespräch mit Michael Jungblut« (1992), Unternehmensarchiv Bertelsmann, B 159, Nr. 1588.

302 Reinhard Mohn an Henri Nannen vom 7. März 1985, in: Unternehmensarchiv Bertelsmann, 0046/605. Ähnlich: »Referat R. Mohn vor dem Damenkreis am 19.12.1984«, in: AS 0051/197.

303 Reinhard Mohn an Gerd Bucerius vom 15. Februar 1989, zitiert nach Dahrendorf, Liberal und unabhängig, S. 224.

304 »Referat von Herrn Reinhard Mohn anläßlich der Diskussion am 29. Januar 1969 zum Thema ›Mitbestimmung‹ im Hotel Kaiserhof, Gütersloh«, in: Unternehmensarchiv Bertelsmann, 0046/129.

305 Ebd.

306 Ebd.

307 Reinhard Mohn, Vor Demokratisierung sei gewarnt, in: »Blick durch die Wirtschaft« vom 6. April 1984.

308 »Zeugen des Jahrhunderts. Reinhard Mohn im Gespräch mit Michael Jungblut« (1992), Unternehmensarchiv Bertelsmann, B 159, Nr. 1588.

309 Luther, Corporate Governance als Lebensaufgabe, S. 294.

310 Dahrendorf, Liberal und unabhängig, S. 261.

311 Reinhard Mohn an Mark Wössner vom 19. August 1983, in: Unternehmensarchiv Bertelsmann 0046/569.

312 Reinhard Mohn an Manfred Lahnstein vom 21. April 1988, in: Unternehmensarchiv Bertelsmann 0046/359. Vgl. Manfred Lahnstein an Reinhard Mohn vom 19. April 1988, ebd. Nach dem Tod von Bucerius im Jahr 1995 wurde Mohn von der Zeit-Stiftung nur noch »kursorisch« konsultiert und verließ diese schließlich. Vgl. Dahrendorf, Liberal und unabhängig, S. 264. Fritz J. Raddatz bemerkte trocken, ausgerechnet Mohn sei offenbar der Einzige, der gegen den »Zeit«-Verkauf »heftig« opponiert habe. Fritz J. Raddatz, Tagebücher. Jahre 1982–2001, Reinbek 2010, S. 637.

313 Reinhard Mohn, »Stiftungsarbeit als Motor der Innovation« vom 4. Mai 1987, in: AS 0051/197. Vgl. auch Reinhard Mohn, Erfolg durch Partnerschaft. Eine Unternehmensstrategie für den Menschen, Berlin 1986, S. 75 f. und 174–181.

314 Interview Gloria Reyes-Morawski mit Hans-Dieter Weger vom 6. Oktober 1981, AuS 17.

315 Kapital der Bertelsmann AG soll von Stiftungen gehalten werden, in: Stuttgarter Zeitung vom 23. August 1973. Vgl. Frankfurter Allgemeine Zeitung vom 25. August 1973.

316 Frankfurter Allgemeine Zeitung vom 9. Februar 1976.

317 Vgl. den Genehmigungsbescheid vom 14. März 1977, in: AS 0055/383.

318 Frankfurter Allgemeine Zeitung vom 31. Mai 1977. Mit Satzung und Besetzung des Kuratoriums beschäftigte er sich auch in den folgenden Jahren immer wieder. Vgl. die Aufzeichnung »Kuratorium der Bertelsmann Stiftung« vom 25. Februar 1980, in: AS 0051/30.

319 Protokoll der Informationsveranstaltung »Stiftung« am 25. Oktober 1979, in: AS 0051/305.

320 Bericht Bertelsmann Stiftung III. Quartal 1979, in: AS 0051/302.

321 »Was kommt, wenn Reinhard Mohn geht?« Reinhard Mohn über die künftige Konzernpolitik, in: Buchmarkt 9/79 vom 11. September 1979.

322 Den Vorschlag, Gelder für die Bekämpfung von AIDS zu verwenden, beschied er beispielsweise 1987 abschlägig, nicht etwa weil er die Notwendigkeit nicht anerkannte, sondern weil er seine Stiftung nicht mit Aufgaben überbürden und überfordern wollte. Vgl. Manfred Lahnstein an Reinhard Mohn vom 2. März 1987, AS 0052/197; Reinhard Mohn an Manfred Lahnstein vom 3. März 1987, ebd.

323 Sabine Etzold, »Menschlichkeit ist effizient«. Reinhard Mohn krempelt das deutsche Bildungssystem um. Die Geschichte einer Passion, in: Die Zeit vom 15. April 1999.

324 Reinhard Mohn, »Stiftungsarbeit als Motor der Innovation« vom 4. Mai 1987, in: AS 0051/197.

325 »Referat R. Mohn vor dem Damenkreis am 19.12.1984«, in: AS 0051/197.

326 Bericht Bertelsmann Stiftung I. Quartal 1979, in: AS 0051/302.

327 »Was wird aus Bertelsmann? Fragen an Firmenchef Reinhard Mohn zur geplanten Stiftung«, in: Bertelsmann Report 98 vom Juni 1977.

328 Middelhoff/Schulte-Hillen/Thielen, Reinhard Mohn, S. 34.

329 Reinhard Mohn im Interview mit der Deutschen Welle vom 2. April 1998, in: AuS 24.

330 Ergebnisbericht Erste Sitzung des Beirats der Bertelsmann Stiftung am 13. Januar 1983, in: AS 0051/431. Zur Auswahl Mohns vgl. Reinhard Mohn an Gerd Bucerius vom 6. Oktober 1982, in: AS 0051/431.

331 Reinhard Mohn, Ansprache anläßlich der Verleihung der Goldmedaille des Bundesverbandes Deutscher Stiftungen (14. Mai 1998), in: AS 0008/158.

332 Reinhard Mohn, »Stiftungsarbeit als Motor der Innovation« vom 4. Mai 1987, in: AS 0051/197.

333 Reinhard Mohn, Referat »Die Verpflichtung des Eigentums gegenüber der Gemeinschaft« auf der Pressekonferenz der Bertelsmann-Stiftung am 22. Juni 1982, in: AS 0051/292.

334 Hans-Dieter Weger, Vortrag »Aufgaben und Arbeit der Bertelsmann Stiftung« vor dem Kreis der Betriebsräte vom 5. März 1981, in: AS 0051/292.

335 »Referat R. Mohn vor dem Damenkreis am 19.12.1984«, in: AS 0051/197.

336 Vgl. die undatierte, aus dem Jahr 1981 stammende Skizze Reinhard Mohns, »Die Kunst des Notwendigen – Ordnungs- und Strukturmodelle für Europa«, in: AS 0051/293.

337 Ansprache Reinhard Mohn anläßlich der Vorstellung des Projektes »Kulturraum Europa – Zwischen Einheit und Vielfalt« (Konzept vom 18. Februar 1988), in: AS 0051/197.

338 Horst Teltschik, Kontinuität wahren – Profil schärfen, in: Bertelsmann Stiftung (Hrsg.), Tätigkeitsbericht 1991, Gütersloh 1992, S. 7.

339 Reinhard Mohn an Hans-Dieter Weger vom 17. Dezember 1984, in: AS 0051/127; Bertelsmann-Preis. Erläuterungen zum Zweck und zu den Zielen (25. November 1985), ebd. Eine konzise Darstellung zur Geschichte und Entwicklung dieser Auszeichnung: Bertelsmann Stiftung – Stiftungsarchiv (Hrsg.), Der Carl Bertelsmann-Preis.

340 Ergebnisbericht: Arbeitsgespräch zum Carl Bertelsmann-Preis am 16. Mai 1986 in Düsseldorf, in: AS 00051/127.

341 Vgl. Kurt H. Biedenkopf, Von Bonn nach Dresden. Aus meinem Tagebuch Juni 1989 bis November 1990, München 2015, S. 196 (Eintrag vom 30. April 1990) und

S. 307 (Eintrag vom 30. August 1990) sowie ders., Ein neues Land entsteht. Aus meinem Tagebuch November 1990 bis August 1992, München 2015, S. 312 (Eintrag vom 10. Februar 1992).

342 Zu den Details Luther, Corporate Governance als Lebensaufgabe, S. 299, und Berghoff, Vom Gütersloher Kleinverlag, S. 54 f. sowie Rainer Hank, Warum einer ein Milliardenvermögen weggibt. Die Bertelsmann-Stiftung und die Geschichten großer Stifter, in: Frankfurter Allgemeine Zeitung vom 27. November 1993.

343 Berghoff, Vom Gütersloher Kleinverlag, S. 54 f.

344 Reinhard Mohn, Expansion und Internationalisierung, in: Bertelsmann Stiftung (Hrsg.), Tätigkeitsbericht 1992, Gütersloh 1993, S. 5.

345 Kempowski, Schwarzbrod und Freiheit, S. 34.

346 »Referat R. Mohn vor dem Damenkreis am 19.12.1984«, in: AS 0051/197.

347 Ebd. Vgl. zur Gründung die »Besprechungspunkte Gespräch bei R. Mohn am 16. März 1978«, in: AS 0051/356.

348 Notiz Harnischfeger, »Stadtbibliothek« vom 31. Oktober 1977, in: AS 0051/356.

349 Hans-Dieter Weger, Vortrag »Aufgaben und Arbeit der Bertelsmann Stiftung« vor dem Kreis der Betriebsräte vom 5. März 1981, AS 0051/292; Bericht Bertelsmann Stiftung II. Quartal 1979, AS 0051/302.

350 Reinhard Mohn, »Die Entwicklung der Bertelsmann AG nach dem Zweiten Weltkrieg« vom 31. August 2005, in: AS 0018/383 (2).

351 Reinhard Mohn im Interview mit der Deutschen Welle vom 2. April 1998, in: AuS 24.

352 Vgl. die Stiftungssatzung in AS 0055/73 sowie Reinhard Mohn, »Entwicklung einer Stadt-Stiftung« vom 18. Januar 1996, in:

ebd.; Notiz »Stadt-Stiftung Gütersloh« vom 15. Mai 1996, ebd.; Reinhard Mohn, Entwurf. Gründung einer Stadt-Stiftung in Gütersloh vom 12. März 1996, in: ebd.

353 Reinhard Mohn, Ansprache anläßlich der Verleihung der Goldmedaille des Bundesverbandes Deutscher Stiftungen (14. Mai 1998), in: AS 0008/158; Vgl. die Ansprache von Reinhard Mohn auf dem Stiftungssymposium am 7. Mai 1998, in: AS 0008/196.

354 »Reinhard Mohn verzichtet auf seine Stimmrechte«, in: Bertelsmann Management News. Report Special vom 1. Juli 1999, S. 2. Vgl. Berghoff, Vom Gütersloher Kleinverlag, S. 68.

355 Zitiert nach dem Beitrag von Reinhard Mohn in: Welt am Sonntag vom 8. Februar 2003.

356 Ebd.

357 Ebd.

358 Lokatis, Ein Konzept geht um die Welt, S. 164–169.

359 Vgl. Berghoff, Vom Gütersloher Kleinverlag, S. 70; Luther, Corporate Governance als Lebensaufgabe, S. 302; Dieter Leder, »Der große Deal«. Das Fernsehgeschäft, in: 175 Jahre Bertelsmann, S. 284–329, hier S. 323.

360 Reinhard Mohn, in: Hamburger Morgenpost vom 12. Juni 2001.

361 »Thomas Middelhoff verlässt Bertelsmann AG«, Pressemitteilung vom 28. Juli 2002.

362 Zum Kontext auch Berghoff, Vom Gütersloher Kleinverlag, S. 70 ff. Middelhoffs Version der Dinge findet sich in: Thomas Middelhoff, A 115 – Der Sturz, Stuttgart 2017²; vgl. auch Massimo Bognanni, Middelhoff. Abstieg eines Star-Managers, Frankfurt am Main/New York 2017.

363 Reinhard Mohn, »Thesen zum Generalthema« (1983), in: Unternehmensarchiv Bertelsmann, 0046/480.

364 Reinhard Mohn, »Neues Konzept für die Arbeitsmarktpolitik« (1989), in: Unternehmensarchiv Bertelsmann, 0046/480.

365 Vgl. die Vorlage für Kurt Biedenkopf und Hans-Dieter Weger vom 23. Mai 1989, in: AS 0051/148.

366 Reinhard Mohn, »Bekämpfung der Arbeitslosigkeit« vom 14. Juni 1989, in: AS 0051/148.

367 Kurt H. Biedenkopf, Im Dienst der Gemeinschaft. Das soziale Modell Bertelsmann, in: 150 Jahre Bertelsmann, S. 379–400, hier S. 400.

368 Willemsen – das Fernsehgespräch. Im Gespräch mit Reinhard Mohn (1994), in: Unternehmensarchiv Bertelsmann B 202, Nr. 1753.

369 Reinhard Mohn, »Neues Konzept für die Arbeitsmarktpolitik« vom 14. Juli 1989, in: Unternehmensarchiv Bertelsmann, 0046/752. Vgl. auch Mohns 44 Seiten umfassendes Manuskript »Arbeitslosigkeit ist vermeidbar. Eine Stellungnahme aus ordnungspolitischer und führungstechnischer Sicht«, in: ebd.

370 Kurt Biedenkopf an Reinhard Mohn vom 16. Januar 1990, in: Unternehmensarchiv Bertelsmann, 0046/752.

371 Middelhoff/Schulte-Hillen/Thielen, Reinhard Mohn, S. 19.

372 Wortwechsel. Ernst Elitz im Gespräch mit Reinhard Mohn (1992), in: Unternehmensarchiv Bertelsmann B 198, Nr. 154.

373 Willemsen – das Fernsehgespräch. Im Gespräch mit Reinhard Mohn (1994), in: Unternehmensarchiv Bertelsmann B 202, Nr. 1753.

374 Vgl. Mohns Schrift von 1987, »Wird der Unternehmer noch gebraucht?«.

375 Reinhard Mohn, »Vorschlag für die weitere Bearbeitung des Themas ›Euro-

päische Kulturpolitik‹« vom 8. Dezember 1989, in: Unternehmensarchiv Bertelsmann, 0046/758.

376 »Zeugen des Jahrhunderts. Reinhard Mohn im Gespräch mit Michael Jungblut« (1992), Unternehmensarchiv Bertelsmann, B 159, Nr. 1588.

377 Vgl. den Schriftverkehr zwischen Reinhard Mohn und Wolf Jobst Siedler in: Unternehmensarchiv Bertelsmann 0307/38.

378 »Provokation.« Kurt Biedenkopf über Reinhard Mohns »Erfolg durch Partnerschaft«, in: Capital 9/1986, S. 224 f. Vgl. auch die positiven Rezensionen in der Stuttgarter Zeitung vom 5. September 1986 und die Besprechung von Horst Albach in der Zeitschrift für Betriebswirtschaft, Jg. 56, Nr. 12/1986.

379 Reinhard Mohn, Notiz zur Buchbesprechung im Bayerischen Fernsehen zu »Erfolg durch Partnerschaft« vom 5. September 1986, Unternehmensarchiv Bertelsmann 0046/464. Vgl. das Fernsehinterview in der Serie »LeseZeichen« vom 3. September 1986: Unternehmensarchiv Bertelsmann B 179/991.

380 Reinhard Mohn, Menschlichkeit gewinnt. Eine Strategie für Fortschritt und Führungsfähigkeit, Gütersloh 2000, S. 76.

381 Reinhard Mohn, Wir alle wollen besser leben, in: Bertelsmann Illustrierte 1 (1960), S. 3.

382 Reinhard Mohn, Die gesellschaftliche Verantwortung des Unternehmers, München 2003.

383 So lautete Mohns Zusammenfassung seiner Thesen anlässlich der Verabschiedung des Vorstandsvorsitzenden Gunter Thielen am 13. Dezember 2007, in: »Verbunden mit uns allen« – Reinhard Mohn in Berlin, vom 13. Dezember 2007, Bertelsmann Management Meeting 2007/2008.

384 Ralf Altenhof, in: Neue Zürcher Zeitung vom 12. April 2003.

385 Richard Wagner an Reinhard Mohn vom 11. Oktober 2004, in: AS 0009/1; Reinhard Mohn an Richard Wagner vom 13. Oktober 2004, ebd.

386 Reinhard Mohn, Von der Welt lernen. Erfolg durch Menschlichkeit und Freiheit, München 2008.

387 Gustav Seibt, Der Waldläufer, in: Süddeutsche Zeitung vom 15. Oktober 2008.

388 »Verbunden mit uns allen« – Reinhard Mohn in Berlin, vom 13. Dezember 2007, Bertelsmann Management Meeting 2007/2008.

389 Vgl. auch die Reportage »Der Bertelsmann«, in: Stern vom 21. Juni 2007.

390 Reinhard Mohn, in: The Economist vom 17. Oktober 2009.

391 Dahrendorf, Liberal und unabhängig, S. 221 f.

392 Middelhoff/Schulte-Hillen/Thielen, Reinhard Mohn, S. 21.

393 Gerd Bucerius, Rede zum 60. Geburtstag, in: Unternehmensarchiv Bertelsmann 1000-74 (1981).

394 Reinhard Mohn im Gespräch mit Günter Gaus im Rahmen der WDR-Sendung »Deutsche« (1986), in: Unternehmensarchiv Bertelsmann B 180, Nr. 993. Vgl. bereits ähnlich: »Was wird aus Bertelsmann? Fragen an Firmenchef Reinhard Mohn zur geplanten Stiftung«, in: Bertelsmann Report 98 vom Juni 1977.

395 Bleicher, Führung durch Vorbild, S. 76.

Bibliographie

Von großer Bedeutung für das vorliegende Buch war die hervorragende Unterstützung durch das Team des Unternehmensarchivs Bertelsmann in Gütersloh. Insbesondere Dr. Helen Müller und Andreas Knura möchte ich an dieser Stelle ausdrücklich für ihre professionelle und sachkundige Begleitung meiner Recherchen danken.

Quellen

Unternehmensarchiv Bertelsmann, Gütersloh

Bestand 0046 (Geschäftsakten Reinhard Mohn)

Sonstige Bestände: 0008, 0055, 0307, 1000-74, B 105, B 159, B 166, B 179, B 180, B 198, B 202, RM 3, Bestand Zeitzeugengespräche Team Unternehmensarchiv, Bestand Unabhängige Historische Kommission

Bestand Unternehmenspublikationen

Archiv der Bertelsmann Stiftung, Gütersloh

Bestände AS 0008 (Roland Kaehlbrandt), AS 0009 (Richard Wagner), AS 0051 (Hans-Dieter Weger), AS 0052 (Horst Teltschik), AS 0055 (Wolfgang Koeckstadt)

Audiobestand (AuS)

Landesarchiv NRW, Abt. Rheinland, Duisburg

LArch NRW, NW 1061 (Kopie eingesehen im Unternehmensarchiv Bertelsmann)

Publikationen

Das Verzeichnis umfasst möglichst vollständig die gedruckten und öffentlich zugänglichen Buch- und Aufsatzpublikationen Reinhard Mohns zwischen 1959 und 2009 sowie in Auswahl Zeitungsbeiträge und Interviews. Die zahlreichen Beiträge Mohns in internen Firmenzeitschriften und Geschäftsberichten wurden nicht aufgenommen. Diese sind im Unternehmensarchiv von Bertelsmann einsehbar.

Aufgeführt sind darüber hinaus die wichtigsten Bücher und Beiträge über Reinhard Mohn und das Haus Bertelsmann seit 1957.

1) Publikationen von Reinhard Mohn
a) Bücher und Broschüren

Ausbildung und Fortbildung im Buchhandel. Frankfurter Buchmesse 1965, Gütersloh 1965 [6 S.]; auch in: Bertelsmann Briefe, H. 42, Januar 1966, S. 2–3.

Der Unternehmer als Politiker. Sein gesellschaftspolitischer Auftrag [Vortrag vor dem Rhein-Ruhr-Klub, Düsseldorf, 2.10.1974] (= Bertelsmann-Texte, Bd. 2), Gütersloh 1974; auch in: Institut der Deutschen Wirtschaft Köln: Vortragsreihe des Instituts der Deutschen Wirtschaft 24 (1974), H. 50, Köln 1974.

Deutschland im Wettbewerb der Ordnungssysteme, Gütersloh 1997; Neuabdruck in: Mohn, Reinhard: Vorträge und Schriften III. 1996–2006, Gütersloh 2009, S. 109–123.

Die Eitelkeit im Leben des Managers, Gütersloh 1985; Neuabdruck in: Mohn, Reinhard: Vorträge und Schriften III. 1996–2006, Gütersloh 2009, S. 179–201.

Die gesellschaftliche Verantwortung des Unternehmers, München 2003.

Die Rolle der Kommunikationsmedien in der Kulturpolitik eines geeinten Europas [Vortrag anlässlich der Tagung des katalanischen Verlegerverbands »NIT DE L'EDICIO«, Barcelona, 12.6.1991], Gütersloh 1991; Neuabdruck in: Mohn, Reinhard: Vorträge und Schriften II. 1987–1996, Gütersloh 2009, S. 183–196.

Die Sicherung der Unternehmenskontinuität, Gütersloh 1985; auch in: Bertelsmann Briefe, H. 117, Juni 1985, S. 5–13; Neuabdruck in: Vorträge und Schriften I. 1983–1986, Gütersloh 2009, S. 135–166.

Effizienz und Evolutionsfähigkeit im öffentlichen Dienst [Vortrag an der Hochschule für Verwaltungswissenschaften Speyer, 5.11.1992], Gütersloh 1993; auch als Speyerer Vorträge, Bd. 21, Speyer 1992; Neuabdruck in: Vorträge und Schriften II. 1987–1996, Gütersloh 2009, S. 155–181.

Eine neue Führungskonzeption für die mittelständische Wirtschaft [basierend auf einem Vortrag anlässlich der Jahrestagung des Verbandes Deutscher Buch-, Zeitungs- und Zeitschriften-Grossisten e.V. (Presse-Grosso), Baden-Baden, 11.9.1981], Frankfurt am Main 1981.

Erfolg durch Partnerschaft. Eine Unternehmensstrategie für den Menschen, München 1986 / erweiterte 4. Auflage 1996.

Freiheit für den kreativen Menschen, Gütersloh 1995; Neuabdruck in: Vorträge und Schriften II. 1987–1996, Gütersloh 2009, S. 197–224.

Führung in der Wirtschaft – Beispiele für die Verwaltung? [Vortrag an der Bundesakademie für öffentliche Verwaltung, Maria Laach, 23.9.1981], Gütersloh 1981.

Geistige Orientierung als Grundlage der Gemeinschaftsfähigkeit, Gütersloh 21997; Neuabdruck in: Vorträge und Schriften III. 1996–2006, Gütersloh 2009, S. 125–133.

»Gemeinschaft ist mehr als die Wahrnehmung gemeinsamer Interessen« [Beitrag anlässlich des 70. Geburtstags von Helmut O. Maucher am 9.12.1997], Gütersloh 1998.

Gemeinschaftsfähigkeit – als Brücke zwischen dem einzelnen und der Gesellschaft [Vortrag in der Bertelsmann Stiftung, Gütersloh, 5.9.1996], Gütersloh 1996; Neuabdruck in: Vorträge und Schriften III. 1996–2006, Gütersloh 2009, S. 73–95.

Gesellschaftlicher Wandel, Führung und Partnerschaft. Ausgewählte Referate, Gütersloh 1984.

Hindernisse auf dem Weg zur partnerschaftlichen Zusammenarbeit in der Wirtschaft [basierend auf einem Vortrag auf der Jahrestagung der Arbeitsgemeinschaft für Partnerschaft in der Wirtschaft, Bonn, Dezember 1990], Gütersloh 1991; Neuabdruck in: Vorträge und Schriften II. 1987–1996, Gütersloh 2009, S. 77–94.

Kann das Kapital noch führen?, Gütersloh 1988; Neuabdruck in: Vorträge und Schriften II. 1987–1996, Gütersloh 2009, S. 53–75.

Kooperation in Wirtschaft und Gesellschaft. Beiträge zu einem neuen Zielverständnis, Gütersloh 1998.

Kooperative Führung, Gütersloh 1998; Neuabdruck: Kooperative Führung. Den Wandel in der Wirtschaft verstehen, in: Vorträge und Schriften III. 1996–2006, Gütersloh 2009, S. 135–177.

Menschlichkeit gewinnt. Eine Strategie für Fortschritt und Führungsfähigkeit / Ein Bericht an den Club of Rome, Gütersloh 2000; auch Lizenzausgabe Verlag Bertelsmann Stiftung 2009.

Neue Lösungen für die Beziehungen des Unternehmens zu seinen Angestellten [Vortrag an der Hebräischen Universität Jerusalem, 6.4.1981], Gütersloh 1985; Neuabdruck in: Vorträge und Schriften I. 1983–1986, Gütersloh 2009, S. 169–192.

Neue Ziele in der Welt der Arbeit [Vortrag auf dem Kongress »Menschen machen Wirtschaft – neue Ziele in der Welt der Arbeit, veranstaltet von der Arbeitsgemeinschaft zur Förderung der Partnerschaft in der Wirtschaft e.V. (AGP), Kassel, 15.9.1992], Gütersloh 1992; auch in: Arbeit 2 (1993), H. 1, S. 63–68; Neuabdruck in: Vorträge und Schriften II. 1987–1996, Gütersloh 2009, S. 155–181.

Sachgerechte Mitbestimmung in der Wirtschaft, Gütersloh 1986; Neuabdruck in: Vorträge und Schriften I. 1983–1986, Gütersloh 2009, S. 219–247.

Sozialpolitik in Europa [Vortrag anlässlich einer Ring-Vorlesung an der Universität-Gesamthochschule Paderborn, 6.5.19920], Gütersloh 1992; Neuabdruck in: Vorträge und Schriften II. 1987–1996, Gütersloh 2009, S. 133–153.

Systemfortschreibung als Voraussetzung für Führungsfähigkeit (= Kieler Vorträge; N.F., Nr. 127), Kiel 2000.

Unternehmerische Führung im Großbetrieb, Gütersloh 1997; Neuabdruck in: Vorträge und Schriften III. 1996–2006, Gütersloh 2009, S. 97–108.

Vermögensbildung in Arbeitnehmerhand, Gütersloh 1998.

Von der Welt lernen. Erfolg durch Menschlichkeit und Freiheit, München 2008; auch Lizenzausgabe Verlag Bertelsmann Stiftung 2009.

Vorträge und Schriften I. 1983–1986, Gütersloh 2009.

Vorträge und Schriften II. 1987–1996, Gütersloh 2009.

Vorträge und Schriften III. 1996–2006, Gütersloh 2009.

Wird der Unternehmer noch gebraucht?, Gütersloh 1987; Neuabdruck in: Vorträge und Schriften II. 1987–1996, Gütersloh 2009, S. 9–51.

Ziele und Führung im öffentlichen Bereich, Gütersloh 2004; Neuabdruck in: Vorträge und Schriften III. 1996–2006, Gütersloh 2009, S. 203–207.

Zur Standortbestimmung von Unternehmen in einer modernen Gesellschaft [Grundsatzreferat auf der gemeinsamen Arbeitstagung der Bertelsmann Stiftung und des Instituts für Wirtschafts- und Gesellschaftspolitik e.V. zum Thema »Unternehmensführung vor neuen gesellschaftlichen Herausforderungen«, Hamburg, 23./24.4.1985], Gütersloh 1985 / 2001; Neuabdruck in: Vorträge und Schriften I. 1983–1986, Gütersloh 2009, S. 193–217.

1946–1991: Ein Abschnitt der Verlagsgeschichte des Hauses Bertelsmann [Ansprache anlässlich des Festakts zu seinem 70. Geburtstag in der Stadthalle Gütersloh,

1.7.1991], Gütersloh 1991; Neuabdruck
in: Vorträge und Schriften II. 1987–1996,
Gütersloh 2009, S. 115–132.

Mohn, Reinhard/Schlecht, Otto/Schmidt,
Gerhard: Ordnungspolitische Eckpunkte
für die Erneuerung der sozialen Marktwirtschaft. Leitlinien für die politische Praxis.
Forschungsprogramm »Weiterentwicklung
und Perspektiven der sozialen Marktwirtschaft«, Gütersloh 1997.

b) Buchbeiträge
Akzeptanz in der Öffentlichkeit bestätigt
Kompetenz der Stiftung, in: Bertelsmann
Stiftung (Hg.): Tätigkeitsbericht 1993
[Bertelsmann Stiftung], Gütersloh 1994, S. 5.

Arbeitslosigkeit ist vermeidbar, in: Carl
Bertelsmann-Preis. Beschäftigungspolitik
in einer offenen Gesellschaft. Festakt und
Symposium 1991, Gütersloh 1992, S. 39–46.

Auf dem Wege vom Obrigkeitsstaat
zur Bürgergesellschaft, in: Hanns Martin
Schleyer-Preise 1998 und 1999 (= Veröffent-
lichungen der Hanns-Martin-Schleyer-Stif-
tung, Bd. 53), Stuttgart/Köln 1999, S. 49–60

Auf dem Weg zur Partnerschaft, in:
Mohn, Reinhard: Gesellschaftlicher Wandel, Führung und Partnerschaft. Ausgewählte Referate, Gütersloh 1984, S. 24–32;
Neuabdruck in: Vorträge und Schriften I.
1983–1986, Gütersloh 2009, S. 95–110.

Auslobung des Carl Bertelsmann-Preises,
in: Carl Bertelsmann-Preis. Festakt 1988.
Auslobung, Laudatio, Reden der Preisträger,
Gütersloh 1989, S. 5–13.

Begrüßung / Zusammenleben in einem
multikulturellen Staat. Thesenpapier zum
Carl Bertelsmann-Preis 1992, in: Carl
Bertelsmann-Preis. Einwanderung und
Integration von Ausländern in einer Zeit

des Wandels. Dokumentationsband zum
Carl Bertelsmann-Preis 1992, Gütersloh
o. D., S. 15–18 / 51–56.

Berichterstattung im öffentlichen Bereich,
in: Bertelsmann Stiftung (Hg.): Tätigkeitsbericht 1991 [Bertelsmann Stiftung], Gütersloh
1992, S. 6.

Betriebliche Partnerschaft als Herausforderung der Tarifparteien, in: Mitarbeiterbe-
teiligung, Unternehmenskultur und Sozialpartnerschaft. Ergebnisse eines Kongresses
der Niedersächsischen Landesregierung in
Zusammenarbeit mit der Arbeitsgemeinschaft zur Förderung der Partnerschaft in
der Wirtschaft (AGP) und der Bertelsmann
Stiftung am 14. November 1988 in Hannover,
Gütersloh 1989, S. 21–30.

Demokratisierung der Wirtschaft?, in:
Ders.: Gesellschaftlicher Wandel, Führung und Partnerschaft. Ausgewählte Referate, Gütersloh 1984, S. 16–23; Neuabdruck
in: Vorträge und Schriften I. 1983–1986,
Gütersloh 2009, S. 82–94.

Der Gesellschaft dienen, in: Bertelsmann
Stiftung (Hg.): Projekte – Projektionen.
Erster Tätigkeitsbericht der Bertelsmann
Stiftung, Gütersloh 1982, S. 7.

Der Mensch in der Welt der Arbeit, in:
Arbeitsgemeinschaft zur Förderung der
Partnerschaft in der Wirtschaft (Hg.): Unternehmenskultur in Deutschland – Menschen
machen Wirtschaft. Themen eines Kongresses, Gütersloh 1986, S. 22–26.

Die Führung eines Berufsverbandes,
in: Adrian, Werner (Hg.): Das Buch in der
dynamischen Gesellschaft. Festschrift für
Dr. Wolfgang Strauss zum 60. Geburtstag,
Trier 1970, S. 265–272; auch in: Bertelsmann
Briefe, Sondernummer, 1969 [4 S.].

Die Führungspraxis in deutschen Aktiengesellschaften. Ansatzpunkte für eine
Weiterentwicklung der dualen Führungsspitze, in: Bertelsmann Stiftung (Hg.): Zeitgemäße Gestaltung der Führungsspitze von
Unternehmen. Gedanken und Anregungen,
Gütersloh 1983, S. 27–39; Neuabdruck
in: Vorträge und Schriften I. 1983–1986,
Gütersloh 2009, S. 42–63.

Die Leistungsgesellschaft von morgen, in: Unternehmen und Gesellschaft
(= Bertelsmann-Texte, Bd. 9), Gütersloh
1981, S. 5–17.

Die Sicherung der Unternehmenskontinuität, in: Franz, Otmar (Hg.): RKW-
Handbuch Führungstechnik und Organisation, Bd. 1, Berlin 1989, S. 1055–1056.

Die Verantwortung von Stiftungen heute,
in: Bertelsmann Stiftung (Hg.): Operative
Stiftungsarbeit. Strategien – Instrumente –
Perspektiven, Gütersloh 1996, S. 145–154.

Eigentum verpflichtet, in: Bertelsmann
Stiftung (Hg.): Geschäftsbericht 1989 –
1988 – 1987 [Bertelsmann Stiftung],
Gütersloh 1990, S. 5.

Einleitung / Schlußworte zum Sym-
posium / Schlußworte zum Festakt, in:
Bertelsmann Stiftung (Hg.): Innovative
Schulsysteme im internationalen Vergleich.
Carl Bertelsmann-Preis 1996, Bd. 2: Do-
kumentation zu Symposium und Festakt,
Gütersloh 1998, S. 11–14 / 134–136 / 163–166.

Erfahrungen aus dem Ausland nutzbar
machen, in: Bertelsmann Stiftung (Hg.):
Fernsehen bedarf der Verantwortung. Ergebnisse von Symposium und Festakt anläßlich
der Verleihung des Carl Bertelsmann-Preises
1994 zum Thema »Gesellschaftliche Verantwortung im Fernsehen«, Bd. 1, Gütersloh
1995, S. 19–21.

Eröffnung und Begrüßung, in: Carl Bertelsmann-Preis. Symposium 1988. Zwischen Konflikt und Kooperation: Der Beitrag der Tarifparteien zur Entwicklung der Gesellschaft, Gütersloh 1989, S. 6–8.

Evolution im Hochschulbereich, in: Carl Bertelsmann-Preis. Symposium 1990. Evolution im Hochschulbereich, Gütersloh 1990, S. 7–11.

Expansion und Internationalisierung, in: Bertelsmann Stiftung (Hg.): Tätigkeitsbericht 1992 [Bertelsmann Stiftung], Gütersloh 1993, S. 5.

Fortschreibung der Strategie der Bertelsmann Stiftung, in: Bertelsmann Stiftung (Hg.): Tätigkeitsbericht 94/95 [Bertelsmann Stiftung], Gütersloh 1995, S. 4–5.

Gedanken zur Gründung der Bertelsmann Stiftung, in: Bertelsmann Stiftung (Hg.): 25 Jahre Bertelsmann Stiftung. Reformbilanz, Gütersloh 2002, S. 8–9.

Gesellschaftspolitische Dimensionen moderner Unternehmenspolitik. Referat vor dem Juniorenkreis der Industrie- und Handelskammer Bielefeld am 27. März 1979, in: Beiträge zur Unternehmenskonzeption, hg. v. d. Zentralen Presse- und Informationsabteilung der Bertelsmann AG (= Bertelsmann-Texte, Bd. 8), Gütersloh 1980, S. 5–18.

Grundwerte im Wandel. Eine Herausforderung für unternehmerisches Handeln [mit Statement bei Podiumsdiskussion auf Tagung des Hessischen Sparkassen- und Giroverbandes, 13.6.1984], in: Ders.: Gesellschaftlicher Wandel, Führung und Partnerschaft. Ausgewählte Referate, Gütersloh 1984, S. 7–15; Neuabdruck in: Vorträge und Schriften I. 1983–1986, Gütersloh 2009, S. 67–81.

[Grußwort], in: BMG Entertainment International (Hg.): 40 Jahre Ariola – Musik im Rhythmus der Zeit, o. O. 1998, S. 6.

Grußwort / Begrüßung / Schlußwort, in: Bertelsmann Stiftung (Hg.): Carl Bertelsmann-Preis [1993]. Demokratie und Effizienz in der Kommunalverwaltung, Bd. 2: Dokumentation zu Symposium und Festakt, Gütersloh 1994, S. 11–13 / 359–361/ 405–408.

Hindernisse und Erfolge auf dem Weg zu einer neuen Kultur der Selbständigkeit, in: Bertelsmann-Stiftung (Hg.): Für eine neue Kultur der Selbständigkeit. Der Abschied von starren Ordnungen – mehr Selbstbestimmung und Kreativität in Wirtschaft, Politik und Verwaltung. Ein Symposium zu Ehren von Reinhard Mohn anläßlich seines 70. Geburtstages. Gütersloh, 3./4. Juni 1991, Gütersloh 1991, S. 80–88.

Kultur und Stiftungen – Chancen für Kreativität und Vielfalt, in: Bertelsmann Stiftung (Hg.): Geschäftsbericht 1990 [Bertelsmann Stiftung], Gütersloh 1991, S. 6–8.

Kultur und Verfassung – Strategien und Optionen für die Zukunft Europas, in: Die Zukunft Europas. Kultur und Verfassung des Kontinents. Vorträge, Debatten und Dokumente der internationalen Konferenz in Rom, 17.–19. Oktober 1990, Gütersloh 1991, S. 9–11.

Laudatio und Auslobung des Carl Bertelsmann-Preises 1989 / Citation and Laudation for the Carl Bertelsmann-Prize 1989, in: Carl Bertelsmann-Preis. Festakt 1989. Award Ceremony 1989. Auslobung, Laudatio, Preisträger. Citation, Laudation, Addresses by Prize Winners, Gütersloh 1989, S. 13–26 / 67–79.

Laudatio und Auslobung des Carl Bertelsmann-Preises 1990, in: Carl Bertelsmann-Preis Festakt 1990, Gütersloh 1990, S. 23–38

Mark Wössner – 30 Jahre Führungsverantwortung in einem partnerschaftlich verfassten Unternehmen, in: Mark Wössner und das Haus Bertelsmann, München 1998, S. 13–21.

Neue Anforderungen an die Führung von Unternehmen, in: Bertelsmann Stiftung u. a. (Hg.): Auf den Menschen kommt es an. Führung und Motivation im Unternehmen. Eine empirische Studie im Dialog mit der Praxis, Gütersloh 1996, S. 101–104.

Prämissen des Kurswechsels in der Beschäftigungspolitik, in: Empter, Stefan/Frick, Frank (Hg.): Beschäftigungspolitik als ordnungspolitische Aufgabe. Internationale Beiträge zum Carl Bertelsmann-Preis 1995, Gütersloh 1996, S. 13–16.

Selbstverwirklichung in der öffentlichen Verwaltung? [Ansprache anlässlich der Eintragung in das Ehrenbuch des Deutschen Beamtenbundes – Kreisverband Minden-Lübbecke –, 20.3.1984], in: Ders.: Gesellschaftlicher Wandel, Führung und Partnerschaft. Ausgewählte Referate, Gütersloh 1984, S. 41–47; Neuabdruck in: Vorträge und Schriften I. 1983–1986, Gütersloh 2009, S. 124–134.

Stiftungsarbeit als Beitrag zur gesellschaftlichen Innovation, in: Hamm, Ingrid/ Waltermann, Jens (Hg.): Kommunikationsordnung 2000 – Innovation und Verantwortung in der Informationsgesellschaft, Bd. 2: Dokumentation zu Symposium und Festakt. Carl Bertelsmann-Preis 1998, Gütersloh 1999, S. 11–12.

Verantwortliches Fernsehen sichern [Rede zum Festakt des Carl Bertelsmann-Preises 1994], in: Bertelsmann Stiftung (Hg.): Fernsehen bedarf der Verantwortung. Ergebnisse von Symposium und Festakt anläßlich der Verleihung des Carl Bertelsmann-Preises 1994 zum Thema »Gesellschaftliche Verantwortung im Fernsehen«, Bd. 1, Gütersloh 1995, S. 137–142.

Voraussetzungen und Konsequenzen aktiver Unternehmensführung. Erfahrungen und Grundsätze des Hauses Bertelsmann, in: Aral Seminar-Gespräche, Bochum 1966.

[Vorwort], in: Gööck, Roland (Bearb.): Bertelsmann [»Einführungsschrift«], Gütersloh 1959, S. 1.

Vorwort, in: Der Aufsichtsrat im Wandel. Eine repräsentative Studie über Aufsichtsräte in bundesdeutschen Aktiengesellschaften, Gütersloh 1987, S. 5–6.

Vorwort, in: Die Arbeitsmotivation von Führungskräften der deutschen Wirtschaft. Ergebnisse einer Umfrage bei Unternehmern und leitenden Angestellten, Gütersloh/Bonn 1985, S. 5–6.

Vorwort, in: Bertelsmann Stiftung (Hg.): Die Arbeitsmotivation von Arbeitern und Angestellten der deutschen Wirtschaft. Ergebnisse und Analyse einer Umfrage bei Arbeitern und Angestellten, durchgeführt vom EMNID-Institut im Auftrag des Instituts für Wirtschaft und Gesellschaft Bonn und der Bertelsmann Stiftung, Gütersloh 1987, S. 7–9.

Vorwort des Stifters, in: Bertelsmann Stiftung (Hg.): Tätigkeitsbericht 97/98 [Bertelsmann Stiftung], Gütersloh 1998, S. 4–5.

Vorwort des Vorstandsvorsitzenden, in: Bertelsmann Stiftung (Hg.): Tätigkeitsbericht 96/97. Impulse geben – den Wandel gestalten [Bertelsmann Stiftung], Gütersloh 1997, S. 4–5.

Vorwort / Eigenverantwortung und Solidarität – Thesen, in: Empter, Stefan/Esche, Andreas (Hg.): Eigenverantwortung und Solidarität. Neue Wege in der Sozial- und Tarifpolitik. Ergebnisse der internationalen Recherche zum Carl Bertelsmann-Preis 1997, Gütersloh 1997, S. 7–8 / 9–11.

Ziele einer operativen Stiftung, in: Bertelsmann Stiftung (Hg.): Operative Stiftungsarbeit. Strategien – Instrumente – Perspektiven, Gütersloh 1996, S. 24–32; Neuabdruck in: Vorträge und Schriften III. 1996–2006, Gütersloh 2009, S. 47–58.

Zielsetzungen und Bausteine des partnerschaftlichen Unternehmensmodells, in: Carl Bertelsmann-Preis. Symposium 1989. Partnerschaft im Unternehmen: Zielsetzungen, Bausteine, Erfahrungen, Gütersloh 1989, S. 7–17.

Zum Geleit, in: Programme und Profile. Konzept einer Schulmediothek, Gütersloh 1984, S. 12–13.

25 Jahre Bertelsmann Stiftung, in: Bertelsmann Stiftung (Hg.): Jahresbericht 2000/2001 [Bertelsmann Stiftung], Gütersloh 2001, S. 4–7.

Mohn, Reinhard/Strube, Jürgen/Schmoldt, Hubertus: Wir ergreifen die Initiative für Beschäftigung!, in: Bertelsmann Stiftung (Hg.): Netzwerk-Impulse. Die »Initiative für Beschäftigung!« stellt sich vor, Gütersloh 2000, S. 5.

Mohn, Reinhard/Weger, Hans-Dieter: Der Gesellschaft dienen, in: Bertelsmann Stiftung (Hg.): Projekte – Projektionen. Dritter Tätigkeitsbericht der Bertelsmann Stiftung 1985–1986, Gütersloh 1987, S. 9–12.

Mohn, Reinhard/Weger, Hans-Dieter: Fortschreibung der Strategie der Bertelsmann Stiftung, in: Bertelsmann Stiftung (Hg.): Tätigkeitsbericht 94/95 [Bertelsmann Stiftung], Gütersloh 1995, S. 4–5.

Mohn, Reinhard/Weger, Hans-Dieter: Mut zur mehr Freiraum, in: Bertelsmann Stiftung (Hg.): Tätigkeitsbericht 95/96 [Bertelsmann Stiftung], Gütersloh 1996, S. 4–5.

c) **Zeitschriftenbeiträge**

Alternative Finanzierungsmöglichkeiten einer Unternehmensexpansion und -innovation [Vortrag im Rahmen des 37. Deutschen Betriebswirtschafter-Tages, Berlin, Oktober 1983], in: Bertelsmann Briefe, H. 114, Januar 1984, S. 8–12.

Begründung und Wirkungsweise des Planes für die Gewinnbeteiligung und Vermögensbildung der Mitarbeiter des Hauses Bertelsmann, in: Bertelsmann Briefe, H. 71, April 1971, S. 4–7.

Demokratie in Staat und Wirtschaft [Rede vor dem Führungskreis der Europäischen Bildungsgemeinschaft, Stuttgart, 18.3.1974], in: Notizen [Mitarbeiterzeitschrift Europäische Bildungsgemeinschaft], Extra-Blatt Ostern 1974, S. 1–2.

Der Angriff auf den festen Ladenpreis, in: Bertelsmann Briefe, H. 9, 17.10.1961, S. 1–2.

Der Dualismus in der Zielsetzung des deutschen Buchhandels [Vortrag bei den »Buchhändlertagen« 1971 im Quellental], in: Bertelsmann Briefe, H. 73, August 1971, S. 3–12.

Der Großverlag – seine gesellschaftliche Bedeutung und Verantwortung, in: Bertelsmann Briefe Sondernummer, 1972 [6 S.].

Der Mensch am Arbeitsplatz aus der Sicht der unternehmerischen Wirtschaft [Referat zum 7. Wissenschaftlichen Forum des Instituts der deutschen Wirtschaft »Kirche und Unternehmen in Verantwortung für die Probleme unserer Zeit«, Bonn-Bad Godesberg, 21.9.1983], in: Bertelsmann Briefe, H. 114, Januar 1984, S. 4–7; auch in: Ders.: Gesellschaftlicher Wandel, Führung und Partnerschaft. Ausgewählte Referate, Gütersloh 1984, S. 33–40; Neuabdruck in: Vorträge und Schriften I. 1983–1986, Gütersloh 2009, S. 111–123.

Der Weg des Taschenbuchs zum Käufer. Amerikanische Methoden für Deutschland?, in: Bertelsmann Briefe, H. 28, 14.1.1964, S. 1–2.

Die Autoren-Altersversorgung des Hauses Bertelsmann – Wirkungsweise und Begründung, in: Bertelsmann Briefe, H. 68, April 1970, S. 2–4.

Die Bedeutung der wirtschaftlichen Konzentration im Buchhandel, in: Bertelsmann Briefe, H. 5, 1960, S. 1–3.

Die gesellschaftspolitische Verantwortung des Unternehmers [Vortrag beim 7. Internationalen Direct Marketing & Mail Order Symposium, Genf, 23.4.1975], in: Bertelsmann-Texte, Bd. 3, Juni 1975, S. 11–22; auch in: Management International Review, Vol. 16 (1976), No. 1, S. 15–23.

Ein Unternehmen benötigt die Kreativität der Mitarbeiter, in: Zeitschrift für Organisation 46 (1977), H. 3, S. 141.

Internationalisierung als verlegerische Aufgabe. Ihre Bedeutung für die Verbesserung der Kommunikationsstrukturen der Länder. Vortrag vor der Deutsch-Amerikanischen Handelskammer New York, in: Bertelsmann Briefe, H. 94, April 1978, S. 3–6.

Moderne Führungstechnik und ihre gesellschaftspolitischen Konsequenzen (aus der Sicht der Erfahrungen des Hauses Bertelsmann), in: Schmalenbachs Zeitschrift für betriebswirtschaftliche Forschung, Sonderheft 1: Leitungsorganisation und Personalführung, 1972, S. 33ff.

Offener Brief an Herrn Dr. Georg Ramseger, in: Bertelsmann Briefe, H. 10, 25.10.1961, S. 2.

Plädoyer für die Lesemedien, in: Bertelsmann Briefe, H. 100, 4. Quartal 1979, S. 5–6.

Selbstverständnis und Aufgaben der Gewerkschaften in der Gesellschaft, in: Bertelsmann Report, Nr. 20, Mai 1971, S. 1–4.

Tarifpartner – Gefangene der Tradition, in: Das neue Unternehmen, 15.11.1985.

Taschenbuch, Paperback und Buchgemeinschaften, in: Bertelsmann Briefe, H. 12, 10.3.1962, S. 1–2.

Tradition und Gegenwart in der buchhändlerischen Arbeit [Ansprache zum Festakt aus Anlass des 125-jährigen Bestehens des Verlages C. Bertelsmann, Gütersloh, 7.9.1960], in: Bertelsmann Briefe, H. 4, 1960, S. 1–5.

150 Jahre Bertelsmann, in: Bertelsmann Briefe, H. 116, November 1984, S. 4.

d) Zeitungsbeiträge

Demokratie und Führung als Zukunftsaufgaben, in: Frankfurter Allgemeine Zeitung, 6.5.2006; auch Gütersloh 2006; Neuabdruck in: Vorträge und Schriften III. 1996–2006, Gütersloh 2009, S. 225–236.

Die neuen Aufgaben heißen Führung und Geleit, in: Frankfurter Allgemeine Zeitung, 8.10.2005.

Die Quittung der politischen Fehlsteuerung, in: Frankfurter Rundschau, 29.5.1997.

Fortschreibung der gesellschaftlichen Ordnungssysteme, in: Frankfurter Allgemeine Zeitung, 8.10.2005; auch Gütersloh 2005; Neuabdruck in: Vorträge und Schriften III. 1996–2006, Gütersloh 2009, S. 209–224.

Führungsfehler sind am teuersten. Eine Reform unseres Aktienrechts ist notwendig, in: Die Zeit, 5.4.1985.

[Gastkommentar], in: Financial Times Deutschland, 8.9.2004.

Junge Menschen brauchen eine Chance – Der politische Gastkommentar, in: Handelsblatt, 11.7.2005.

Mitbestimmung war ein Irrtum, in: Die Zeit, 4.4.1986.

Möglichkeit und Grenzen der Mitbestimmung, in: Neue Westfälische Zeitung, 29.10.1968.

Partner leisten mehr, Ein Plädoyer für Mitbestimmung und Beteiligung, in: Die Zeit, 11.11.1985.

Politik im Betrieb muß Ordnungspolitik sein, in: Frankfurter Allgemeine Zeitung, 30.9.1976.

Schaumschläger im Vorstandssessel. Der Faktor Eitelkeit im Leben des Managers, in: Die Zeit, 27.12.1985.

Vor Demokratisierung sei gewarnt, in: Blick durch die Wirtschaft, 6.4.1984.

Wie der globale Wettbewerb gemeistert werden kann, in: Frankfurter Rundschau, 9.11.1998.

e) Interviews

Der Autor ist Partner des Verlegers, in: Neue Westfälische, 18.10.1969; auch: Der Autor ist Partner des Verlegers. Ein Interview der »Neuen Westfälischen Zeitung« mit dem Chef des Hauses Bertelsmann, in: Bertelsmann Briefe, Sondernummer, 1969, 6 S.

»Der Verlag kann die Richtung durchsetzen«, in: Der Spiegel, Nr. 22, 30.5.1983, S. 92–99.

»Die Familie kann nichts durchsetzen«. Reinhard Mohn im Zeit-Gespräch, in: Die Zeit, 31.7.2003.

»Die harte Tour geht nicht mehr«. Reinhard Mohn über alten Politikstil und neues Management [Interview mit Franz Sommerfeld und Michael Maier], in: Berliner Zeitung, 15.6.1996

Die Initiative kommt von unten. Gespräch mit dem Großverleger Reinhard Mohn, in: Lutherische Monatshefte 16 (1977), H. 10, S. 568–571.

»Die Kaufwut der letzten Jahre war ein strategischer Fehler«, in: Deutsches Allgemeines Sonntagsblatt, 10.1.1992.

Die Verantwortung des Journalisten. TRIBÜNE-Gespräch mit dem Verleger [Reinhard Mohn im Gespräch mit Otto R. Romberg und Erich Rotter], in: Tribüne. Zeitschrift zum Verständnis des Judentums 30 (1991), H. 118, S. 147–158.

»Effizienz und Humanität«. Gespräch mit Reinhard Mohn über Mitbestimmung und Unternehmenskultur, in: Gewerkschaftliche Monatshefte, 1.3.1999, S. 139–145.

Eile und herrsche, in: Manager Magazin, 4/2001.

»Ein Segen, daß uns das Geld ausgeht«, in: Stern, Nr. 27, 1996; erweiterte Fassung Gütersloh 1996; Neuabdruck der erweiterten Fassung in: Mohn, Reinhard: Vorträge und Schriften III. 1996–2006, Gütersloh 2009, S. 59–72.

»Ich bin kein Verleger, ich bin Unternehmer« [Reinhard Mohn im Gespräch mit Werner Höfer], in: Themen. 150 Jahre Bertelsmann. Verlagsbeilage in: Journalist, Januar 1985, S. 15.

»Ich gehe meinen Weg«, in: Manager Magazin, 8/1999.

»Ich habe öfter Recht gehabt als andere«, in: Welt am Sonntag, 24.6.2001.

»Ich werde nicht von der Bildfläche verschwinden!«, in: Bertelsmann Report, Nr. 134, Sonderausgabe, 11.2.1981.

»… innovative Wege gehen.« Gespräch mit Reinhard Mohn [Interview mit Volker Schmidtchen], in: Media Perspektiven, Nr. 27, H. 12, 1991, S. 30–36.

Interview mit Reinhard Mohn anlässlich seines 75. Geburtstages, in: Berliner Zeitung, 22.6.1996

»Man fällt mit Menschen schon mal rein«, in: Die Zeit, 14.6.2001.

Mit 60 am Ende? Reinhard Mohn über Ruhestand und Pensionsschock, in: Manager Magazin, 6/1997.

»Nichts ist passend für alle Ewigkeit«, in: Neue Westfälische, 28.9.2000.

»Ohne Kommunikation geht nichts!«, in: communication aktuell, April 1980, S. 2–3.

Unternehmenskultur als Bedingung für unternehmerischen Erfolg, hg. v. Impulse in Zusammenarbeit mit der Bertelsmann Stiftung, Gütersloh 1996; Neuabdruck in: Mohn, Reinhard: Vorträge und Schriften III. 1996–2006, Gütersloh 2009, S. 9–46.

Unternehmensphilosophie im Hause Bertelsmann. Mehr Selbstverwirklichung für die Mitarbeiter?, in: Personal 31 (1979), H. 5, 15.7.1979, S. 174–175.

Von der Welt lernen [Interview], in: Jahresbericht der Bertelsmann Stiftung 2008. Menschen bewegen. Zukunft gestalten., Gütersloh 2009, S. 79–83.

»Warum denn eigentlich nicht?«, in: Welt am Sonntag, 25.2.2001.

Was kommt, wenn Mohn geht? Interview mit Reinhard Mohn über die zukünftige Konzernpolitik, in: Buchmarkt, Nr. 9, 11.9.1979, S. 26.

Was wird aus Bertelsmann? Fragen an Firmenchef Reinhard Mohn zur geplanten Stiftung, in: Bertelsmann Report, Nr. 98, Juni 1977.

»Wo das Dogma anfängt, mache ich nicht mit«, in: Der Spiegel, Nr. 5, 29.1.1973, S. 40–41.

2) Sekundärliteratur

Arnold, Tim: Heimat im Haus klarer Gedanken [Porträt Reinhard Mohn], in: Neue Westfälische, 31.5.1991.

Barth, Thomas (Hg.): Bertelsmann. Ein globales Medienimperium macht Politik. Expansion als Bildungsdienstleister und politische Einflussnahme – internationale Perspektive, Hamburg 2006.

Bavendamm, Dirk: Bertelsmann, Mohn, Seippel. Drei Familien – ein Unternehmen, München 1986.

Bavendamm, Dirk: Die Gründer und ihre Zeit, in: Bertelsmann Briefe, H. 116, November 1984, S. 5–36.

Bavendamm, Dirk: Erfolgsfaktoren in einem Medienkonzern. Die Firma Bertelsmann in Gütersloh unter Leitung von Reinhard Mohn und familienfremden Managern, in: Schulz, Günther (Hg.): Geschäft mit Wort und Meinung. Medienunternehmer seit dem 18. Jahrhundert (= Büdinger Forschungen zur Sozialgeschichte, Bd. 34/35), München 1999, S. 211–330.

Bavendamm, Dirk: 150 Jahre eng verbunden: Bertelsmann und die Stadt Gütersloh, in: Heimatjahrbuch Kreis Gütersloh 3 (1985), S. 88–92.

Berghoff, Hartmut: Vom Gütersloher Kleinverlag zum globalen Medien- und Dienstleistungskonzern. Grundzüge der Unternehmensgeschichte des Hauses Bertelsmann 1835 bis 2010, in: Bertelsmann AG (Hg.): 175 Jahre Bertelsmann. Eine Zukunftsgeschichte, München 2010, S. 8–83.

Bertelsmann AG: Führen und dienen. Biografische Anmerkungen zu Reinhard Mohn, 1981.

Bertelsmann AG (Hg.): Reinhard Mohn – 70. Geburtstagsbilder, Lebensbilder, Leitbilder, München 1991.

Bertelsmann AG (Hg.): 175 Jahre Bertelsmann. Eine Zukunftsgeschichte, München 2010.

Bertelsmann AG/Bertelsmann Stiftung (Hg.): Reinhard Mohn 75. Dokumentation, Gütersloh 1996.

Bertelsmann-Konzern: Die Bestsellerfabrik [Titelstory], in: Der Spiegel, Nr. 30, 24.7.1957, S. 32–41.

Bertelsmann Stiftung (Hg.): Reinhard Mohn – Unternehmer – Stifter – Bürger [Broschüre], Gütersloh 2011.

Bertelsmann Verwaltung (Hg.): 125 Jahre Bertelsmann, Gütersloh 1960.

Berthoud, Theodor: Kleine Bertelsmann-Biographie. Wege mit Fritz Wixforth, Gütersloh 1966 (unveröff.).

Biedenkopf, Kurt H.: Im Dienst der Gemeinschaft. Das soziale Modell Bertelsmann, in: 1835–1985. 150 Jahre Bertelsmann. Die Geschichte des Verlagsunternehmens in Texten, Bildern und Dokumenten, München 1985, S. 379–400.

Biermann, Werner/Klönne, Arno: Agenda Bertelsmann. Ein Konzern stiftet Politik (= Neue kleine Bibliothek), Köln 2008.

Bleicher, Knut: Führung durch Vorbild. Management und Mitarbeiter in einer Unternehmenskultur, in: 1835–1985. 150 Jahre Bertelsmann. Die Geschichte des Verlagsunternehmens in Texten, Bildern und Dokumenten, München 1985, S. 59–82.

Böckelmann, Frank/Fischler, Hersch: Bertelsmann. Hinter der Fassade des Medienimperiums, Frankfurt am Main 2004.

Brams, Stefan: Immer bereit, zu lernen. Reinhard Mohn erinnert sich an seine Jugend, in: Neue Westfälische, 26.9.2008.

Bundesmann-Jansen, Jörg/Pekruhl, Ulrich: Der Medienkonzern Bertelsmann. Neues Management und gewerkschaftliche Betriebspolitik, Köln 1992.

Daniels, Ulrich: Bertelsmann und die Konzentration im Verlagswesen, in: Blätter für deutsche und internationale Politik 18 (1973), H. 1, S. 57–68.

Deichsel, Alexander: Haltung, Nutzen, Unterhaltung. Das ältere Verlagsprogramm im Wandel der Zeit, in: 1835–1985. 150 Jahre Bertelsmann. Die Geschichte des Verlagsunternehmens in Texten, Bildern und Dokumenten, München 1985, S. 313–338.

Dohnanyi, Klaus von: Der Stifter Reinhard Mohn, in: Bertelsmann Stiftung (Hg.): Die Reformwerkstatt. Jahresbericht 1999/2000 [Bertelsmann Stiftung], Gütersloh 2000, S. 8–11.

Dohnanyi, Klaus von: Reinhard Mohn, in: Fest, Joachim (Hg.): Die großen Stifter. Lebensbilder – Zeitbilder, Berlin 1997, S. 467–486.

Eck, Ernst-Günther: Ein Imperium für Bildung und Zerstreuung, in: Die Welt, 1968.

Eglau, Hans Otto: Alles im Griff. Der Medienkonzern Bertelsmann praktiziert ein besonderes Modell, in: Die Zeit, 13.3.1987, S. 37.

Ein Unternehmer, wie er im Buche steht. Reinhard Mohn wird 65 [Stern-Sonderheft], Hamburg 1986.

Fleishman, Joel L.: Die operative Stiftung. Reinhard Mohn und Andrew Carnegie – zwei große Philanthropen im Vergleich, in: Bertelsmann Stiftung (Hg.): 25 Jahre Bertelsmann Stiftung. Reformbilanz, Gütersloh 2002, S. 14–21 [auch in Middelhoff/Schulte-Hillen/Thielen, Reinhard Mohn, S. 129–137].

Friedländer, Saul u. a.: Bertelsmann im Dritten Reich, München 2002.

Füssel, Stephan: Die Bertelsmann Buchverlage, in: Bertelsmann AG (Hg.): 175 Jahre Bertelsmann. Eine Zukunftsgeschichte, München 2010, S. 86–129.

Gilson, Norbert: Dienstleistungen in einer digitalisierten Gesellschaft. Die Arvato AG, in: Bertelsmann AG (Hg.): 175 Jahre Bertelsmann. Eine Zukunftsgeschichte, München 2010, S. 332–371.

Goöck, Roland (Bearb.): Bertelsmann [»Einführungsschrift«], Gütersloh 1959.

Goöck, Roland: Bücher für Millionen. Fritz Wixforth und die Geschichte des Hauses Bertelsmann, Gütersloh 1968.

Göttert, Jean-Marc: Der asketische Revolutionär, in: Spiegel Online, 11.1.2002.

Göttert, Jean-Marc: Die Bertelsmann-Methode. Die 10 Erfolgsgeheimnisse des vielseitigsten Medienunternehmens der Welt, Frankfurt am Main/Wien 2001.

Hilbk, Hans: Stiften und Schenken in Gütersloh. Private Wohltätigkeit im 19. und 20. Jahrhundert. Zum 70. Geburtstag ihres Ehrenbürgers Reinhard Mohn, hg. v. d. Stadt Gütersloh, Gütersloh 1991.

Holtmann, Jan Philip: Pfadabhängigkeit strategischer Entscheidungen. Eine Fallstudie am Beispiel des Bertelsmann Buchclubs Deutschland, Köln 2008.

Jakobs, Hans-Jürgen/Müller, Uwe: Augstein, Springer & Co. Deutsche Mediendynastien, Zürich u. a. 1990 [darin: Reinhard Mohn: Der Bertelsmann, S. 287ff.].

Kemmer, Heinz-Günter: Rückzug an die Spitze. Reinhard Mohn will auch als Aufsichtsratchef seinen Medienkonzern weiter führen, in: Die Zeit, 12.2.1981.

Kempowski, Walter: Der stille Mann von Gütersloh, in: Die Zeit, 14.6.1985.

Kempowski, Walter: »Schwarzbrod und Freiheit sei mir beschieden …« Die Chronik der Familien Bertelsmann und Mohn, in: 1835–1985. 150 Jahre Bertelsmann. Die Geschichte des Verlagsunternehmens in Texten, Bildern und Dokumenten, München 1985, S. 9–36.

Kollek, Teddi: Ein treuer Freund Israels. Dem Verleger Reinhard Mohn zum 70. Ge-

burtstag, in: Tribüne. Zeitschrift zum Verständnis des Judentums 30 (1991), H. 118, S. 10–11.

Langenbucher, Wolfgang R.: Bertelsmann nach 1945. Ein Kapitel deutscher Verlags- und Unternehmensgeschichte, in: 1835–1985. 150 Jahre Bertelsmann. Die Geschichte des Verlagsunternehmens in Texten, Bildern und Dokumenten, München 1985, S. 37–58.

Leder, Dietrich: »Der große Deal«. Das Fernsehgeschäft, in: Bertelsmann AG (Hg.): 175 Jahre Bertelsmann. Eine Zukunftsgeschichte, München 2010, S. 284–329.

Lehning, Thomas: Das Medienhaus. Geschichte und Gegenwart des Bertelsmann-Konzerns, München 2004.

Lindner, Erik: Reinhard Mohn und Gerd Bucerius. Eine unternehmerische Freundschaft, in: Bertelsmann AG (Hg.): 175 Jahre Bertelsmann. Eine Zukunftsgeschichte, München 2010, S. 210–237.

Lokatis, Siegfried: Ein Konzept geht um die Welt. Vom Lesering zur Internationalisierung des Clubgeschäfts, in: Bertelsmann AG (Hg.): 175 Jahre Bertelsmann. Eine Zukunftsgeschichte, München 2010, S. 132–171.

Middelhoff, Thomas/Schulte-Hillen, Gerd/Thielen, Gunter (Hg.): Reinhard Mohn. Unternehmer – Stifter – Bürger, Gütersloh 2001.

Müller, Helen: Historische Pfade. Die Ufa, Bertelsmann und die Gründung der Friedrich-Wilhelm-Murnau-Stiftung, in: Bertelsmann SE & Co. KGaA (Hg.): Der Geiger von Florenz, Gütersloh 2018, S. 40–43.

Oeltze, Otto: Der Bertelsmann Lesering, seine Entwicklung und Aufgabe, Gütersloh 1961 [15 S.] / 1964.

Profil mit Ei, in: Der Spiegel, Nr. 9, 26.2.1968, S. 114.

Podak, Klaus: Der Westfale. Reinhard Mohn, eine der großen Unternehmer- und Stifterpersönlichkeiten des 20. Jahrhunderts, feiert am 29. Juni seinen 75. Geburtstag, in: Börsenblatt für den deutschen Buchhandel 163 (1996), H. 52, S. 19–20.

Randow, Thomas von: Vom Steindruck zur Bildplatte. Technik und unternehmerische Gestaltung der Medienproduktion, in: 1835–1985. 150 Jahre Bertelsmann. Die Geschichte des Verlagsunternehmens in Texten, Bildern und Dokumenten, München 1985, S. 357–378.

Reinhard Mohn. 1921–2009, in: Jahresbericht der Bertelsmann Stiftung 2009. Menschen bewegen. Zukunft gestalten., Gütersloh 2010, S. 78–82.

Renk, Heinz/Ruhe, Ernst: Männer der Wirtschaft. Unternehmen der Gründerzeit (= Monographie des Landkreises Wiedenbrück), Wiedenbrück 1966, S. 182–187.

Riehl-Heyse, Herbert: Reinhard Mohn oder: Ein Tycoon westfälischer Spielart, in: Ders.: Götterdämmerung. Die Herren der öffentlichen Meinung, Berlin 1995, S. 153–164.

Schneider, Wolf: Die Gruner + Jahr Story. Ein Stück deutsche Pressegeschichte, München/Zürich 2000.

Schuler, Thomas: Bertelsmannrepublik Deutschland. Eine Stiftung macht Politik, Frankfurt am Main/New York 2010.

Schuler, Thomas: Die Mohns. Vom Provinzbuchhändler zum Weltkonzern: Die Familie hinter Bertelsmann, Frankfurt am Main 2004.

Schütz, Hanns Lothar: Learning by doing. Reinhard Mohn wechselt in den Aufsichtsrat, in: Börsenblatt, 13.2.1981.

Simon, Hermann: Fit für die Zukunft, in: Die Zeit, 30.12.1998 [Wahl Reinhard Mohns zum »Unternehmer des Jahrhunderts«].

Süssmuth, Rita: Der Gemeinschaft verpflichtet. Zum 80. Geburtstag von Reinhard Mohn, in: Börsenblatt für den deutschen Buchhandel 168 (2001), H. 51, S. 23–24.

Theobald, Adolf: Nachruf. Reinhard Mohn. 1921 bis 2009, in: Der Spiegel, Nr. 42, 12.10.2009, S. 164.

Tietz, Bruno: Königsidee Buchgemeinschaft. Neue Leser durch eine neue Marktpolitik, in: 1835–1985. 150 Jahre Bertelsmann. Die Geschichte des Verlagsunternehmens in Texten, Bildern und Dokumenten, München 1985, S. 339–356.

Trepp, Gian: Bertelsmann. Eine deutsche Geschichte, Zürich 2007.

Verlagsgruppe Bertelsmann: Ein Mann von sechzig Jahren. Gruß der Autoren. Reinhard Mohn zum 29. Juni 1981, Gütersloh 1981.

Verleihung des Staatspreises Nordrhein-Westfalen. Teil: 1998. Am 26. März 1999 in Düsseldorf an Frau Rosemarie Trockel, Herrn Reinhard Mohn, Düsseldorf 1999.

Wendorff, Rudolf: Reinhard Mohn und die Familie, in: Ders.: Erinnerungen. Die zweiten drei Jahrzehnte. Das Privatleben, Gütersloh 1996 (unveröff.).

Wicke, Peter: Ein Konzern schreibt Musikgeschichte. Bertelsmann und die Musik, in: Bertelsmann AG (Hg.): 175 Jahre Bertelsmann. Eine Zukunftsgeschichte, München 2010, S. 174–207.

Wischermann, Clemens: Kultur: Unternehmenskultur des Medienkonzerns Bertelsmann in den 1970er/80er-Jahren, in: Ders. u. a. (Hg.): Studienbuch Institutionelle Wirtschafts- und Unternehmensgeschichte (= Perspektiven der Wirtschaftsgeschichte, Bd. 6), Stuttgart 2015, S. 166–179.

Wischermann, Clemens: Unternehmenskultur bei Bertelsmann in der zweiten Hälfte des 20. Jahrhunderts, in: Bertelsmann AG (Hg.): 175 Jahre Bertelsmann. Eine Zukunftsgeschichte, München 2010, S. 240–281.

»Zuviel an Größe«, »Grund zum Fürchten«?, in: Der Spiegel, Nr. 7, 16.2.1981, S. 72–85.

1835–1985. 150 Jahre Bertelsmann. Die Geschichte des Verlagsunternehmens in Texten, Bildern und Dokumenten, München 1985.

Zeittafel

**Biographische und unternehmens-
geschichtliche Meilensteine**

1921
Reinhard Mohn wird am 29. Juni in
Gütersloh geboren

1947
Reinhard Mohn übernimmt vom Vater
Heinrich die Führung des C. Bertelsmann
Verlags und der Druckerei Mohn & Co.
(seit 1966: Mohndruck)

1950
Gründung des Bertelsmann-Leserings:
innerhalb eines Jahres 100 000 Mitglieder,
Grundstein des Erfolges von Bertelsmann

1952
Aufbau des Lexikongeschäfts

1954
Gründung der Verlagsgemeinschaft Rheda

1955
Ausbau der technischen Betriebe in
Gütersloh an ihrem neuen Stand-
ort Friedrichsdorfer Straße, heute Carl-
Bertelsmann-Straße

1958
Gründung des Musiklabels Ariola und der
Schallplattenfabrik Sonopress

1959
Beginn des Logistik- und Dienstleistungs-
geschäfts als Kommissionshaus Buch und
Ton (seit 1968: Vereinigte Verlagsausliefe-
rung, VVA)

1960
Einführung der Grundsatzordnung, der
Grundlage für die heutigen Essentials
    Einstieg ins Fernsehgeschäft mit Grün-
dung der Bertelsmann Fernseh-Produktion

1962
Beginn der Internationalisierung mit Grün-
dung des spanischen Buchclubs Circulo
de Lectores; in den folgenden Jahrzehnten
Gründung bzw. Beteiligung an zahlreichen
Buchgemeinschaften weltweit

1964
Übernahme der Ufa und ihrer Musikverlage

1968
Bündelung des Verlagsgeschäfts in der
Verlagsgruppe Bertelsmann

1969
Einstieg bei Gruner + Jahr (seit 1973
Mehrheitsbeteiligung)

1970
Einführung der Gewinnbeteiligung für
Mitarbeiter, rückwirkend zum 1. April 1969

1971
Gründung der Bertelsmann AG mit Reinhard Mohn als Vorstandsvorsitzenden

1977
Mehrheitsbeteiligung an dem US-amerikanischen Verlag Bantam Books
    Gründung der Bertelsmann Stiftung

1979
Übernahme von Arista Records

1981
Reinhard Mohn wird Aufsichtsratsvorsitzender des Konzerns
    Ehrenbürgerwürde der Stadt Gütersloh

1984
Beteiligung am ersten deutschsprachigen
Privatfernsehsender RTL plus

1986/87
Übernahme von RCA Records und
Doubleday, daraufhin Zusammenfassung
der Musiklabels zur BMG und der US-
Verlage zu Bantam Doubleday Dell

1987
Erster internationaler Gesangswettbewerb
NEUE STIMMEN

1988
Die Bertelsmann Stiftung vergibt erstmals
den Carl Bertelsmann-Preis, der seit 2011 als
Reinhard Mohn Preis fortgeführt wird

ab 1990
Aufbau des Druck- und Clubgeschäfts in
den neuen Bundesländern

1991

Reinhard Mohn gibt den Aufsichtsratsvorsitz nach seinen selbst aufgestellten Regeln mit Vollendung des 70. Lebensjahrs auf

Gründung des Reinhard-Mohn-Lehrstuhls an der Privatuniversität Witten/Herdecke, aus dem 2010 das Reinhard-Mohn-Institut für Unternehmensführung hervorgeht

1993

Reinhard Mohn überträgt die Mehrheit des Aktienkapitals der Bertelsmann AG auf die Bertelsmann Stiftung und übernimmt ihren Vorstandsvorsitz

1995

Gründung des Joint Venture AOL Europe

1996

Reinhard Mohn errichtet mit der Stadt Stiftung Gütersloh die erste Bürgerstiftung Deutschlands

1998

Übernahme von Random House: Bertelsmann wird zum größten Publikumsverlag der englischsprachigen Welt

Reinhard Mohn erhält das Bundesverdienstkreuz und den spanischen Prinz-von-Asturien-Preis

1999

Reinhard Mohn überträgt seine Stimmrechte auf die Bertelsmann Verwaltungsgesellschaft (BVG)

Bündelung der Dienstleistungsgeschäfte unter der Dachmarke Arvato

2000

»Planet M« auf der Expo als erste gemeinsame Identifikationsplattform der Bertelsmann-Familie

2001

Bertelsmann übernimmt die Mehrheit an der RTL Group

Reinhard Mohn zieht sich allmählich aus seinen Ämtern zurück und verbleibt bis zu seinem Tod im Kuratorium der Bertelsmann Stiftung

2002

Die Unabhängige Historische Kommission legt ihren Abschlussbericht zur Rolle von Bertelsmann im Dritten Reich vor

2004

Die Bertelsmann Stiftung richtet den ersten Salzburger Trilog aus

2006

Rückkauf der 2001 abgetretenen Bertelsmann-Anteile von GBL

Gründung der Reinhard Mohn Stiftung

2007

Reinhard Mohn wird für sein Lebenswerk mit dem Deutschen Gründerpreis ausgezeichnet

2008

Neuausrichtung des Musikgeschäfts und Gründung von BMG Rights Management

2009

Reinhard Mohn stirbt am 3. Oktober im Alter von 88 Jahren in Gütersloh

2021

Anlässlich des 100. Geburtstags würdigt das Unternehmen Bertelsmann seinen Nachkriegsgründer Reinhard Mohn

Liz Mohn und Thomas Rabe, Vorstandsvorsitzender von Bertelsmann

Personenregister

Bildnachweis

Sofern nicht anders angegeben, stammen die Bilder aus dem Unternehmensarchiv Bertelsmann (Fotografen: Hartmut Blume, Lothar Bünermann, Karl-Heinz Klubescheidt u. a.)

Brigitte Hellgoth: 148
Karin Kohlberg: 109
H.E. Köhler: 60
Franziska Krug: 194, 221
Thomas Kunsch: 176
Kurt Lauber: 136
Robert Lebeck: 92, 128
Petra von Lehsten: 107
Isolde Ohlbaum: 187
Stefan Pielow: 195
Oswald Rauhoff: 94, 191
Bob Sacha: 108
Daniel Sauerstrom: 172
Edgar Schöpal :166
Wolfgang Wesener: 160
Willy Xaller: 42